Helmut Domke

Der Tod des Herzogs von Enghien

Helmut Domke

Der Tod des Herzogs von Enghien

›Gloria victis‹

Prestel-Verlag München

© PRESTEL VERLAG MÜNCHEN 1984
Passavia Druckerei GmbH Passau

*Schutzumschlag Eugen Sporer
unter Verwendung eines Stiches nach Eugène Lamy*

Inhalt

VORWORT

Der Versuch, eine Gestalt zu beschwören, die zum Inbegriff des versinkenden Ancien Régime geworden ist, bedarf keiner Rechtfertigung, wohl aber der Erinnerung an die Herkunft des halbvergessenen Herzogs von Enghien.

Geboren am Vorabend der Revolution von 1789, hat dieser letzte Vertreter einer nachfolgeberechtigten Vetternlinie des Hauses Bourbon zehn Jahre eines gnadenlosen Kampfes im Emigrantencorps seines Großvaters Condé verbracht, bis ihn der Korse kurz vor seiner Krönung zum Kaiser der Franzosen unter Verletzung des Völkerrechtes aus dem badischen Ettenheim nach Vincennes entführen und erschießen ließ, um dem Thronanspruch der Bourbonen den entscheidenden Stoß zu versetzen. Eine menschliche Tragödie, ein historisches Gleichnis.

Gleich Jean-Paul Bertaud, der seinem Buch über Bonaparte und den Herzog von Enghien den bezeichnenden Untertitel ›Le duel des deux France‹ mitgab, erblicke auch ich darin den Zusammenprall zweier Welten – die Auseinandersetzung einer in uralten Vorstellungen wurzelnden Monarchie mit einem skrupellosen Machtdenken, wie fortschrittlich es sich auch gebärdete, das Europa seither in immer neuen Schüben beherrscht hat. Erst dieser säkulare Aspekt verleiht dem »Tod des Enghien« sein tragisches Gewicht. Der Herzog hat nicht nur das Zeitalter Mozarts mit aller Brillanz seiner Rasse verkörpert, sondern allgemeiner genommen den Geist des alten Europa, wieviel Kritik an ihm sich auch entzündet hat. In seinem heroisch bestandenen Ende ist es untergegangen.

Um den in Berichtsform überlieferten Quellen oder Tagebüchern Condés und Enghiens ihre Erlebnisfrische wiederzugeben, hat sich der Verfasser die Freiheit genommen, etliche entscheidende Episoden szenisch umzusetzen. Das Leben des jungen Herzogs, dessen Erscheinung seine Zeitgenossen so sehr bezauberte, war keine Akte. Wenige verdeutlichende Zusätze seien eingestanden.

Manchem Leser dürften etliche Namen aus dem dynastischen Sprachgebrauch Schwierigkeiten bereiten. Es sei angemerkt, daß die Condés ihre Abkömmlinge in ähnlicher Nomenclatur wie die regierende Familie benannten. Trug der Chef dieser »branche cadette« oder jüngeren Linie den Titel eines Prinzen Condé, so sein Sohn – die Zugehörigkeit zur Königsfamilie bezeichnend – den eines Herzogs von Bourbon, der Enkel den eines Herzogs von Enghien nach einer 1632 ererbten Herrschaft.

I. KAPITEL

Die Condés

I.

Die Geburt verlief schwieriger als erwartet; dem Accoucheur Bordeu standen die Schweißtropfen auf der Stirn.
»Sie machen nicht mit«, mahnte er vorwurfsvoll.

Zwei Tage lag die junge Bathilde d'Orléans, seit ihrer
Heirat Madame de Bourbon, bereits hinter dem Paravent
ihres Schlafzimmers in den Wehen. Das erwartete Kind –
ein Stammhalter, wie anders? – verriet keine Eile. Dabei
schien es schon vor acht Wochen nach dem Sturz der
Herzogin im Park ans Licht zu drängen. Ein Ereignis,
dessen glimpflichen Verlauf man nach dem Abklingen der
Schmerzen mit einer abendlichen Serenade im Ton des
›Erwache, schöne Schläferin!‹ unter ihrem Fenster feierte,
in der die Verse vorkamen:

> *»Vous, Monsieur le Duc d'Enghien,*
> *Encore deux mois de patience.«*

— Die beiden Monate waren um Tage überschritten.

Draußen stand der zweite Augustmorgen des Jahres
1772 in der milden Fülle der Ile de France über den
Wiesen, Wäldern und Teichen des Nonette-Grundes von
Chantilly, aber wer wußte, was hinter dem Wandschirm
vorging, dachte nur an das Elend einer erschöpften jungen
Frau, die sich ganz augenscheinlich wehrte.

»Nicht nachlassen«, sagte Bordeu, »pressen Sie ...
schreien Sie endlich wie eine gewöhnliche Bauernmagd!«
fuhr er sie plötzlich an. Auch er war am Ende. Bathilde
verstand, aber welch einen Ton erlaubte er sich? Einen
Augenblick starrte sie entrüstet in seine zornigen Augen.
Doch endlich erkannte sie, daß es hier keinen Pardon,
keine Ausflucht mehr gab, hinter der man sich verstecken
konnte, wie auf der Klosterschule von Penthémont. Als
der Krampf wiederkehrte, raffte sie gehorsam alle Kräfte
ihres Körpers zusammen, schrie zugleich gegen den empö-
renden Schmerz an, den die Natur ihr abverlangte. Schrie
in einer letzten Anstrengung ihr Kind in die Welt ...

Eben, als man die abgebrannten Kerzen vor den Bildern
der Geburtshelfer erneuern wollte, war es so weit. Die
in den Vorzimmern wartenden Höflinge vernahmen ein
hastiges Hin, Her und Rumoren. Das erste Krähen eines
Neugeborenen aber hörten sie nicht. Statt dessen eilte
Bordeu nach ängstlich verwarteter Frist, ein Bündel im
Arm, durch die auseinanderweichende Versammlung in
den Saal und rief, halb beruhigend, halb triumphierend
ein »Tout va bien – voici, le jeune Duc!« aus. Hastig
machten sich die Ärzte, voran Docteur Brillouet, am vor-
sorglich entzündeten Kamin zu schaffen. Sie tränkten
Baumwolltücher mit Weingeist, hüllten das Neugeborne,
ein nacktes, verrunzeltes Körperchen mit schwärzlichen
Flecken, ein, schoben es nahe ans wärmende Feuer. Ach,
allzu nahe in ihrer Nervosität, denn plötzlich tanzte eine
blaue Flamme über das Bündel. Worauf Bordeu das kleine
Paket geistesgegenwärtig in eine bereitstehende Wanne
kalten Wassers tauchte und sich endlich das Wunder begab: auch das Kind schrie, zarter zwar als die Mutter,

aber vernehmlich, ein wenig so, als klage es über den Verlust der schützenden Höhle. Aber Gott Preis und Ehre, es lebte! Die Roßkur hatte ihm ins Dasein geholfen; es bewegte sogar sein winziges Fäustchen.

Die Spannung wich, erleichtertes Stimmengewirr scholl auf, um doch plötzlich wieder zu schweigen. Denn »Monseigneur le Prince!« verkündete der Oberhofmeister in diesem Augenblick am anderen Saaleingang. Die Schranzen versanken in Reverenz; es war sonst innerhalb des Schlosses nicht üblich, doch an diesem Tag, der den Chef des Hauses Condé zum Großvater machte ... die Hofdamen Bathildes also, die Notabeln, Höflinge, Offiziere, Edelleute, dazu Amme, Wiegefrau, Wickelfrau, Zimmerfrau, die sich allesamt eigentlich nur im Wege standen, verbeugten sich oder sanken halb ins Knie. Denn da kam er nun, Condé, wie es bei aller Fürsorge für seine Familie seine Art war, stets die Hauptperson zu bleiben. Er kam, ehe man noch das Kind in den Arm der Mutter legte. Ein wenig gravitätisch, doch ganz Kavalier. Groß wirkte er nicht, fast etwas vierschrötig trotz seiner erst sechsunddreißig Jahre; das rötliche Haar trug er sorgfältig toupiert und gepudert. Daß er auf einem Auge fast blind war, ließ er durchaus nicht merken, und die leichten Blatternarben in seinem Gesicht wirkten eher als Zeichen eines Mannes, der im Wind des Schicksals gestanden hatte. Er betrachtete das dargebotene winzige Wesen aufmerksam, stutzte und sagte etwas gepreßt ›Eh bien‹, das genau so gut einen skeptischen Vorbehalt bedeuten konnte. Sein Blick glitt fragend und ernst geworden hinüber zu Brillouet. »Wird er?«, bedeutete das. Und als der Arzt zweifelnd den Kopf wiegte, suchte das Auge den Schloßkaplan. Sie wußten, was er fragen wollte. Der Arzt senkte zustimmend die Augen, der Kaplan hatte das mit Chrisam versetzte Wasser schon bereitstehen und legte das Chorhemd an. Wie derzeit üblich, knieten die Umstehenden, allerdings nicht ohne Erschrecken, nieder – stand es so schlimm? – und während der junge Abbé noch das ›Sicut cervus desiderat ad fontes aquarum‹ murmelte, viel zu lange für Condés Ungeduld, der gewiß war, das Entsetzliche eines letzten Atemzuges könne sich jede Sekunde ereignen … Endlich, endlich taufte er das Kind, indem er einige Tropfen über sein Köpfchen rinnen ließ, auf die längst festgelegten Namen: Louis, Antoine, Henri. Man würde das später, wenn der kleine Prinz zwölf, dreizehn Jahre war, vor feierlicher Versammlung in Versailles wiederholen, natürlich, sofern … Dennoch atmete Condé auf, nun alles in Gottes Hand lag. Er gab das Kind zurück, fragte Brillouet erst jetzt nach dem Befinden der Herzogin und schritt ins Schlafzimmer hinüber, wo inzwischen der Paravent weggeräumt und alles eilig zurecht gemacht worden war, eingeschlossen die junge Mutter. Es ist einzugestehen, daß die Gedanken Condés über den Neugeborenen nicht überliefert sind, dennoch hatte ihn sichtbarlich eine Panik befallen, die er sich nie vergab. Es war ein überaus schwächlicher Knabe.

Daß der alte Prinz seine geringe Lebenskraft nicht den Familien der Orléans oder Condés in die Schuhe schob, sondern eher dem nervösen Zustand Bathildes während der Schwangerschaft, mutet wahrscheinlich an. Er mochte sie trotz ihrer liberalen Modeflausen, wie er es nannte. Sie war intelligent und auch künstlerisch begabt. Eine Orléans, da stand dies zu erwarten. Kein anderer als er, Condé, hatte die als tröstende Huldigung gemeinte Serenade nach ihrem Sturz im Park angeordnet und von einer über die Schloßgräben gleitenden Gondel zu ihren Fenstern emporspielen und -singen lassen. Er wußte die Schwiegertochter von seinem Sohn Bourbon wieder einmal alleingelassen, noch dazu mit der beklemmenden Sorge um eine Totgeburt, die kurz zuvor ihrer Schwägerin, der Herzogin von Chartres, widerfahren war.

»Eine Nottaufe?«, fragte Bathilde beklommen, als sie endlich ihr Kind entgegennahm und den kleinen Körper an sich drückte.

»Es ist geschehen, was nötig war«, beschwichtigte Condé, »Sie dürfen sich keine Gedanken machen.«

Sie blickte zweifelnd zu ihm auf. Wie sollte sie nicht beunruhigt sein, wenn sich der junge Ehemann während ihrer schweren Zeit in Paris herumtrieb und nicht einmal jetzt zur Stelle war? Doch da erschien auch er, wie üblich verspätet und unausgeruht, obgleich er schon vorgestern auf Geheiß von Monseigneur samt seinem Adlatus auf galoppierenden Pferden aus Paris herbeigeeilt war. Bourbon hatte Nachholbedarf an Schlaf. Die Lider unter den hochgezogenen Augenbrauen wirkten noch immer ein wenig schwer. Der Umgang mit dem Kreis von Artois, dem jüngsten Königsbruder, bekam ihm mit seinen sechzehn Jahren nicht sonderlich. Es lag soviel Auswendiggelerntes in seinem Gebaren, den Bewegungen der aufgeschossenen Gestalt, den halb kindhaften Zügen, die den Ballettratten von Paris einen weltmännischen Eindruck machen sollten. Mit einer malvenartigen Redingote nebst aufgeschlagenen Schößen kam er daher; aus den Vordertaschen der weißen Culotte, der glatten Kniehose, hingen zwei Berlocken, wie es die Mode verlangte.

Er schritt jetzt auf das Schlafzimmer zu, Glückwünsche mit leichter Kopfneigung nach hier und dort quittierend. Beim Anblick von Mutter und Kind hob er sich leicht auf die Zehenspitzen und ging nun mit kunstvoll verzögerter Eile auf beide zu, wobei er die Arme vorstreckte. ›Theater‹, dachte Condé, der am Kopfende des Bettes stand, ›er macht sein Frauengesicht!‹ Der frühreife Artois hatte das in seiner stets wachen Ironie einmal so genannt: die Stirn in Erstaunen ein wenig gekraust, die Lippen leicht geöffnet. »Mein Sohn!« sagte Bourbon, als er das Antlitz des Kindes sah, wobei er sich auf die Knie niederließ und »oh Madame, wie Sie gelitten haben!«

In der Tat, ein wenig Theater war das schon, eine von jenen Rührszenen, die man sattsam von alten Stichen kennt, und Bathilde fühlte sofort sein schlechtes Gewissen heraus. Sie war trotz ihrer Schwäche gespannt, was er mit dem Kind in ihrem Arm anstellen würde. Selbst sie empfand, daß es ein wenig wie ein Äffchen aussah, wenn sich dergleichen auch geben würde. Doch geschah etwas, das sie durchaus nicht erwartete. Bourbon näherte sein Gesicht dem kleinen Wesen, und nun war nichts mehr Komödienhaftes darin: »Mein Kleiner«, flüsterte er; Bathilde hätte sogar schwören mögen, daß Tränen in seinen Augen standen. Er liebte Kinder und daß dies nun sein eigenes war, womit er innerlich offenbar nicht ganz fertig wurde, überwältigte ihn plötzlich. Er tat sich wie närrisch, versuchte seinen Finger in das winzige Fäustchen zu schieben und behauptete steif und fest, einen Gegendruck zu haben, was gar nicht sein konnte. »Er wird ein Soldat, unser Sohn!« Bathilde vernahm es nun doch gerührt, worauf sich der Großvater von ihrem Kopfende entfernte, und sie flüsternd anzufügen wagte: »Sie haben mich sehr allein gelassen, Monsieur!«

Bourbon besaß seine eigene Methode, mit solchen Fragen fertig zu werden. »Ach, reiße mich einer am Haar. Träume ich denn? Ein Kind!« Das war sogar ehrlich von ihm gemeint und statt jeder Erklärung zog er ein Etui aus der Brusttasche, das ihm übrigens Condé schon am Vortage zugesteckt hatte, und schob es Bathilde hin. Sodann nahm er lachend das Bündelchen auf und schwenkte es übermütig herum; Docteur Brillouet an der Tür paßte gottlob auf, daß er keinen Unfug anstellte, und Bathilde fand trotz einiger Besorgnis Gelegenheit, einen Blick in das Futteral zu werfen; Röte überzog ihr Gesicht. Wie lieb er sein konnte! Jenes Smaragdkollier, das sie in den ersten Tagen der Ehe in Paris gemeinsam mit Condé bewundert hatten. Sie versuchte es um den Hals zu legen. Nein, noch war sie zu schwach, es gelang ihr nicht. Brillouet sah es und blickte Bourbon mahnend an. »Ich komme ja schon«, nickte er, legte das Kind behutsam zurück, küßte Bathilde noch einmal die Fingerspitzen – welch eine neue Gepflogenheit war das? – und verschwand, während denn doch ein Schatten der Resignation über das müde Gesicht der jungen Mutter flog. Sie hatte gehofft, daß er sie wenigstens in den Arm nehmen oder ihren Kopf an sich drücken würde.

Es war vielleicht alles zu viel für sie. Sie gab sogar willig das Kind her, das ihr der Arzt lächelnd abverlangte. »Schon?« sagte sie kläglich. Der Arzt wiegte bedauernd den Kopf. »Monsieur le Duc bedürfen der Ruhe, Madame.« Aber sie wußte, es war die Umschreibung dafür, daß ihr Kind von nun an nicht mehr ihr, der Mutter, gehörte, sondern, wie es der Brauch verlangte, sogleich sein eigenes Heim bezog. Hinten im neuen Château d'Enghien, abseits im Park. Dort wartete seiner bereits das Schock Weiber, das der Geburt assistiert hatte, an der Spitze Madame de Nesle, die es von Herzen verwöhnen würde, und natürlich die Amme, die gleichzeitig ihr eigenes Baby, ein kleines Mädchen, seine Milchschwester, versorgte.

— Er sollte mit ihr nicht nur den nahrhaften Vorrat teilen und wider alles Erwarten gedeihen, die beiden Milchgeschwister verband auch später ein absonderlicher Schicksalsfaden. Wiewohl er sie völlig aus den Augen verlor, in der Regennacht, in der man in Vincennes das Todesurteil über ihn sprach, war von allen, die seine früheste Kindheit geteilt hatten, nur sie dabei, als suchten ihre Parzen voneinander Abschied zu nehmen. Gewiß, wer hätte um dergleichen befremdliche Bindung in diesem Augenblick, der sich so zögernd zum Guten wandte, ahnen können? Wohnte Enghiens ersten Stunden bereits eine unerkennbare Vorausbestimmung inne?

Doch zurück zu jener Minute, in der der kleine Herzog die ersten Blicke ins Licht tat. Der Tag war lastend geworden, die Schwüle stieg gegen Abend ins Unerträgliche. Condé drüben im alten Schloß ekelte die klebrige Wäsche an seinem Körper; er kleidete sich hastig um und trat hinaus in den Park. Vielleicht fand er im schattigen Nonette-Grund oder nahe den Wasserschleiern der Kaskaden eine erquickende Kühle, die ihn zu sich selber zurückbrachte. Die Gratulanten, allesamt Leute aus dem Dorf, die, auch dies war üblich, am Portal ihre Reverenz erweisen wollten, störten ihn, als habe er über den schwachen

Enkel Rechenschaft abzulegen. Seine eigenen Räume im Château erschienen ihm auf einmal dumpfig. Er brauchte Luft, Raum, die Weite des Himmels, um mit sich ins Reine zu kommen.

Warum? Etwas, das er sich selber noch nicht eingestand, bedrückte ihn.

2.

Die Condés waren, was man im alten Frankreich eine der ersten Familien nannte, und sogar noch etwas mehr. Sie stammten von dem gleichen kapetingischen Vorfahren, Ludwig dem Heiligen, ab wie der König aus dem Hause Bourbon, dessen Namen sie im Rang von Herzögen ›du sang‹ gewissermaßen als Haupttitel trugen. Der Zusatz ›Prince de Condé‹ für den Chef der Familie rangierte erst an zweiter Stelle. Auch ihr Wappen war das gleiche wie das des Monarchen in Versailles, nur daß es inmitten der drei Lilien einen roten Schrägbalken aufwies, der sie als ›branche cadette‹ oder Vetternlinie charakterisierte. Ähnliches galt auch für die Orléans, hinter denen sie hinsichtlich des Thronfolgerechtes nur um ein I-Tüpfelchen zurückstanden, weil sie sich einige Generationen früher vom Hauptstamm gelöst hatten.

Andererseits besaßen sie den Vettern einiges voraus und wußten es bei Gelegenheit fühlen zu lassen. Sie zählten seit ihrer Verbindung mit den Montmorencys nicht weniger als drei Connétables zu ihren Vorvätern, Männer, die Frankreich in kritischer Stunde unschätzbare Dienste geleistet hatten und galten daher als besondere Stütze des Thrones. Kurz, mit dem Adel des Blutes, wie immer man das millionenfache Wechselspiel der Gene bewerten mag, verband sich bei ihnen trotz etlicher Stockflecken der des

17

Verdienstes. Was noch mehr wog, aus ihren Reihen war eine vielbeschworene Heroengestalt hervorgegangen, in der nicht nur sie selbst, sondern ganz Frankreich sich wiedererkannten, der ›Grand Condé‹, Nationalheld und Rebell zugleich, das zweite nach vorwiegender Einschätzung der Gelehrten allerdings um des ersten willen, eine Mischung aus viel Licht und kräftigen Schlagschatten, wie es das gallische Wesen liebt. Auf ihn berief sich der gelegentlich bis zur Arroganz gesteigerte Familienstolz, an ihm maß man sich.

›Le Héros‹ war der Ur-Ur-Großvater des gegenwärtig etwas beunruhigt in den Abend hinausschreitenden Louis-Joseph de Condé gewesen, in Paris am 13. September 1621 als Louis II de Bourbon, vierter Prinz von Condé, geboren, Sohn des viele Hoffnungen enttäuschenden Henri II de Bourbon-Condé und der bildschönen Charlotte-Marguerite de Montmorency. 1686 starb er nach einem allerdings später meist bitteren Leben voller Triumph, erschöpft von den Verfolgungen Mazarins. Es hatte zu seinen Lichtseiten gehört, daß er nach der Ausbildung voller Selbstzucht schon als Achtjähriger Lateinisch wie seine Muttersprache parlierte, nicht ohne Sarkasmus freilich, denn er liebte es nicht, sich zur Schau zu stellen. Zehn Jahre später vertrat er den Vater als Gouverneur von Burgund, um als zweiundzwanzigjähriger Feldherr 1643 mit stark unterlegener Truppe die spanische Armee mit dem Kern der für unbesiegbar geltenden Tercios viejos in Flandern bei Rocroy anzugreifen und zu vernichten. Womit die iberische Vorherrschaft im Norden Frankreichs gebrochen war. Die Serie unerhörter Siege dauerte bis zur Entscheidungsschlacht von Lens an, darauf strauchelte er in den Fallstricken desselben Mazarin, dem er soeben bei der Fronde der Pariser Bürgerschaft aus äußerster Not geholfen hatte. Dreizehn Monate blieb er in Haft, bis er, ehrenvoll heimgeholt, während der Regentschaft Annas von Österreich erneut in das Visier des ›Grédin de Sicile‹ geriet und sich im Gegenschlag der Hauptstadt bemächtigte. Doch dann, in einer der dunkelsten Stunden Frankreichs, versagte der erschöpfte Körper den Dienst und seine Gefolgschaft stob auseinander. Vergeblich suchte er in Flandern Revanche, indem er, nunmehr auch rechtlich ein Hochverräter, sich mit den Spaniern verband. Bei Dünkirchen verließen ihn endgültig die Kräfte. Auf den Knien mußte der gefeierte Held von gestern Ludwig XIV. um Vergebung bitten und fand endlich in Chantilly Ruhe. Der Sonnenkönig verstand und verzieh ihm in einer seiner menschlich genommen edelsten Regungen. »Ich habe den größten Mann meines Königreichs verloren«, hat er bei Condés Tod gesagt.

Das war er also, kein Höfling, gewiß nicht schön, nicht einmal ansehnlich von Statur; die Zähne sprangen vor, die Condé-Nase stak allzu kühn in seinem Gesicht, aber er besaß ›flammende blaue Augen‹, die niemand losließen. Wer das von Coysevox geschaffene Relief in Chantilly erblickt, erkennt darin sofort die genialische Mischung von Ausdruckskraft, Sensitivität und stählerner Härte. Gewiß besaß sein Charakter Fehler. Die ihm von Richelieu aufgezwungene Frau, Claire-Clémentine de Maillé-Brézé, hat er trotz einiger Kinder – nur sein Sohn Henri-Jules erreichte die Mannesjahre – und trotz ihres todesmutigen Einsatzes während seiner Verfehmung, bitter gehaßt und endlich ob angeblicher Geistesverwirrung einsperren lassen.

Gleichwohl war es unmöglich, in Chantilly nicht an ihn zu denken, und es verwunderte an solch einem Tage noch weniger. Was Louis-Joseph bedenklich stimmte, war nicht der Vergleich zwischen dem Neugeborenen und dem großen Mann seines Geschlechtes, sondern daß von dem Vorfahren etwas Erschreckendes ausgegangen war. Nicht in dem, was er geleistet und gelitten, sondern in dem, was er leiblich hinterlassen hatte. Henri-Jules, sein Sohn, raffgierig, durch ein viel zu dickes Haupt, fast einen Wasserkopf verunstaltet und später in völligem Wahnsinn gestorben, mochte als hämische Laune des Schicksals hingehen. Dessen Sohn Louis III erwies sich freilich als vollkommen debil, ein bösartiger, galliger Zwerg von wütender Begehrlichkeit, der seiner zierlichen Frau, als ehemalige Mademoiselle de Nantes eine Königstochter, ein Kind nach dem andern machte. Wenigstens war dessen Nachfolger, Louis-Henri ein normal gewachsener Mensch gewesen, der in der wilden Epoche während der Regentschaft Philippes II von Orléans nach Ludwigs XVI. Tod dank seiner Beziehungen gar zum Ministerpräsidenten aufstieg. Dennoch gereichte er den Condés kaum zur Ehre. Es blieb eine von Skandalen geschüttelte Epoche, in der nicht Monsieur le Duc, wie man den Condé-Sproß nannte, sondern seine Mätresse, eine wahre Messalina, Madame de Prie das Regiment führte. Bis ihn eine lettre de cachet nach Chantilly verbannte und aus dem Saulus ein Paulus wurde, bei dem plötzlich das Genie der Familie durchbrach und eine phantastische Bauperiode anhob, in der neben anderen die riesigen Ecuries oder Ställe für zweihundertvierzig Pferde und die großen Meuten entstanden. Alles in allem der widersprüchlichste aller Condés, aus dessen zweiter Ehe mit der vierzehnjährigen Charlotte-Caroline von Hessen-Rheinfels er selber, Louis-Joseph de Condé hervorgegangen war, während sich der gealterte Vater grollend in seinem nach Chemikalien stinkenden Laboratorium im Keller des Vieux Château einschloß, weil König Ludwig XV. gar zu oft bei seiner Frau erschien.

Dies war es, was den frischgebackenen Großvater am meisten beschäftigte, der sich selber als Generalleutnant im Siebenjährigen Krieg glorreich geschlagen hatte: fiel die Familie durch Louis-Antoine-Henri, den Enkel, in die Debilität zurück? Zudem verdüsterte sich die Welt, in der dieses Kind aufwachsen sollte. Mochte es in Louis-Josephs eigener Laufbahn auch Glanzpunkte gegeben haben wie die Einnahme der Festung Meppen oder gar den Sieg von Johannisberg, wo er den berühmten Herzog von Braunschweig schlug und ihm jene Kanonen abnahm, die in Chantilly als Trophäen eines redlich erworbenen Feldherrnruhmes aufgebaut standen – es machte die haltlose Flucht seiner Landsleute vor Roßbach unter seinem Schwiegervater Rohan-Soubise nicht wett. Das waren die Truppen des Großen Condé, waren die alten Franzosen nicht mehr. Die Armee, auf die sich das Königtum seither stützte, wurde von immer mehr Fremden unterwandert, Schweizern, weil sie für zuverlässig galten, Deutschen, weil sie billig zu haben waren, Reisläufern aus aller Welt. Sie verstanden zu sterben. Aber konnte man sich auf sie in kritischer Stunde verlassen? Oder bedurfte es dessen nicht mehr, war die allgemeine Sicherheit so gewachsen, wie es die Friedensapostel der Aufklärung wollten, der Abbé Saint-Pierre mit seinem Glaubenssatz an eine Pax aeterna, Voltaire mit seiner naiven Toleranzdoktrin einer guten

Schöpfung, Rousseau mit seinen weltfremden Träumereien? Von Theorien lebte die Menschheit nicht.

Er kannte Paris, wußte um den Zuzug ausgemergelter Landarbeiter in die Ateliers, Fabriken oder Werkstätten der Vorstadt Saint-Antoine. Er wußte auch, daß die immer mehr um sich greifende Geschäftemacherei der Bankiers oder Börsianer alles ins Wanken brachte. Eine Mißernte, bei der die Spekulanten das erreichbare Getreide aufkaufen würden, um es gegen Wucherpreise an die Hungernden loszuschlagen, konnte eine Explosion bewirken. Wie sollte ein König vom Schlage Ludwigs XVI., geschulmeistert von seiner sowohl prüden wie bigotten Marie-Antoinette, damit fertig werden?

Er legte solche Attribute der Tochter Maria Theresias aus einem sehr persönlichen Grunde bei. Sie wollte Madame de Monaco, seine Lebensgefährtin, mit der sich Louis-Joseph nach dem Tod seiner Frau liiert hatte, nicht bei Hofe empfangen, weil sie auf sein, Louis-Josephs, Betreiben in einem zugegeben nicht ganz einwandfreien Prozeß von diesem wütenden Raubtier, Honoré III de Monaco, der sie sogar verprügelte, geschieden war. Condés Eigenliebe ertrug die Zurückweisung durch Marie-Antoinette nicht. Ach, patati, patata, das war vorbei – was sollten solche Unmutsgedanken an diesem Tag?

Er kehrte eben aus dem Baumschatten des Nonette-Grundes über das Brücklein auf die Philosophenallee neben dem Manche genannten Teich des Parkes zurück, in der einmal Molière, Corneille, Racine geschritten waren, und umfaßte mit einem einzigen Blick alles, was sein war, von der Rasenarena des Vertugadin bis hinauf zum Theater, der Orangerie, dem Ballspielhaus. In der Mitte dieser grandiosen Szenerie das Schloß im Schoß der blinkenden Wasser, das die Ställe mit dem himmelstürmenden Rossegespann der Rotunde verdeckte. Zur Linken, in der gleichen Höhe wie die Terrasse des Grand Degré mit der Reiterstatue des Connétable Anne de Montmorency, des ursprünglichen Herrn und Erbauers der Schloßanlage, hob sich das neue Château d'Enghien, in dem sein soeben geborener Enkel den ersten Erdenschlaf tat, und sah weit hinaus auf diesen fürstlichen Traum, in den Chantilly noch heute versponnen scheint. Konnte das jemals zugrundgehen?

Aber Condé sah noch mehr und wußte plötzlich, warum ihm beklommen zumute war. Hinter den Wäldern im Südwesten wuchs in bestürzender Eile eine schwefelig gerändete Wolkenwand. Schon jagten fern, jenseits der Grande Pelouse die grauen Schleppen eines Regengusses über die Waldkulisse. Einen Augenblick durchzuckte ihn der Gedanke an ein Vorzeichen künftigen Unheils. Töricht, man lebte nicht mehr im Altertum oder in den finsteren Zeiten der Gotik! Aber die Angst um den Enkel blieb. Er schritt, so hastig es seine Reiterbeine zuließen, immerhin um Haltung bemüht, die Rampe zum Enghien-Schloß empor und trat gerade, als es losprasselte, in das Dunkel des Eingangs.

Man mußte seine Wanderung beobachtet haben, denn Madame de Nesle eilte sofort herbei.

»Monseigneur«, flüsterte sie etwas atemlos, »oh, kommen Sie schnell. Er schläft.«

Condé erschrak. »Ist was?«, und trat hastig heran, diesmal sogar selber auf Zehenspitzen. Ja, er schlief im Dunkel der Wiege, schlief, das winzige Gesichtlein völlig entkrampft. O Anblick eines kleinen, schlafenden Kindes, wieviel mehr Zuversicht geht davon trotz seiner Verletzlichkeit aus, als von den glänzendsten Waffentaten auf den Schlachtfeldern der Geschichte! Condé begriff. Madame de Nesle hatte ihm diesen Anblick des Friedens gewähren wollen, um seine Unruhe zu beschwichtigen. »Hat er nicht etwas Rot auf den Wangen, der kleine Engel?« flüsterte sie.

Er blickte ein wenig ungehalten hoch. Daß sie einen Condé-Sprößling mit einem x-beliebigen Engel verglich, Worte, mit denen die Frauenzimmer so freigebig waren, schien ihm ungehörig. »Lassen Sie mich einen Augenblick mit ihm allein.«

Sie versank in Reverenz und schloß die Tür hinter sich.

Er tat etwas Ungewöhnliches, das seine Erschütterung verriet, blickte sich vorsichtig um, ob noch jemand im Raume war, dann kniete er an der Wiege nieder, etwas steifbeinig, wie er seit seinem Reitunfall war, und drückte sein Gesicht gegen das winzige Kinderköpfchen. »Gott verzeihe mir meine Ängste«, murmelte er, »was soll denn aus uns ohne ihn werden?« Er hätte gern noch hinzugefügt, »wenn nötig, nimm mich«, aber das schien ihm denn doch zu dramatisch.

Der Gedanke, daß sein Sohn Bourbon mit seiner Schwiegertochter Bathilde noch mehr Nachkommen haben konnte, kam ihm nicht. Rundheraus glaubte er nicht daran und behielt recht.

3.

Das Kind in seiner Wiege, dem die Sorgen des Großvaters galten, schlief unterdessen ruhig in sein Dasein hinein. Die runzelige Haut glättete sich, die Stimme krähte öfter und seine Fäustchen lernten sich öffnen, schließen oder zufassen. Sie konnten sich bald mit erstaunlicher Kraft gegen die Brust der Amme stemmen, aus der es die Lebenskraft seiner jungen Tage sog und sich weit über die vorgesehene Zeit hinaus volltrank, als wisse es, daß dies eine Frage auf Leben und Tod sei.

Die Milchschwester, das eigene Kind der Amme auf der anderen Seite der Brust, war längst mit friedlich zurückgeneigtem Kopf in den haltenden Arm der Mutter gesunken, ein weißes Tröpfchen noch auf der Schmollippe, und schlief. Die Nährmutter sah es voll Stolz, daß ihr kleines Mädchen zusammen mit einem Prinzlein aufwuchs, wie sie Enghien insgeheim nannte, aber auch, daß einzig sie, Marie-Alexandrine Debby, gebürtige Holländerin, einem ganzen Schock kräftiger Wöchnerinnen aus Chantilly vorgezogen war, um Mutterdienste an dem erlauchten Neugeborenen zu versehen. Es war ein fruchtbares Land, fruchtbar auch die Frauen, und die Jungmännerschaft des Dorfes französisch genug, sich ihrer Pflicht in den langen, lichtlosen Nächten des Winters oder den warmen des Sommers, wenn das Blut ohnehin rumorte, mit Ausdauer zu widmen.

Manchmal kam Marie-Thérèse-Bathilde d'Orléans in solchen Stunden, sofern sie nicht einer der häufigen Einladungen folgen mußte, über die Terrasse des Grand Degré gegangen und sah der ein wenig animalischen Szene in diesem Heiligtum der Frauen – denn das war das Château d'Enghien nun – nachdenklich zu. Sie trug ein unbestimmtes Schuldgefühl mit sich herum. Nicht nur, weil sie die Ursache, derentwillen Bourbon sie verlassen hatte, bei sich selbst suchte, sondern weil sie dem Stillgeschäft nicht selber

oblag. Sie fühlte die Lockung wohl, die eben dieses Anima-
lische auf sie ausübte. Sogar, es sei gestanden, bis in die
Dessous hinein, worauf sie etwas erschauerte. Aber hätte
sie ihrer Figur dieses Opfer zumuten dürfen? Sie war eine
gläubige Jüngerin Jean-Jacques Rousseaus, aber auch eine
Dame von Welt. Immerhin löste der Anblick bei ihr eine
sinnliche Wirkung aus, die gleichzeitig eine ästhetische
war. Daher brachte sie eines Tages einen der Maler mit,
die stets in Chantilly schmarotzten, und ließ sich mit dem
bereits in Schlaf gesunkenen Kleinen abkonterfeien: das
Kind halbnackt, sie selbst mit Anmut über der Brust in
Unordnung gebrachtem Kleid, als habe sie eben die heilige Handlung vollzogen.

Das Bild schmeichelte ihrem Instinkt einer Orléans außerordentlich, wiewohl sie mit dem etwas breiten Gesicht
eher einer beliebigen Frau aus dem Volke glich. Doch
gerade in diesem demokratischen Element lag, was sie
daran schätzte, und nebenbei auch, daß sie ihrem Ideal
von der Gleichheit der Menschen hier, im Hause der Condés, auf so versteckte Weise huldigen konnte, was eine
kleine Boshaftigkeit bedeutete. Der Kleine hatte darauf
die Formen eines fleischigen Rubensengels angesetzt; es
stimmte zwar nicht ganz, gefiel Bathilde aber.

Wie schwierig freilich, in das noch kaum wahrnehmbare
Innenleben des Kindes hinein zu loten, das in der Trau-
mesbefangenheit der frühen Tage hindämmerte, in denen
selbst Licht und Schatten wie ein Echo, das noch keinen
Ursprung besitzt, vorüberglitten, und einzig ein Mißbeha-
gen sich in dünnem, dann immer heftigerem Zetern äußerte, bis der Kummer abgestellt war, während die Natur
in unmerklichen Schritten ihr Wunderwerk verrichtete

26

und dem seiner selbst unbewußten Wesen vom erkenntnislosen Staunen der Augen zu einem das Gegenüber fixierenden Blick verhalf. Daß dies ein Condé war, sah jeder an dem kühn gebogenen Näschen; was man sonst hineininterpretierte, mochte den Frauen zur Ergötzung dienen, war aber im Grunde nichts anderes, als was jedermann widerfährt, ob er nun auf einem Thron oder am Galgen endet – eine schweigsame Vorwegnahme der Existenz in nuce, deren niemand sich später erinnert, wiewohl sie eine Chiffre des ganzen Lebens bedeutet.

Darüber allerdings strichen Wochen, ja Monate hin; Enghien weilte mit seinem Hofstaat längst nicht mehr in Chantilly, als jener denkwürdige Tag heraufdämmerte, an dem die Weberfäden seines Gehirnes zum ersten Mal ihre eigentliche Arbeit verrichteten, sich zu einem Bild des Erkennens verflochten und ein erstes Lächeln um seinen Mund glitt. Darauf kam ein weiterer, an dem er dieses früheste Signal intelligenter Anteilnahme mit einem Niederschlagen der Ärmchen, endlich auch einem Krählaut quittierte, und nunmehr ergoß sich das Rinnsal des Empfindens in eine immer breitere Landschaft der Erlebnisse, in der er bald Wegebekanntschaften machte und aus der ihm mancherlei Eindrücke zuströmten, heitere, aber auch erschreckende, wenn beispielsweise ein vom Wind bewegter Vorhang in der Dämmerung bei unvermuteter Brise wie ein riesiger Fledermausflügel aufflog. Dies freilich nur an warmen Tagen, wenn auf Geheiß Docteur Brillouets ein Fenster in entlegener Zimmerecke, sei es in Paris, Chantilly oder Saint-Maur, offenstand.

Es war dies der immer mitwandernde gute Geist, der ihm samt dem Accoucheur einst zum Leben verholfen hatte; er bestand eigentlich für den Kleinen nur aus einem faltigen Gesicht, das sich, ein wenig nach Schnupftabak riechend, wiewohl er sich nur selten eine Prise gestattete, Zutrauen erweckte, wenn er sich über ihn neigte und das Ohr auf den winzigen Brustkorb legte. Dreimal kam er am Tag, morgens, mittags und abends, die erste Person, zu der ihn neben der nach Milch und Menschenhaut duftenden Amme ein tiefes Vertrauen erfüllte, über das er sich natürlich keine Rechenschaft gab. Seine Welt fügte sich gleichwohl in eine gewisse Ordnung, in der bald auch der Großvater seinen Rang bekam; er spürte wohl die meist wortlose Liebe des Mannes, der ihm so innig zugetan war.

Doch damit in die frühen Tage von Chantilly zurück. Louis-Joseph de Condé wußte, warum er dort so häufig im Château d'Enghien erschien. Die Vielzahl des Personales, die Verteilung einfachster Pflichten auf so viele Köpfe, führte nach den Memoiren des Docteur Brillouet zu einem schrecklichen Durcheinander samt lautstarken Auseinandersetzungen, wenn auch meist abseits der Wiege. Bekam Madame de Nesle die Dinge nicht in den Griff? Die Wiegefrau, ein ohnehin überflüssiges Amt, beschäftigte sich nur damit, dem Kind die kleinen Portionen von Brei oder was man ihm sonst einflößte, herzurichten und dies meist recht liederlich. Sie war ein hübsches Frauenzimmer; in der Küche trieb sich stets ein Schwarm von Galanen herum. Jede andere Fürsorge blieb neben der Amme einer Garderobefrau überlassen, die eigentlich nur für die Windeln und später auch die Bekleidung des Kleinen zuständig war, ein verschüchtertes Wesen, dem man auch die Leibwäsche der im Vorraum herumlungernden Wärterinnen aufhalste. Jede drückte sich nach Kräften, nur um an ihren endlosen Palavern teilnehmen zu können. Die für die Zimmerreinigung zuständige Person beauftragte den Hausburschen damit, der sich rundheraus weigerte. »Ich habe ihn oft gesehen«, verzeichnete Brillouet, »wie er morgens die Betten wegräumte, aber die Nachtgeschirre darunter stehenließ, weil er behauptete, ihre Leerung sei Sache der Garderobenfrau, bis man sich auf jede erdenkliche Weise gegenseitig beschimpfte«. Warum jagte Condé sie nicht einfach davon? Es lag an der zwar patriarchalisch gedachten, aber sehr weitgehenden Obsorge des Ancien Régime für die Vielzahl der Diener. Sie gehörten als Familiaren dazu, durchdrungen von einer Wichtigkeit, die oft genug nur im Müßiggang bestand. Wußten sie gar den Prinzen davongefahren und auch Madame de Nesle nicht zur Stelle, tanzten die Mäuse auf den Tischen. Nein, der glänzende Rahmen bedeutete für den kleinen Herzog keineswegs eitel Wohlfahrt. Jedweden Bürgers Kind wuchs in wärmerer Obhut auf.

Unzweifelhaft rührte Enghiens spätere Reizbarkeit und Sensibilität aus solchem Alleingelassenwerden inmitten geschäftiger Eile. Bleibt nicht alles, was wir im Leben tun, durchtränkt von einem Widerhall frühester, unbewußter Erfahrung?

Denn die gab es. Die Türen mußten stets offen sein, und jedermann besaß jederzeit Zutritt. Das Geisterspiel der Dämonen, unholder Mächte, das sich abendlich im Huschen der Kaminflamme anspann – weiß Gott, warum sich das in ihn einsenkte – das stete Halbdunkel, das ihn umfing, steigerte seine Empfindsamkeit, je einsamer er blieb. Die erwachenden Sinne lagen stets auf der Lauer, denn er konnte sich nicht in einen bergenden Mutterschoß flüchten. Bathilde d'Orléans ließ ihr Kind nur schweren Herzens allein, aber die Etikette verbot ihr eine zu häufige Anwesenheit. Immer die Etikette! Ein Hohlraum von Einsamkeit umgab ihn, und wenn er das auch nicht sagen oder denken konnte, so gab es doch Sinnbilder dafür; jahrelang geisterten später die großen Flügel der Türen, sei es in Paris, Saint-Maur oder Chantilly durch seine Vorstellung, die er vor seiner Wiege erblickte, fahlen Riesenwächtern gleich, Schicksalsengel, die am Morgen genau so dastanden, wie sie am Abend erloschen waren, bereit ihren ehernen Spruch zu fällen, daß er als ihr Gefangener zu bleiben hatte.

Gelegentlich aber mußten sie ihn dennoch durchlassen. Da holte ihn, als er gerade elf Wochen alt war, ein Arm schwungvoll aus der Wiege, bettete ihn in die Kissen eines Körbchens und trug ihn fort in eine andere Welt, die nunmehr über und neben ihm fortglitt: Bäume mit einem verwirrenden Blätterspiel, der Glanz von Teichen, auf denen Schwäne trieben, während ihm das Knarren von Rädern, das Schnauben von Pferden mit Heftigkeit in die Ohren drang. Darauf auch fernes Knallen und endlich Hörnerjubel.

Es war der Einfall des Großvaters gewesen, wie um seine Erlebniskraft zu entzünden, ihn zur Hirschjagd an den nach einer Rundtafel benannten Kreuzungspunkt am Wege nach Gomelles im Fond des Jagdwagens mitzunehmen. Das geschah am 16. Oktober, als die Blätter schon gilbten. Kurze Zeit später ging es auf Damwild. Der Herbst war für das Waldgetier die große Zeit des Sterbens. Madame de Monaco schüttelte nur den Kopf über diese

Verrücktheit ihres Lebensgefährten, und Bathilde d'Orléans, die gerade Besuch machte, brach in Tränen aus. Aber
Condé hielt es mit seinen besonderen Erziehungsmetho-
den; die Frauen hatten nichts dareinzureden.

Das Wort Jagd löste bald ein seltsames Vibrieren in dem
Kinde aus, wozu sich eine unschuldige Lust am Anblick
getöteter Kreatur gesellte. Das ganze Zeitalter teilte sie
übrigens. Nur zehn Tage nach der Hirschjagd und ihren
Opfern an der Rundtafel zogen Großvater Condé und
Vater Bourbon, diesmal ohne ihn, in die Ebene von Cour-
teuil und Senlis hinaus und brachten auf Bauernkarren
dreihundertsechsundzwanzig gemeuchelte Hasen, junge
Rebhühner und Fasanen, sogar ein zufällig vor die Flinten
gelaufenes Reh mit heim und bauten die Strecke, neben
der die angeleinten Vorstehhunde hechelten und die Jäger
ihr gellendes Halali bliesen, auf der Terrasse vor dem
Château d'Enghien auf.

Ein makaberes Schauspiel, das Condé seinem Enkel
als künftigem Nimrod oder Kronprinzen Dianas darbot!
Wollte er ihn durch den Anblick von Blut und Tod abhär-
ten oder auf das Leben vorbereiten? Es wimmelte von
Wild in den Wäldern von Chantilly und gab Jagdfreuden
in Menge, denen alle Condés mit Leidenschaft oblagen:
der Jagd ›zwischen den Tüchern‹, bei denen man das Tier
zwischen aufgespannte Leinwände trieb und von außen
niedermetzelte; viele Damen nahmen mit Lust daran teil;
Hetzjagden zu Pferde, Treibjagden und, was noch mehr
dem Herreninstinkt schmeichelte, das gefährliche Attak-
kieren des eingekesselten Keilers mit der Saufeder, bei dem
sich Urtriebe entladen konnten. Da die Bauern oft genug
um Abhilfe von Wildschäden baten, hatte das alte Herren-

recht ein moralisches Mäntelchen. Allerdings ließ sich mit den Sauen des Nonette-Grundes, die an nebeligen Morgen bis zum Hameau, dem nach normannischer Bauart abseits am Parkende angelegten Weiler, vordrangen oder gar die Beete der Cabotière gleich hinter Enghiens Domizil zerwühlten, nicht spaßen. Auch das Rotwild konnte sein Leben teuer verkaufen. Ein gestellter Hirsch hatte vor nicht langer Zeit einen hochmögenden Jagdgast zu Tode geforkelt; hinzu kamen bedenkliche Reitstürze, ein Abpraller aus der Flinte des Herzogs von Berry hatte endlich ›Monsieur le Duc‹, dem Vater von Louis-Joseph, ein Auge weggerissen, sowie eine furchtbare Narbe hinterlassen. Dies nebenbei.

Solcher Art war also nach des Großvaters Willen die erste Begegnung des winzigen Duc d'Enghien mit der harten, widersprüchlichen Männerwelt gewesen, die trotz aller höfischen Menuette und galanten Treibens um den Tod kreiste. Nein, der kleine Herzog sollte noch lange brauchen, bis er das Wort verstand. Manch einer begreift es selbst dann nicht, wenn es ihn selber betrifft. Immerhin kann es sein, daß in solcher vorfrüh geweckten Lust am Untergang Enghiens spätere Furcht- und Bedenkenlosigkeit wurzelte; sehr kindgerecht war es nicht. Doch dann kam der Winter und der kleine Herzog verschwand mit seinem Frauenstaat für die Zeit der Schneeflocken in Paris im Palais Bourbon.

Im nächsten Jahr kam er nur zu einem kurzen Aufenthalt und wieder ein Jahr darauf konnte er bereits laufen.

4.

Condé war kein Staatsmann, wenn er sich als Prinz von Geblüt auch mit vielen Aufgaben betraut sah. Er liebte die Regierungsarbeit nicht, bei der wochenlang um eine Gesetzesvorlage gefeilscht wurde, bis nur ein blasser Schemen übrigblieb. Der Siebenjährige Krieg hatte ihn geprägt; der Soldat befahl oder gehorchte, und damit gut. Sein Charakter sollte immer autoritäre Züge bewahren, die sich im Alter noch verstärkten.

Er stand am Fenster des neuen Palais in Paris, das später einmal die Deputiertenkammer aufnehmen sollte, und blickte ins Freie. Es schlug eben sieben Uhr morgens; er hatte sich nach seiner Gewohnheit aus den Feldzügen frühzeitig aus dem Bett gemacht und war in sein Arbeitskabinett hinübergeschritten, wo ganze Stapel von Schriftstücken warteten, die der Sekretär schon am Vorabend bereitlegte. Es waren ihrer so viele, daß der Prinz den Mut zum Anfangen verlor. Warum brannte im Kamin noch kein Feuer? Es war schrecklich, eine neue Bleibe zu beziehen, in der noch nichts seine Ordnung besaß. Gottlob kam endlich der Lakai mit dem brennenden Kienspan; so lange sich der zu schaffen machte, konnte er hinaussehen.

Drüben am anderen Seine-Ufer ließ sich im Dunst der Frühe eben der Umriß der ›Geflügelten Pferde‹ von Coysevox am Beginn des Tuileriengartens erkennen, und in der Mitte des Platzes, den man später Concorde nannte, das heute längst verschwundene Denkmal Ludwigs xv. Sonst gab es dort nichts als »im Sommer eine Wüste, im Winter einen Morast«. Es war Winter. Die Bäume drüben stachen als kahle Besen in den Himmel. Ob es richtig war, dachte er, sich hier anzukaufen, damit das Palais der alten Herzogin Bourbon nicht in unberufene Hände fiel? Er ließ ihm soeben zur Gegenseite eine Säulenhalle vorbauen und wollte sein Arbeitskabinett an den so entstehenden Cour d'honneur verlegen, wo jetzt die Hämmer und Meißel lärmten. Es taugte nichts, vom Schreibtisch ins Ferne zu sehen. Das brachte die Gedanken auf Abwege, auf denen er sich jetzt selber ertappte. Allein, drüben auf dem morastigen Platz geschah etwas, das ihn beschäftigte. Ein Mann, weit vorgeneigt in den Zuggurten eines hoch mit Kasten, Hausrat und Säcken bepackten Flachkarrens, bemühte sich vergeblich, weiterzukommen; die Frau schob mit verzweifelter Anstrengung, die Kinder liefen nebenher. Er konnte es im Tubus genau erkennen.

Da kamen sie wieder! Es wurden immer mehr; sie fielen in der Hoffnung auf Arbeit und Brot aus allen Richtungen des Landes wie Starenschwärme ein; diese drüben aus der Richtung von Neuilly. Wenn sie nicht eine Adresse in Saint-Antoine wußten, wo sie Beschäftigung fanden, blieben sie in der Cité hängen: Landarbeiter, für die es nach der Ernte in der Provinz kein Auskommen mehr gab, von den Pächtern trotz des Novemberwetters unerbittlich auf die nassen Straßen gejagt. Er hatte gestern bei der Rückkehr von Saint-Maur neben solch einem Elendszug angehalten: ein alter Mann, an den Straßenrand gelegt, die Halsbinde hastig geöffnet, eine keuchende Brust. Über das stoppelige Gesicht rannen ganze Bäche, man wußte nicht, waren es die Regentropfen oder Tränen? Er hatte den Alten von Brillouet, der dabei war, untersuchen lassen und nur ein Achselzucken geerntet. Niemand kam gegen ihr Elend an; auch seine hastig der alten Frau zugesteckte Barschaft richtete wenig aus.

Bis zur Place drüben waren sie freilich noch nie vorgedrungen, sondern hübsch in den Altstadtgassen geblieben, um sich zu verkriechen wie Wanderratten. Es war eine

Schande. Warum tat der Hof nichts für die Leute, nichts gegen den Wucher? Schon vor fünfzehn Jahren hatte das Wort von Bernis über Schranzen und König – damals noch Louis XV – die Runde gemacht: »Sie blicken einen mit großen traurigen Augen an und damit ist alles gesagt.« Der verewigte Monarch verdiente das Standbild auf dem Platz nicht, an dem Bouchardon so lange herumgebastelt hatte, auch mit dem ›laisser faire, laisser passer‹ der Physiokraten war es nicht länger getan. Würde Ludwig XVI., der eben an der Seite Marie-Antoinettes – so mußte die richtige Rangfolge wohl lauten – den Thron bestiegen hatte, aber eigentlich nur die Jagd und die Arbeit am Amboß liebte, würde ›Seine Hoheit, die Unentschlossenheit‹, dieser schüchterne, dickliche Mann von Zwanzig die verpatzten und versäumten Aufgaben des Vorgängers besser erfüllen? Mochte sein, der neue Finanzminister Monsieur Turgot, dem Voltaire unter Tränen die Hände geküßt, diese Hoffnung der kühnen Geister, brachte alles ins Lot! »Keinen Bankerott, keine Steuererhöhung und keine Anleihen mehr!« Das waren große Worte. Aber das Schicksal des armen Kerles mit seiner Familie im Regen draußen redete eine andere Sprache. Sie litten bittere Not.

Endlich prasselte das Feuer, war der Umstandskrämer von Lakai verschwunden – aber schon richtig, die Luft lastete an solchen Tagen in Paris schwer auf den Dächern, die Kamine wollten nicht ziehen. Wenn sie nur nicht dem Kleinen auf die Brust drückte und er mitten im Winter nach Saint-Maur mußte! Doch nun raffte Condé sich auf, rückte das Maroquin-Schild mit dem eingeprägten Denkspruch auf seinem Schreibtisch zurecht und begann sein Pensum, damit er später dem Sekretär diktieren konnte.

›Das Tägliche tun‹ stand auf dem roten Leder. Das Tägliche bedeutete für Condé in Paris sehr viel. Er hatte sich als Gouverneur von Burgund mit den stetigen Querelen der Beamtenschaft von Dijon herumzuschlagen. Als zeitweiliger Präsident des Adelsstandes im Pariser Parlament mußte er mit Argusaugen darüber wachen, daß es den Winkelzügen des tiers état, des dritten Standes, nicht gelang, sich Vorteile zu erschwindeln; sein Mémoire des Princes hatte ihn zwar ins Gerede gebracht, aber klare Fronten geschaffen. Die Verwaltung seiner Liegenschaften in Chantilly, der Hauptstadt und Saint-Maur wurde immer wieder umständlicher, und sein Rang als Generaloberst der Infanterie brachte nur Ärger. Er grollte dem Grafen Saint-Germain, der alle Reformen wieder zunichte machte, sowohl was die Einstellung bürgerlicher Offiziere wie die menschlichere Behandlung der Truppen betraf, eine betrunkene Knallerei irgendwo im Süden sogleich als Meuterei auslegte, den Verlust von etlichen Flinten als Waffendiebstahl zum Zwecke des Aufruhrs. Dazu kam das Persönliche; die öffentlichen Stiftungen seines Hauses, zweihundertsechsundzwanzig an der Zahl, Krankenhäuser, Altersheime, Bibliotheken, Akademien und öffentliche Bäder mußten überwacht werden, eine endlose Korrespondenz war zu führen. Die Sorgen in der Familie mehrten sich; weniger ob der Sticheleien aus dem hübschen Mund von Madame de Monaco, die Bathilde nicht mochte, aber der Verdruß über seinen Sohn Bourbon, der seine Ehepflichten offenbar gänzlich aufgeben wollte, wuchs von Tag zu Tag und veranlaßte Bathilde, sich immer häufiger in den Kreis ihres Vaters, des ›dicken‹ Philipp d'Orleans in Villers-Cotterets zurückzuziehen.

Condé wollte gerecht sein; es gab an ihr nicht viel auszusetzen, auch wenn sie seiner Erziehung Enghiens deutlich entgegenwirkte. Sie hatte, noch in Chantilly, den Kleinen von seinen Frauen im Körbchen zu den Kaskaden hinaustragen lassen und sich an seinen blanken Augen entzückt, mit denen er den Wasserspielen zusah. Was sollte das? Wollte sie einen Poeten aus ihm machen? Sie war mit seinem ›Harem‹, wie Condé es nannte, im letzten Juli zu den Feiern von Aprémont im Walde von Fontainebleau gefahren, um sich öffentlich mit ihrem Kind zu präsentieren. Er wußte, daß sie Enghien liebte, wie nur je eine Mutter ihren Sohn. Hatte sie ihrer Schwägerin Louise de Condé in Penthémont nicht geschrieben: »Dieses Kind ist ein kleines Wunder ... ich kann gar nicht sagen, wie sehr ich mich danach sehne, es zu umarmen. Die drei Wochen, in denen ich es nicht sah, sind mir sehr lang geworden ...«

Nein, sie konnte nicht dazu, daß sich diese Zwischenräume auf die Dauer vergrößerten. Docteur Brillouet hatte dem Kleinen Aufenthalte in Saint-Maur, südwestlich Vincennes und hoch über der Marne-Schleife verordnet, wo die Luft heilsamer und reiner heranstrich. Das lag für Bathilde sehr abseits. Dennoch holte sie ihn in ihr Haus und veranstaltete Kinderfeste, wenn sie nur durfte. Denn der Arzt blieb unerbittlich; er bestand auf mäßiger Bewegung bei gutem Klima. Selbst als Enghien nach der Kriechzeit mit vorgestreckten Ärmchen zu laufen begann und erste Worte plapperte, darauf, noch im Kinderkleidchen, voller Bewegungsdrang Versuche zum Tollen machte, beschwor er Monseigneur und die Dienerschaft, keinerlei Exaltationen und Kapriolen zu dulden, damit sich der Knochenbau festigen konnte.

Immerhin wuchs da bei aller Vorsicht ein junger Condé von zierlicher Gestalt heran, dem das Adlernäschen, die lebhaften Augen etwas Unternehmungslustiges, Ungeduldiges verliehen, freilich überschattet von einer kaum merklichen Schwermut. Schon als Kleinkind entbehrte er die Eltern. War der Vater bei ihm gewesen, an dem er auf unerklärliche Weise hing, oder gar die Mutter, die niemals zusammenkamen, konnte er nach ihrem Fortgang lange mit offenen Augen in seinem Bettchen liegen und vor sich hinstarren oder gar weinen, wie die Berceuse, sonst nichtsnutzig, aber in diesem Punkt voll Hellsicht, behauptete. Einmal, in Chantilly, hörte Condé davon. Am Abend, als der Besuch wieder einmal vorbei war, knirschte sein Schritt über die große Terrasse heran. Dabei mochte es zu einem Gespräch wie diesem gekommen sein.

»Was ist das? Ein Condé weint doch nicht.«

»Weint Debby auch nicht?« fragte das Stimmchen erstickt aus dem Kinderbett. Debby war die kleine Milchschwester, die Enghien mit dem Muttersnamen bezeichnete. Er spielte zuweilen mit ihr.

»Warum sollte sie weinen? Sie schläft.«

»Weint auch der Orang Utan nicht?« Er hatte am Nachmittag die Menagerie draußen beim Hameau besucht und dem in sich versunkenen Affentier mit dem traurigen Menschenblick in seiner Käfigecke durchaus mehr Aufmerksamkeit geschenkt als dem martialisch auf- und abschreitenden Tiger, der durch alles hindurchzusehen schien, oder dem in Bettelhaltung aufgerichteten Bären.

»Mille tonnerres«, antwortete Condé , »davon weiß der nichts.«

»Hat auch der Große Condé nie geweint?« Aber da

38

mußte sich der Großvater regelrecht ausschütten vor Lachen.

»Dann will ich es auch nicht mehr«, sagte Enghien entschlossen, und tatsächlich weinte er nun nicht mehr, aber er war nach den elterlichen Besuchen auffallend blaß und schweigsam. Es nagte an ihm, daß sie ihn verließen.

Leider, es kam bald schlimmer; die Ehe Bourbons und Bathildes zerbrach mehr und mehr. Es gab einen lächerlichen Zwischenfall am Karnevalsdienstag 1778 in der Oper, bei dem Bathilde eine von ihr soeben entlassene Ehrendame, Madame de Canillac, aus dem Schwarm von Bourbons Mätressen im Arm eines Maskierten antraf und sie brüsk zum Verlassen des Saales aufforderte. Vergeblich. Worauf sie, bebend vor Zorn, dem Galan der Kokotte die Maske vom Antlitz riß. Es war Artois, der jüngere Bruder des Königs und Bourbons Sündengefährte im Geiste, der, ohne viel Worte zu verlieren, Bathilde auf die gleiche Weise traktierte. Der Skandal war nicht zu vertuschen, selbst der Hof mischte sich ein, doch vergeblich versuchte Marie-Antoinette ein Duell zu verhindern, wie es der Ehrenkodex verlangte. Aber was machten Artois und Bourbon an der Porte des Princes im Bois de Boulogne daraus? Zwar schlugen sie sich wie Raufbolde, um sich sodann in einer Weise zu verbrüdern, die Bathilde noch mehr brüskierte. Nicht genug damit, ließ Bourbon sich mit einer Schauspielerin, Mademoiselle Michelot, genannt Mimi, ein, die ihm nach zubemessener Frist eine Tochter, Adèle, gebar.

Auch Condé versuchte vergeblich, zu schlichten. Bathilde wußte sich schließlich auf delikate Weise zu rächen. Sie suchte und fand nicht nur Trost bei einem ihrer Anbeter, Alexandre de Rochefort, sie verfaßte auch ein ›Proverbe‹, ein Dramolett nach Art der Zeit. Darin kam ein Grandseigneur vor, der unter dem Pantoffel seiner eifersüchtigen Frau stand, ein junger Prinz schwachen Charakters, der es mit einer Tänzerin hielt, nicht ohne von ihr betrogen zu werden, und so fort. Man brachte das kleine Opus im Herbst 1780 in Chantilly auf die Bühne, wobei Condé wie Bourbon mitwirkten und sich königlich amüsierten. Zu spät erkannten sie, daß sie einer bösen Eulenspiegelei aufgesessen waren und sich selber persifliert hatten. Bourbon steckte die Niederlage ein, aber Condé , der sich in seinem Verhältnis zu Madame de Monaco getroffen fühlte, nahm sie nicht hin. Er setzte einen Brief auf, in dem er Bathilde Hausverbot erteilte. Das letzte Wort sprach der Scheidungsrichter am 17. Dezember des Jahres.

Der Prinz war so aufgebracht, daß er seiner Schwiegertochter nicht einmal eine Rente zahlen wollte. Es bedurfte erst einer Aufforderung durch den König. Bathilde zog sich mit Bitterkeit im Herzen nach Saint-Assise zurück, dem Besitz ihrer morganatischen Stiefmutter Montesson, um ein seltsam verworrenes Leben zu beginnen, das sie von der Freimaurerei zum Mesmerismus samt seiner Lehre vom geheimnisvollen Fluidum des menschlichen Körpers führte, dann zur Anhängerin des Theosophen de Saint-Martin machte, der dem Kult eines ›unendlichen Wesens‹ huldigte, nunmehr in den Mittelpunkt eines schwarmgeistigen Zirkels stellte, der sich der ›convulsionnaires‹, von Zuckungen befallener Kranker, annahm und oft in ihrem neuerworbenen Palais de l'Elysée tagte, heute Sitz des Staatspräsidenten. Nach dem Tod des dicken Philipp verfügte sie über ein großes Vermögen, und gelegentlich war Enghien bei solchen Vorstellungen dabei. Sie trat in Beziehung zu einer berüchtigten Schwärmerin, Cathérine Théo, die sich ›Muttergottes‹ titulieren ließ, beherbergte die Visionärin Suzanne Labrousse bei sich, kurz, sie verlor alle Maßstäbe so sehr, daß sie sich von ihrer Gefolgschaft sogar den Namen der Madame la Vérité anhängen ließ und darauf stolz war. Über das in Mode gekommene Illuminatentum fand sie schließlich an die Seite der Revolutionäre und verfaßte exaltierte Gedichte auf Bonaparte. Der Korse hielt von verdrehten Frauenzimmern wenig und verwies sie des Landes. In Barcelona ging diese zur Posse verkehrte Tragödie, was sie durchaus war, vorerst zu Ende. An Enghien verlor sie jahrelang keinen Gedanken mehr. Vollends seit sie als Frucht weihevoller Hingabe an ihre Ideen ein weiteres Kind zur Welt gebracht hatte, das natürlich nicht von Bourbon stammte. Ein Leben am Rande der Zeit, das im Paris der Restauration seinen Abschluß fand!

Jahrzehnte bevor es so weit kam und als ihr Sohn noch jung war, nutzte sie allerdings jede Besuchserlaubnis, um ihn wöchentlich wenigstens einmal zu sehen. Sie fuhr an den Kolonnaden des Palais Bourbon vor, ohne je einzutreten, und wartete, bis Enghien die Stufen herabgesprungen kam, um sich durch die offene Wagentür in ihre Arme zu werfen. O schmerzliche, sehnsüchtig erwartete Stunde! Nein, er weinte nicht mehr, aber beantwortete die Einsamkeit, dieses ihm durch den elterlichen Hader auferlegte Fatum seiner Jugendtage, auf seine Weise, er revoltierte.

Als er sechs Jahre alt war, ein gesundes Bürschlein, das gern den Karpfen in den Teichen von Chantilly zuschaute oder mit auf die Jagd und den Fischfang am Teich von Gomelles zog, hatte sich etwas ereignet. Man packte seine

Siebensachen im Château Enghien zusammen. Die Zeit des Lernens und der Pflicht hob an. Er bezog ein Zimmer im Petit Château und erhielt einen neuen Hofstaat, dem der Graf de Virieu-Beauvoir als Gouverneur vorstand, mit zweiundfünfzig Jahren für die Verhältnisse von Chantilly bereits recht alt. Die geistige Ausbildung übernahm ein illustrer Kopf, der Abbé Claude Millot, Historiker von Rang und Angehöriger der Académie Française. Wenn er geglaubt hatte, mit dem zarten Knaben leichtes Spiel zu haben, irrte er. Enghien erwies sich nach seinen Aufzeichnungen als schreckliches Kind, das gegen jede Strenge aufbegehrte und jede Nachsicht ausnutzte. Kurz, er führte sich ungehorsam nach Kräften, launisch und streitsüchtig auf. Angeblich hatte ihn der Harem im Château Enghien verzogen, und so bedurfte es von seiten des Abbés ebenso vieler Entschiedenheit wie Milde, Klugheit wie Geist.

Der gute Kleriker schob die Aufmüpfigkeit des Kleinen auf sein »schäumendes Blut und die unstete Zerstreutheit« seiner Rasse. Aber lag dieser Empörung nicht ein Mangel an Nestwärme zugrunde? Millot konnte ihn fragen: »Wie lange noch wird eine Fliege oder das Singen Sie von der Arbeit abhalten?« Er antwortete achselzuckend: »Mit Fliegen und bei Gesang arbeite ich gern; was tut es also, wenn ich Fliegen fange und singe?« Oder: »Wie kann man ewig die Interpunktion vergessen?« Enghien darauf: »Es kommt mir auf die wesentlichen Dinge an.« Wenn gar nichts mehr nützte, rief Millot den Gouverneur zu Hilfe, der den jungen Herzog dazu verdonnerte, zur Strafe allein an einem Katzentisch zu essen. Enghien erwiderte: »Mir scheint vielmehr, Sie berauben sich der Ehre, mit mir zu speisen.« Man kam ihm nicht bei. Er weigerte sich, sein langweiliges Pensum Mythologie zu lernen. Der Abbé riet ihm ernsthaft, sich ob der Weisheit an Minerva zu wenden. »Ich habe nichts mit Minerva zu tun«, erwiderte das Kind, »sondern höchstens mit dem Großen Condé.« Das war die Frucht der großväterlichen Erziehung, der ihn unaufhörlich mit dem Heros traktierte. »Gut«, erwiderte Millot, »aber bitte, wie es sich gehört.« – »Großer Condé«, schoß der Kleine wie aus der Pistole los, »Ihr seid der größte Mann des Universums. Ihr habt Heil über Eure Mitwelt gebracht. Euer Enkel beträgt sich schlecht, aber man muß bei jeder Sache das Ende abwarten.«

War es Frechheit oder Arroganz? Die Art, wie er sich verteidigte, löst wegen der Schlagfertigkeit seiner jungen Intelligenz Schmunzeln aus. Fraglos ging sein auftrumpfendes Selbstbewußtsein auf den Großvater zurück, der den Enkel durch alle Winkel der Condéschen Geschichte schleppte. Er erklärte ihm genau die von Lecomte gemalte Schlachtengalerie mit den Riesentableaux der Taten des Großen Condé, beginnend mit Rocroy über Lens, die Blockade von Paris bis zur Eroberung der Franche Comté. Er berichtete ihm von den Altersjahren des gichtgeplagten Rebellen, der, umgeben von den bedeutenden Geistern der Zeit, im Park von Chantilly über Geschichte und Philosophie räsonniert hatte. Er zeigte ihm den von Musketentreffern zerbeulten Panzer des Ahnherrn wie die Rüstung Jeanne d'Arcs, die man im Schloß bewahrte, die Degen von Charles VII, Henri IV und natürlich den des Heros, endlich auch den Sessel, in dem der Graf de Fuentes inmitten seiner Tercios tot zusammengesunken war. Und wenn er den Appetit des Kindes noch nicht gestillt glaubte, so mochte Enghien – »voyez donc, mon Duc!« – im Vestibül des alten Schlosses nach oben salutieren und »Guten Morgen, Großer Condé« sagen. Denn dort stand er zu Häuptern der Treppe, in Carrara-Marmor, fast lebensgroß dargestellt, bis ihn die Revolutionäre vom Sockel stießen, und richtete sein bestürzendes Auge auf ihn, seinen vorderhand letzten Nachfahren.

5.

Was macht diese Kindheit freilich so außerordentlich, um so weitschweifig davon zu berichten? Was hat sie der zahlloser anderer Menschen voraus, die lautlos im Dunkel verschwanden? Der Abglanz einer großen Familie, der über Enghiens schmale Gestalt geistert, das tragische Los, zu dem er vorausbestimmt war, oder jene immer wieder enttäuschten Hoffnungen, die sich mit seinem ganzen Leben verknüpften, genügen doch nicht. Was kann der glänzende Rahmen, in dem er aufwuchs, bedeuten, das Spalier der katzbuckelnden Dienerschaft in den Condéschen Farben von bräunlich getöntem Weiß und Karmesinrot; die endlose Liste der Pagen, Schweizer, Kutscher, Sattler, Kuriere, Gärtner, Bereiter, Köche, Konditoren, was stellt sie anders dar als die Komparserie eines Schauspiels, das unwiderruflich der Vergangenheit angehört? Was wiegt es vor dem Elend, das seither über die Völker Europas kam, der zahllosen Opfer von Macht und Willkür in den napoleonischen oder den nachfolgenden Zeiten, die jedermann mit Verzweiflung darüber erfüllen, daß der Mensch immer des Menschen Wolf bleiben wird?

Gewiß müßte, wer das Leben des jungen Enghien vor dem Hintergrund seiner Tage und der Kulisse von Paris schildert, versuchen, die volle Wirklichkeit einzufangen: schon bebt diese Welt in den Fundamenten, schon steigen wie Lemuren einer verdüsterten Phantasie jene Gestalten aus den Kellern, den Kanalschächten der Altstadt oder den Höhlen der Buttes Chaumont, die später als hohlwangige Vollstrecker des Volkszorns die Schilderungen eines Eugène Sue, eines Victor Hugo bevölkern. Gehören sie nicht zu dem Bild, das die Hauptstadt bereits darbot, ehe man noch die Carmagnole auf dem Grève-Platz tanzte?

Ja, muß nicht sogar vom Wutgeheul der fanatisierten Menge beim Niedersausen der Guillotine in Revolutionstagen berichtet werden oder ganz einfach der Unzahl jener Schicksale, deren beinerne Hinterlassenschaft millionenfach in den Katakomben von Denfert-Rochereau gestapelt liegen?

Vor diesem ungeheuren Totentanz hält Enghiens Schicksal gewiß nicht stand. Es ist eines unter vielen, in seiner Winzigkeit nur einer fossilen Muschel in einem Kalkgebirge vergleichbar. Dennoch, er verkörperte das Ancien Régime wie kein anderer. Nicht durch Taten oder Genie, vielmehr durch seine bloße Existenz. Dies in so eindringlicher Weise, daß der wortkarge Despot aus Korsika mit Begier nach seiner Gestalt griff, um die verruchte Epoche der Bourbons ins Herz zu treffen, die mit ihren Begriffen von Legitimität und ihren inneren Bindungen seinem Traum vom Kaiserthron im Wege standen.

Mögen auch die Historiker den Trennstrich zwischen Mittelalter und Neuzeit in der Entdeckung Amerikas durch Kolumbus oder der Erfindung des Buchdruckes oder anderen Ereignissen sehen, wahrhaft zerbrach die Kontinuität der Geschichte Europas erst jetzt und trennte sich, gleich zwei auseinanderdriftenden Kontinenten. Dort, jenseits des sich unaufhörlich verbreiternden, mit

der Lava der Revolution gefüllten Grabenbruches hat er
gestanden, die Augen bereits fortgerichtet, der Herzog, auf
dem äußersten Rand der in die Vergangenheit treibenden
Ära, ein Erbe ihrer fragwürdigen wie unsterblichen Züge,
durchdrungen von der Heiligkeit und Unwiederbringlich-
keit seiner Sache. Ein Mensch, dem Herkommen und inne-
rer Auftrag verboten, sich durch einen kühnen Sprung auf
das Ufer diesseits des Grabens zu retten, wie er vielleicht
ein oder zweimal versucht war. Erhobenen Kopfes glitt er
ins Dunkel hinab, keine Heldengestalt, kein Lichtbringer,
Gott sei davor, sondern einer, der sich in die Vergeblichkeit
seines Lebens hineinbeugte und sich nicht mehr umsah.

6.

Der wirkliche Enghien stimmte wenig mit dem arroganten
Bild überein, das der in seiner Magisterwürde gekränkte
Abbé Millot von ihm entwarf. Er offenbarte frühzeitig
eine ebenso bedenkenlose wie rührende Großmut und bat,
einen Teil der ihm schon als Kind ausgesetzten Apanage
für in Not geratene Menschen der alten Dienerschaft zu
verwenden. Ja, der Fall ist bekannt, daß er in Paris einmal
davonlief, die Stiegen eines Miethauses emporstolperte,
um einer kranken Frau seine gesamte Barschaft, den viel
zu hohen Betrag von vierundzwanzig Louisdors darzu-
bringen. Auf den ersten Blick scheint die Nachricht nur zu
belegen, daß er noch nichts vom Wert des Geldes verstand,
aber sie verrät auch eine charakterliche Anlage; ein künftiger Rothschild steckte nicht in dem Kleinen, eher der
Geist des Poverello von Assisi. Auch seine frühen Briefe
bezeugen Warmherzigkeit. Als Bourbon nebst Artois im
August 1782 nach dem Scheinduell zur Bewährung an die
Front von Gibraltar geschickt wurde, wo Engländer und

Franzosen gegeneinanderstanden, schrieb er dem Vater ebenso naiv wie rührend: »Oui Papa, acquérez de la gloire, battez bien les Anglais, prenez Gibraltar.« Aber er möge doch den Todesweg meiden und mit heiler Haut bald zurückkehren zu ihm!

Gibraltar fiel freilich nicht, und Bourbon kehrte zur Verwirrung des Sohnes nicht ›en héros‹, sondern von den vielen Diners im Lager rundlicher geworden, zurück. Die Herzenswärme in Enghiens Feldpost war jedenfalls echt gewesen. Er schrieb während seines ganzen Lebens ähnliche Briefe, und was er ihnen nicht anvertraute, kritzelte er doch in sein Tagebüchlein, das ihm der Abbé Millot zu führen geraten hatte, Betrachtungen, die besonders der eigenen Familie galten. Alle Condés waren danach glückliche Menschen, also auch er, wenn er nur brav seine Schulaufgaben machte. Ob er, ein notorischer Zappelphilipp, selbst an die Verwirklichung dieses Vorsatzes glaubte? Aber er war ein Condé! Er begann seinen Wert zu spüren, der Schmetterling kroch aus der Puppe. Nur eines behagte ihm nicht, daß die Mädchen sich immer so auffällig benahmen, wenn er hinzukam, die Damen an ihm herumdrückten, die Herren ihm wohlmeinend über die coiffure strichen. Er war kein Spielzeug; er litt unter seiner Cherubin-Rolle. Das empfand er schon 1776 bei Franklins Besuch, dieses ›Botschafters der Aufständischen‹, als den ihn jenes Paris feierte, dessen Avantgardisten einer neuen Weltordnung bereits ihre unklare Brühe kochten. Enghien zählte ganze drei Jahre, als sich der große Amerikaner bei seinem Besuch in Chantilly – Condé galt als Vorkämpfer der franko-amerikanischen Verbindung gegen die Briten – die Erlaubnis ausbat, den als Pagen verkleideten Dreikäsehoch auf den Arm nehmen zu dürfen; der vorgebliche Quäker, als den man ihn ansah, mit dem Faltengesicht und dem schulterlangen, strähnigen Haar, war über diesen Aristokratensproß so entzückt, daß er ihn schwenkte, bis der Puder flog.

Es erregte Enghiens Unwillen, als Fetisch derartiger Exaltationen zu dienen, und er verübelte es Condé, ihn auf diese Weise für seine Interessen einzuspannen. Denn es widerfuhr ihm auch später; wer erschien im Lauf der Jahre nicht in Chantilly! Joseph II. von Österreich, Gustav III. von Schweden, endlich, als Enghien neun Jahre war, der Zarewitsch Paul von Rußland mit Frau, der sich Comte du Nord nannte, ein Mann mit harter Aussprache, niederer Stirn und starrem Blick, der dem jungen Herzog vom ersten Augenblick an mißfiel und dessen Zuneigung er beim Überreichen des obligaten Straußes an seine Frau doch so sehr erregte, daß er ihm sechzehn Jahre hernach unter ausdrücklicher Berufung auf diese Begegnung als Zar Paul I. Zuflucht in Rußland gewährte. Dennoch: Cherubino mit dem Blumengebinde! Das war seine Rolle gemäß der ›Hochzeit des Figaro‹ des Herrn Beaumarchais, die am 20. Apil 1784 über die Bühne des Théatre-Français gegangen war. Er blieb das Nippes dieser Hofhaltung, ein Ding zum Vorzeigen, das bei den älteren Damen befremdliche Sehnsüchte, bei den gleichaltrigen, wenn man Backfische bereits so nennen darf, Verwirrung auslöste. Er aber wollte nicht gehätschelt sein, sondern er selber, Enghien, am besten gleich der Große Condé. O Heros von Rocroy, wann schlägt auch für ihn, Enghien, die Stunde! Was sollten ihm die Feste von Chantilly, bei denen das Sterberöcheln des Wildes vom gellenden Ton der Jagdhörner übertönt wurde, die goldenen Gondeln bei Laternenschein über die Teiche glitten, die stiebenden Schleier der Kaskaden sich mit den Silbergüssen von den Rudern der Prunkschiffe vermischten, während am Gitter des Vertugadin zweitausend Fackeln die Nacht erhellten. Was bedeutete ihm ein Leben in Schönheit? Er wollte es nicht. In seiner Brust brannte eine trotzige Sehnsucht nach Größe. Worin sie bestehen, was sie überhaupt sein mochte, wußte er nicht; jedenfalls etwas Unerhörtes. Wenn er auch in einem üppigen Rahmen aufwuchs wie wenige Kinder, empfand er für sein Alter doch höchst normal.

Als er aus dem Paradewinkel einer hübschen Nebensache heraus durfte, gab sich das. Docteur Brillouet hatte ihm das Ballspielen im Jeu de Longue Paume erlaubt und wenig später erfüllte sich ihm sogar ein Wunschtraum. Er lernte unter Anleitung von Monsieur le Mintier im ›Garten der Sylvia‹ reiten, vor neugierigen Blicken gesichert, damit ihn keiner vom Pferd fallen sah. Niemand außer dem alten Wachtmeister Leboeuf aus dem Siebenjährigen Krieg wußte freilich, daß er es als Frucht einsamer Mittagsstunden, wenn die Stallburschen im Heu der Ecurie schnarchten, längst beherrschte, als sei er im Sattel geboren. Das Tanzen saß ihm ohnehin im Blut, dieses graziöse Versagen oder Gewähren im Schreiten, Wenden, Neigen und Drehen. Gewiß stilisiert, aber im Rhythmus einer einschmeichelnden Melodie war es gleichsam ein Spiel mit sich selber. Blieb das Fechten, bei dem er sich anfangs schwer tat, bis der Fechtmeister einen Degen mit gebührend kleinem Korb besorgte. Dann kam freilich etwas Überraschendes zutage. Er beobachtete sein Gegenüber sorgfältig und griff dann ungestüm an. Bourbon, der dem

Treiben fasziniert zuschaute, seit Enghien Fortschritte machte, sagte: »Oho, da meint es einer ernst und wird schnell den Atem verlieren!« Er, der ein guter Fechter war, trat bald zum Scheinkampf gegen den Sohn an, aber nahm ihn offenbar nicht ernst genug, denn nach einigem Finassieren und Ripostieren flog ihm die Waffe plötzlich aus der Hand und Enghien fiel zum Coup de Jarnac, dem Kniestoß, aus, dem Bourbon nur durch einen Seitensprung ausweichen konnte. »Revanche!« protestierte Bourbon sofort. Aber Enghien antwortete mit gesenkter Degenspitze »Wenn Ihre Kleidung wieder in Ordnung ist, Papa!« Entgeistert sah Bourbon, daß der Sohn mit dem Tiefstoß die linke Knieschnalle seiner Culotte säuberlich abgeschnitten hatte und das Hosenbein offen hing. Teufel, das hätte schief ausgehen können!, dachte Bourbon bestürzt und, was bedeutet das? Ahnte er, das dies eine Rache des Kleinen für seine Enttäuschung, eine Rache für Gibraltar war?

Enghien trug den Kopf höher, vollends, seit ihm auch gegen den Großvater ein kleiner Streich gelang: der Buchbinder in Paris hatte ihm auf ein Maroquin-Schildchen die Aufschrift ›Das Seine tun!‹ geprägt. Er stellte es Condé auf den Arbeitstisch. Es war eine Zeit, die Devisen liebte. Condé dachte darüber nach und fand die Anspielung darauf, daß jedermann seine eigene Aufgabe zufiel, nicht ohne Witz. Seitdem ließ der den Enkel mit Cherubino-Vorstellungen in Ruhe. Wer hätte dergleichen in dem ›Salpeterkopf‹, wie Millot ihn nannte, vermutet? Es wurde Zeit, daß Enghien vollends aufwachte.

7.

Aber auch dafür kam eine Stunde. Enghien hatte die Taufe in Versailles hinter sich, bei der er nach feierlichem Entrée,

inmitten der Prinzen von Geblüt in der Schloßkapelle vor
versammeltem Hofstaat in silbern schimmerndem Moiré-
Gewand, die Namen von König und Königin, Louis und
Antoine empfing. Auf dem Kopf trug er beim Auszuge
den ›Cremeau‹, die Kappe des Täuflings, und schritt nun
getragenen Fußes durch ein Spalier von Augen, die ihn
mit Wohlgefallen musterten. Er mußte seine Sache brav
gemacht haben, denn draußen wurde er von einem solchen Schwarm Gratulanten bedrängt – zweitausendsechs-
hundert Geschenkdosen mit den üblichen Dragées wurden
verteilt – daß er froh war, etliche Tage später in Chantilly
wieder für sich zu sein und auf seiner Percheron-Stute
durch die Gegend zu streifen. Beim Einlauf zur Grande
Pelouse fand er Debby am Zaunpfahl wartend. Sie hatten
sich lange nicht gesehen. »Meinen Glückwunsch, Altesse«;
sie war verlegen. »Was sagst du da?« erwiderte er, »Altesse
mag für den Türsteher in Versailles gut sein. Für dich
bleibe ich Jou-jou wie früher.« – »Das ist für dich, Jou-
jou« strahlte Debbys Gesichtchen auf. Sie drückte ihm ein
haarloses Püppchen in die Hand, dessentwillen es zwischen
ihnen vor langen Jahren oft einen harmlosen Kinderstreit
gegeben hatte. Ihr kostbarstes Erinnerungsstück! Ihr Auge
glitt noch einmal scheu über ihn, dann lief sie davon, und
er besah sich das längst vergessene Requisit ihrer Spiele,
steckte es ein und legte es daheim gerührt in die Lade. Er
ritt an den folgenden Tagen aus, aber Debby kam nicht
wieder.

Im selben Jahr, in dem er vierzehn geworden war, an
einem schwülen Augusttag, mochte es gewesen sein, daß
er es mittags daheim wieder einmal nicht aushielt und sich
auf den Weg machte. Er hockte verträumt im Sattel und

ließ dem Pferd die Zügel. Im Nonette-Grund war es angenehm kühl; jetzt polterten die Hufe über die hölzerne Brücke, und er bog in den Weiler ein. Es war um diese Stunde niemand da außer einer Melkerin, die Wache hielt, einer zigeunerischen, leidenschaftlichen Person aus dem Dorf, etliche Jahre älter als er, die sich ihren Anteil am Leben ungescheut nahm. Nach Art der Landfrauen trug sie bei der Hitze nur einen Arbeitskittel auf der bloßen Haut. Sie sah ihn überrascht kommen, knixte mit niedergeschlagenen Lidern, als er absaß, um sich ein Glas Milch zu erbitten, und ging ihm voran zur Laiterie. Es war dämmerig in dem Raum, in dem er nun durstig sein Glas leertrank und fühlte, daß ihre Blicke nicht weniger durstig an ihm hingen. Als ihre Augen sich begegneten, wußte er, daß es zu spät war, davonzugehen, soviel blinde Ergebenheit stand in ihrem Gesicht zu lesen.

Nein, er wollte das nicht, nicht jetzt, nicht hier, aber da hielten ihn schon zwei sonnenwarme Arme umschlungen, der Kittel fiel wie zufällig auseinander, eine runde Brust, von deren Anblick er denn doch überwältigt war, drängte sich ihm entgegen, ein Paar begehrliche Lippen streiften seinen Mund, aus denen die Zungenspitze wie ein Schlänglein hervorglitt, und auch das war durchaus nicht unangenehm. Nur wußte er nicht recht, wie er sich bei diesem Spiel zu verhalten hatte. Aber seine Hände, seine Glieder wußten es, und das Mädchen wußte es auch. Als der Kittel von ihren Schultern glitt und sie nichts mehr zu verbergen hatte, was sie auch gar nicht wollte, sanken sie auf die Melkerpritsche und es geschah, was immer geschieht. Er war überrascht von der Zartheit dieser Haut, und daß sie mit soviel kundiger Leidenschaft bei der Sache war und dieses Ineinanderdrängen in einen sich steigernden, immer mehr verlangenden Rhythmus zu verwandeln wußte, begleitet von wohliger Klage. Bis sie am Ziel der seltsamen Reise in einen niemals von ihm vernommenen Laut ausbrach, der ihn, gleich aus welchen Kammern der Seele, mit einem Stolz erfüllte, über den er sich keine Rechenschaft geben konnte, weil der Rausch im nämlichen Augenblick auch ihn überkam, sein Kopf auf ihre Schulter sank und seine Besinnung allmählich wiederkehrte.

Was hatte er da getan? Lächerlich, das Allernatürlichste von der Welt! Dennoch, im Glauben erzogen und darin erst soeben bestärkt, machte ihm das Sündhafte seines Treibens zu schaffen. Auch war die vorfrühe Erfahrung so bestürzend, daß er hastig aufsprang, nackt die paar Schritte zum Mühlbach hinüberlief und sich vom Wasserschwall überströmen ließ, statt den Triumph seiner jungen Männlichkeit in ermattetem Anschmiegen zu genießen. Seinen Kopf bedrängten noch andere Schuldgedanken. »Debby, oh Debby« dachte er und daß ihr diese Einweihung eigentlich hätte zukommen müssen. Nein, das denn doch nicht. Debby war seine Kindheit und diese jetzt abgetan. Doch gerade darin lag sein geheimer Kummer. Nie mehr würde es zwischen ihnen eine schuldlose Gemeinsamkeit geben wie zuvor. Alles war anders geworden, und er verstand nicht, wie die Percheron-Stute drüben ruhig stehen und grasen konnte.

Mit gesenktem Kopf suchte er in der Laiterie seine Sachen zusammen. Das Mädchen war nicht mehr da. Gesenkten Kopfes auch ritt er heim, übergab die Stute einem Stallknecht und schlich in sein Zimmer, ein beraubter König. Es war alles zu schnell gekommen, sagte ihm der Instinkt, aber es gehörte, hier auf dem Lande, wohl zu seiner vermaledeiten Rolle. Niemand sollte sich in seine kaum erworbene Selbständigkeit eindrängen dürfen, wiewohl er wußte, daß sein Anblick weiblichen Wesen leicht den Kopf verdrehte und sie zu Tollheiten trieb. Dennoch, dies?

Erst abends wich das Gefühl von ihm, überrumpelt worden zu sein. Mit den Ausritten sollte es ein Ende haben. Er griff zu seinen allzu lang vernachlässigten Büchern. An dem leichtfertigen Ovid lag ihm nichts mehr, Virgil mochte hingehn, am liebsten las er Horaz. »Felices ter et amplius, quos inrupta tenet copula nec malis« – »Dreimal glücklich sind die allein, die ein Band inniger Liebe eint.« Seine Lippen verzogen sich. Liebe? War sie etwa heute mittag im Spiel gewesen? Entmutigt legte er das Buch aus der Hand, sah wehmütig Debbys Puppe in der Lade und nahm sich den Traité des Chevalier d'Arc über die Prinzenerziehung vor. Vielleicht gab ihm das seinen Halt zurück. Verantwortlich für die Anvertrauten bis in den Tod sein! Makellos und standhaft gegen jede Versuchung – da hatte er's! Schweigend und gelassen den Tod als letzte Herausforderung bestehen! Er hatte es oft gelesen und es war ihm etwas gestelzt erschienen, aber in seiner gegenwärtigen Stimmung begriff er es und las es wieder und wieder, bis sein ganzes Wesen davon durchtränkt war. Wenn er auch nicht ganz verstand, was mit einer ›letzten Herausforderung‹ gemeint war. Immerhin, der getragene Klang der Sätze über seine künftige Bestimmung hob ihn über seine Misere hinaus.

Bis ein Ereignis mit einem erschreckenden Echo ihm zeigte, daß selbst das, was sich adelig nannte, nicht immer edel war und ein hochtrabender Titel einen Menschen keineswegs zu einem Halbgott erhob. Condé hatte beim Prozeß gegen den Kardinal-Erzbischof Prinz Louis-René de Rohan-Guéméné, Bischof von Straßburg, für den Verwandten seiner verstorbenen Frau vor dem Parlament Stellung genommen, was ihm den Haß der Königin eintrug. Es war eine mißliche Sache, wiewohl er nicht ahnen konnte, wie eng sich der Name Rohan bald mit dem seines Enkels verflocht; einen Verwandten ließ er, ohnehin schlecht unterrichtet, nicht im Stich, wenn er auch den Vorfall mißbilligte. Es handelte sich um die berüchtigte Halsbandaffäre, bei der das oft genug umstrittene Ansehen des Königshauses Schaden nahm.

Als geltungsbedürftiger Gesandter Frankreichs in Wien hatte Rohan durch abfällige Bemerkungen über Kaiserin Maria Theresia ihre Tochter Marie-Antoinette aufgebracht. Sie vergalt es ihm durch abweisende Haltung, als er, inzwischen zum Großalmosenier von Frankreich und Beichtvater des Königs aufgestiegen, in Versailles eine bedeutende Rolle spielte. Das freilich war nicht der Grund für seine spektakuläre Verhaftung und einen zehnmonatigen Aufenthalt in der Bastille. Um die Gunst der Königin zu erlangen, hatte er sich zu einer Torheit hinreißen lassen und war einer Gaunerin namens Valois aufgesessen, die mittels gefälschter Papiere vorgab, Vertrauen bei Hof zu genießen. Derzeit boten die Pariser Juweliere Böhmer und Bossange ein vielbewundertes Diamantenkollier für eine Million sechshunderttausend Livres feil, das auch Marie-Antoinette in die Augen stach, der sein stolzer Preis allerdings zu hoch war.

Konnte der begüterte Kirchenfürst, machte sich die

Valois an Rohan heran, nicht eine Bürgschaft für die Summe übernehmen, wenn ihm Ihre Majestät die Königin Verzeihung gewährte? Die Aussicht entzückte den Kardinal, und die Vermittlerin von eigenen Gnaden begann ihr Spiel in dem dubiosen Handel. An einem dämmernden Abend nahe dem Park von Versailles erhielt der Prälat seinen Pardon, indem eine verschleierte Gestalt ihm aus einiger Distanz die ersehnte Absolution zuflüsterte und sogar eine Rose hinwarf, ehe sie lautlos verschwand. Tat eine Königin das? Es hätte den Kardinal eher warnen müssen. Eifrig wie ein verliebter Primaner fertigte er seine Bürgschaft aus, mit der die Valois noch eiliger bei den Juwelieren erschien und das Kollier zwecks diskreter Weitergabe ausgehändigt bekam. Die ahnungslose Marie-Antoinette sah es nie, konnte es nie mehr sehen; die Steine waren längst aus ihrer Fassung gebrochen und in Londoner Hehlerhände gelangt, ehe sie Wind von der Sache bekam. Rohan wunderte sich nur, daß sie den Schmuck niemals trug und ihm keineswegs freundlicher begegnete. Hatte er nicht auf Drängen der Geschäftsleute eine Anzahlung geleistet, für die eigentlich der Hof zuständig war?

Erst nach einigem Hin und Her brach das Lügengebäude zusammen, als die Juweliere unter dem Vorwand des Dankes in Versailles erschienen, um die Fortzahlung ins Rollen zu bringen. Zahlung wofür? Marie-Antoinette geriet außer sich vor Empörung. Da hatte jemand mit ihrem Namen Schindluder getrieben; er hieß Rohan, keine Zweifel. Er stand als der wahrhafte Auftraggeber offen da. Ludwig XVI. ließ ihn auf der Stelle an Mariä Himmelfahrt 1785 beim Hochamt in der Schloßkapelle verhaften. Hatte die Valois gehofft, der Rang des Betroffenen werde zu einer Vertuschung führen? Marie-Antoinette fühlte sich so unerhört düpiert, daß sie Anzeige erstattete und der König übergab die Sache dem Parlament. Es nahm sich ihrer mit Vergnügen an und bauschte den Betrug zu einer Staatsaffäre auf.

Was dabei herauskam, blieb ein dicker Faszikel von Vernehmungsprotokollen und ein mageres Urteil, das den Hof mehr bloßstellte als reinwusch. Rohan wurde freigesprochen, weil er nur töricht, aber nicht schuldhaft gehandelt hatte. Er verlor allerdings sein Almoseniersamt und wurde für einige Zeit in Verbannung geschickt. Die Valois sollte gebrandmarkt werden und sodann lebenslang im Kerker verschwinden, ihr mitbeteiligter Mann, ein heruntergekommener Graf Lamotte, auf die Galeere. Es gelang nicht ganz, das Urteil zu vollstrecken. Zwar brannte man ihr das V auf einer Schulter und, infolge ihres Widerstandes, einer Brust ein, aber dann vermochte sie zu entwischen. In London hat sie sich später aus einem Fenster gestürzt. Es gab noch einen Angeklagten, den berüchtigten Cagliostro, dem man zwar nichts nachweisen konnte, aber Landesverbot erteilte. Unglücklicherweise ging er nach Rom und endete in der Kerkerhaft der Inquisition.

Der wahre Schaden blieb ungesühnt. So trieb man es also bei Hofe! Die Marktweiber in Paris konnten sich die Mäuler zerreißen, der letzte Sackträger in Marseille sehen, wo seine ›Taille‹ blieb. Es schien keineswegs unmöglich, sogar eine Königin wie eine Mätresse durch Geschenke zu ködern. Sagte es nicht genug, daß es versucht worden war? Selbst Goethe sorgte in seinem ›Großkophta‹, einem herzlich schlechten Stück, bei allen Mystifikationen dafür, daß die Angelegenheit auch im übrigen Europa unter die Leute kam. In der Tat hatte nichts der französischen Monarchie in der spannungsgeladenen Zeit vor der Revolution so geschadet wie jene Affäre, in der ein Kardinal-Erzbischof sich lächerlich machte und für eine Rose ein Vermögen hinwarf.

Condé empfand es sofort, trotz des Jubels, mit dem seine Standesgenossen Rohan nach dem Prozeß empfingen. Der Freispruch hatte ungewollt und gerade weil er rechtens war, das gesamte System angeprangert. Sehr bedrückt berichtete er zu Hause davon. Einmal mehr sei das Vaterland in Gefahr, und wie der Große Condé auf einer Rhonereise dem Gefährten La Moussaye auf sein »Ah Deus, bone quod tempus!« in lachender Improvisation »Igne tandem perituri« geantwortet hatte, kramte auch er, Louis-Joseph, nunmehr, freilich bedrückter, sein Latein hervor. »O navis, referent in mare te novi fluctus« – »Wirft von neuem mein Schiff dich ins Meer die Flut?« Weiter wußte er die Ode des Horaz über die Gefährdung des römischen Staatsschiffs nicht mehr auswendig. Enghien half ihm und fiel ein: »O quid agis. Fortiter occupe portum« – »O, was ist zu tun? Strebe machtvoll dem Hafen zu!« Es folgte in seinem Leseexemplar gleich dem unglückseligen Liebesvers und hatte ihm Eindruck gemacht.

Ein erstaunter Blick traf den Enkel. Dann nahm Condé das Stichwort in der ihm eigenen Unbeirrbarkeit wie seinen eigenen Einfall auf. Der Hafen! Doch welcher? Für ihn gab es nur einen, die Rückbesinnung auf ein erneuertes Frankreich der Ehre! Klang es auch geschraubt, er verband eine genaue Vorstellung damit. Er hatte sie in Burgund bereits in die Tat umgesetzt und zweifelte nicht, daß es der einzige Weg war, den auch der König gehen konnte.

– Auf seiner nächsten Inspektionsfahrt in die Provinz nahm er den Enkel mit.

Die Reise in diesem Jahr des Herrn 1787 wurde zu einem Triumph für Condé. Der Prinz hatte sich der anvertrauten Region seit seinem letzten Aufenthalt in einer Weise angenommen, welche die Menschen begeisterte, gegen überhöhte Steuern protestiert, entscheidende Veränderungen des Stadtbildes von Dijon veranlaßt, das Theater wieder eröffnet, Handel und Wandel durch die Anlage der Kanäle von der Saône zur Loire und von Hochburgund nach Paris in Schwung gebracht und die den Bourguignons besonders teuren Bräuche wiederbelebt: so durften Bogen- und Feuerschützen der Hauptstadt erneut mit klingendem Spiel von Saint-Bénigne zum Jardin de l'Arquesbuse hinausziehen. Schließlich hatte auf seine Kosten sogar ein erster Ballonaufstieg stattgefunden. Wenn er sich auch aus alter Anhänglichkeit gegen die Austreibung der Jesuiten wandte, was weniger populär war, erkannte er doch den Preis für eine von der Akademie von Dijon ausgeschriebene ›Lobrede auf Vauban‹, einem notorischen Republikaner, dem Pionieroffizier Carnot zu, dem späteren Organisator der Revolution.

Gewiß war und blieb Condé ein Grandseigneur, der auf der alten Ordnung der Zustände beharrte, aber es gab keinen großen Unterschied zwischen den Forderungen der Neuzeit und seinen aristokratischen Ideen einer patriarchalisch gegliederten Gesellschaft – mochten sie auch etwas zu kurz geschneidert sein –, deren von Gott eingesetztes Oberhaupt aber Vater und Schützer war. Jedenfalls liebte man ihn in Burgund ob seiner Hilfe bei der Hungersnot von 1775 ebenso wie ob seiner Aufgeschlossenheit und

Tüchtigkeit. Die Böllerschüsse nahmen am Tag seines Einzugs in Dijon kein Ende. Erhobenen Herzens trat er mit dem Enkel eine Rundreise an, um die Militärschule von Autun zu inspizieren, wo man auf einen Bischof namens Talleyrand und unter den Eleven auf einen gewissen Joseph Buonaparte traf, der gegen seinen Willen Kleriker werden sollte. Condé verhalf ihm zu einer militärischen Karriere.

Dann führte er den Enkel auf die Schlachtfelder Flanderns, nach Rocroy, Dünkirchen, Lens, wo der Heros des Hauses gekämpft hatte, endlich auch nach Freiburg und Nördlingen. Er nahm ihn sogar ins Lager von Saint-Omer mit, wo man kurzfristig Stellung gegen eine österreichische Bedrohung aus den Niederlanden bezog. Es war wichtig, daß der Erbe des Hauses die Stätten des Ruhmes seiner Familie mit eigenen Augen sah. Ihm stand ein großes Ereignis bevor. Wer eine reine Formsache darin erblickt, geht fehl. Es gibt wenige Augenblicke in Enghiens Leben, die ihn, in dem Alter des Nachdenkens über sein künftiges Dasein, so sehr beeindruckt haben wie dies. Die Zukunft bewies es. Im Juni 1788 zog er feierlich in die Schloßkapelle von Versailles ein, um die Insignien eines Ritters vom Heiligen Geist zu empfangen, angetan mit dem alten Ordenshabit. Auf eine der Achseln gehängt das Schultermäntelchen, darunter ein Wams aus weißem Satin, über das sich beim Auszug das blaue Ordensband spannte, eine Gestalt im Jugendzauber, noch einmal ganz Cherubino, doch gleichzeitig durchdrungen von der Größe einer Verpflichtung und einer wahren Einweihung seines Lebens, gegen die das Ereignis in der Laiterie nichts mehr bedeutete. Der Unmutszug in den Augen des Fünfzehnjährigen, den das Bild im Musiksalon von Chantilly verrät, war dem Bewußtsein hoher Berufung gewichen. Die Damenwelt sah der anmutvollen Zeremonie hingerissen zu.

Als drei Tage später alle drei Condés, Louis-Joseph, Bourbon und der Enkel vor dem Pariser Parlament erschienen und Enghien, wie es Brauch war, seine kleine Antrittsrede hielt, deren klare Entschiedenheit des Tones die Zuhörer überzeugte, daß ein junger Mensch vor ihnen stand, auf den sich bauen ließ – in diesem Augenblick, als drei Generationen Condé vor der obersten Versammlung des Landes auftraten, überkam den Prinzen die Zuversicht, es könne mit dem alten Frankreich, an dem sein Herz hing, wiewohl er keinerlei Verantwortung dafür trug, nicht zu Ende sein. Eine Illusion, die leider bald zerrann. Immerhin war es ein Höhepunkt seines Daseins.

8.

Es gab noch ein viertes, ein weibliches Mitglied der kleinen Familie. Enghien verdankte ihm vielleicht das meiste an Wärme. Beileibe nicht Maria-Christina de Monaco, die Lebensgefährtin des Prinzen, bei der Condé nach dem Tod seiner Frau Rückhalt suchte. Sondern Louis-Josephs Tochter Louise-Adelaïde, ein Jahr jünger als ihr Bruder Bourbon, aber früher gereift und ihm geistig überlegen. Sie nannte ihn nur ›le Petit‹ und Enghien folgerichtig den Kleinen vom Kleinen. Nach dem jähen Tod von Charlotte Rohan-Soubise am 5. März 1760 hatte der ratlose Vater das derzeit dreijährige Mädchen in die Obhut ihrer Tante Vermandois, Äbtissin des Internates Beaumont-lès-Tours gebracht, ein warmherziges, zärtliches Wesen, das sich zu einer Schönheit auswuchs und in allem das Gegenteil ihres Bruders war. Zeigte er sich oft mißgelaunt, blieb sie stets gewinnend und heiter, neigte er früh zu Ausschweifungen, so sie zu einem Innenleben, das sich, ohne sie duckmäuserisch zu machen, zu tiefer Religiosität steigerte.

Als sie zwölfjährig in den Damenkonvent von Penthémont übersiedelte, um eine gebührende Erziehung zu erhalten, schied sie unter bitteren Tränen. Aber sie traf es nicht schlecht und lebte mit ihrem kleinen Hofstaat von Ehrendamen und Dienerinnen, ja dem gesamten Konvent in geschwisterlicher Eintracht. Nicht zuletzt, weil sie wenig von Förmlichkeiten hielt und sich lediglich mit Mademoiselle anreden ließ. Sie besuchte Chantilly nur selten, höchstens, um bei einem Staatsbesuch die Honneurs zu machen, wie bei der Visite des Zarewitsch Paul. Solcher Aufgaben entledigte sie sich mit soviel gewinnender Anmut, daß ihr der Vater in Paris durch Brogniard, einen Palladio-Anhänger, ein eigenes Hôtel in der Rue Monsieur für die Zeit ihres Eintritts in das weltliche Leben erbauen ließ. Es wurde die in Grün gebettete Behausung einer empfindsamen Seele, die keinerlei Wert auf Äußerlichkeiten legte. Das ›blaue Kabinett‹ dieses Hôtels de Bourbon zeigt mit seinen zarten Arabesken und Reliefs noch heute, wie vieler Subtilität eine für frivol gescholtene Epoche fähig war.

Als Louise Condé zum ersten Mal bei Hof erschien, erregte sie Aufsehen – durch ihre Figur, ihr ungekünsteltes Benehmen und einen Liebreiz, der gleichwohl etwas Hoheitsvolles besaß; was den Hofpoet Dorat zu einem jener verzweifelt gekünstelten Gedichte hinriß, wie sie damals in Mode standen:

»Töchter des Styx, mag die Zeit vertosen,
die im Sausen der Spindeln geruht,
Hebe-Bourbon ist von Heroenblut
und solcher Lorbeer bürgt für die Rosen.«

Hebe? Es war ein bloßes Wortgeklingel, zusammengehalten durch den Schusterleim klassischer Ideale! Aber den Namen Hebe, Göttin der Jugend, mit dem Zusatz ›bestimmt, eine Krone oder den Schleier der Nonne zu tragen‹, hatte sie weg. Auch den gleichaltrigen Artois, den Bruder des Königs, riß ihr Anblick hin. Zum Glück zerschlug sich ein Heiratsprojekt durch eine der häufigen Querelen des Hofes mit den Condés; andere sagen allerdings, Marie-Antoinette habe in der Furcht vor einer Rivalin Vorsehung gespielt. Jedenfalls bestärkte es Louise in einem Entschluß, dem sie in einem sehr hübschen ›boutrimé‹, einem Reimvers Ausdruck gegeben hatte,

»N'avoir jamais d'amour,
telle est ma phantasie ...«

War das der Werthergeist ihres Zeitalters, so holte sie der wahrhafte Werther bald ein.

Etwas Erstaunliches begab sich. Nach einem Sturz auf der Terrasse der Tuilerien, bei dem sie eine Kniescheibe brach und wochenlang liegen mußte, schickten die Ärzte sie zur Kur ins Heilbad Bourbon-l'Archambault, von dem einst die Bourbonen in das Abenteuer der Geschichte aufgebrochen waren. Auch ihr widerfuhr hier das große Abenteuer. Sie verliebte sich, aber auf eine so abgründige Weise, daß weder Julia noch Heloïse den Vergleich aushalten; sie erlebte eine Romanze, die an Tollheit grenzte und doch von solcher Makellosigkeit blieb, daß sie das Lächerliche streifte. Allein, läßt sich das sagen, wenn von einer inneren Erschütterung ohnegleichen die Rede geht?

Der Gegenstand dieser Gefühlswallung hieß Louis-Magon de la Gervaisis, wiewohl nicht ebenbürtig, ein acht

Jahre jüngerer Pionieroffizier aus Saumur, der gleichfalls zur Kur weilte, ein keineswegs ansehnlicher Mann von fast schüchternem Wesen. Anfangs nahm sie ihn nur unter ihre Fittiche, um am dritten Tag lichterloh zu entbrennen. Wie? Hatte der Damenkonvent von Remiremont sie nicht gerade zuvor ob ihrer Glaubensstärke zur Fürstäbtissin gewählt? Über das Jahrhundert, aber auch die Condés geistert ein verwirrendes Licht: lebte es sich derzeit doch schwerer, als uns die Amoretten und Putti der Dekorationen glauben machen? Sie wichen nicht mehr voneinander, schritten Arm in Arm durch die Gegend, träumten sogar von einem gemeinsamen Häuschen in den Weinbergen. Sie gefielen sich in glühenden Herzenserklärungen und dachten keine Sekunde daran, daß Gefühle nur ein Präludium spielen.

Es blieben Wortströme, die ins Leere brausten. Vollends Gervaisis entwickelte sich zu einem redseligen Demosthenes, der nicht zuletzt demokratischen Ideen huldigte, während sie jetzt meist schweigend zuhörte, glücklich, nur bei ihm zu sein. Er verfaßte sogar im Handumdrehen ein kleines Theaterstück ›l'Impromptu de Campagne‹, dessen Aufführung die Gesellschaft mit Bravorufen beiwohnte, eingeschlossen den Bischof von Bourges und endlich Condé, der als treuer Paladin seiner Tochter beistand, als diese Beziehung ins Tragische abzugleiten drohte. Er kannte das, wenigstens auf seine Weise, und auch, was daraus folgte.

Denn natürlich kam bald der Tag der Trennung, die ein nur noch glühenderes Feuer der Zuneigung entfachte. Konnte Condé, beschwor ihn Louise, nicht bei Hof erreichen, daß man den Pionierleutnant von Saumur nach

Paris zu den Gardes françaises versetzte? »Ach, warum kann er nicht hier sein?« klagte sie. Anfangs wollte Gervaisis nicht. Eine Flut von Geständnissen und Beschwörungen folgte. Zuweilen lenkte sie der Vater durch einen Besuch in der Oper ab; einmal sah sie dort ›Nina la Folle‹, eine Komödie des Marsollier de Vivettières, die Geschichte einer Wahnsinnigen, die sich aus Liebe umbringt. Fortan unterzeichnete Louise ihre Briefe mit N. F. Sie war inzwischen durchaus bereit, einen Skandal hinzunehmen, wenn der Freund nur bei ihr weilte.

Es war Dezember geworden, als dieser Bund zerbrach. Tatsächlich hatte sich der junge Offizier in die Hauptstadt aufgemacht. Wurde Louise Condé plötzlich klar, was sein Kommen bedeutete? Jedenfalls floh sie, unbekannt wohin, und schrieb einen hastigen Brief: »O mein zärtlicher Freund, verstehen Sie die Bitte Ihrer Bonne«, so nannte sie sich manchmal, »verlassen Sie Paris vor meiner Rückkehr dahin. Geben Sie Nina diese überzeugendste Probe der Zuneigung.« Der Dolch traf ins Herz. Gervaisis kehrte ratlos um. Sie aber wurde krank, lag ernst danieder, mußte durch eine Hölle der Selbstvorwürfe. In welch erbarmungsloser Stunde hatte sie erkannt, daß sie, erwählte, dem Himmel gelobte Äbtissin von Remiremont, nicht mehr zurück konnte und seine Geliebte werden mußte, wenn er bei ihr erschien? »Ich bin blind gewesen«, schrie sie auf, schrieb ihm ein letztes Mal: »Hassen Sie mich nicht, aber lieben Sie mich nicht mehr.« Der Roman war vorbei und damit das letzte Aufbegehren eines Lebens, das ihr niemals zuteil wurde, mit wieviel Grazie und Heiterkeit sie auch darüber hinwegkam ...

Am 1. August 1787 hielt sie feierliches Entrée in Remiremont. Voraus zog der neuen Äbtissin das Regiment de Noailles, dem sie in einer Staatskarosse folgte – dem Damenstift mit der uralten Tradition entgegen, dessen Mère Abbesse aus den Tagen der Reichszugehörigkeit den Titel einer Prinzessin de l'Empire trug. Auf der Schwelle des weiträumigen Chores empfing sie ehrerbietig der Damenkonvent. Dann nahm sie stumm unter dem Thronhimmel Platz, ein wenig blaß, doch mit der Entschlossenheit des Selbstopfers.

Es waren keine armen Schwestern, über die sie gebot. Sie führten allenfalls ein Leben beschaulicher Versenkung, und auch Louise Condé wurde durch ihr Amt nicht sonderlich beschwert; es blieb ihr sogar erlaubt, lange Monate daheim in Chantilly zu verbringen. – Angetan mit goldbordiertem Schleppenkleid, hielt sie das goldene Kreuz in der Hand, am Finger funkelte der Saphir ihrer Würde, während sie nun den schönen Kopf im Gebet neigte. »Es gibt nur eine Sünde, mein Gott«, bekannte diese aufrechte Seele ihre Schuld, »Dich nicht zu lieben, und nur eine Sühne dafür, Dich zu lieben.«

Dann hob sie das Antlitz aus der langen Einkehr, zu der sie der feierliche Akt der Inthronisierung zwang; es war überströmt von Tränen. Galten sie nur dem eigenen Leben, das in Scherben vor ihr lag? Hatte sich an ihr nicht bereits vollzogen, was Condé noch nicht sah? Ihrer aller Zeit war zu Ende. Knappe zwei Jahre später, die voll wachsender Spannungen und beklommenem Abwarten vergingen, tobte die Revolution durch die Pariser Straßen.

II. KAPITEL

Flucht und Umkehr

I.

Was die Nachwelt in Bausch und Bogen die Große Revolution nennt, hatte sich jahrelang vorbereitet, ehe der erste Blitzstrahl aus dem stetig verdüsternden Himmel zuckte. Es sollte abermals Jahre einer auf- und absteigenden Fieberkurve dauern, bis die Zeit der Schrecken, wenigstens in Paris, mit einem letzten Niedersausen des Fallbeils zu Ende ging. Die Aristokraten von einst in ihren Massengräbern nördlich der Madelaine oder an der Rue de Picbus waren längst vergessen, ehe die neuen Machthaber an eine Wiederherstellung der Lebensordnungen denken konnten, aus der als alleiniger Sieger Napoleon Bonaparte hervorging. Was als Volkserhebung begonnen hatte, endete als Diktatur. Das freilich lag im Jahre 1789 beim Ausbruch der ersten Revolution noch im Dunkel der Zukunft.

Manche Kenner der Geschichte urteilen, im Grunde habe es dieser Revolution gar nicht bedurft. Noch schienen die Fundamente des Staates unerschüttert. Die Bevölkerung war arbeitsam und geistig beweglicher als in vielen Nachbarländern, der Außenhandel stieg seit Jahren. Nach den Schlappen des Siebenjährigen Krieges hatte sich die Armee im amerikanischen Unabhängigkeitskrieg erneut einen Namen gemacht. Der Bauer endlich führte ein durchaus besseres Leben als sein Standesgenosse im übrigen Europa. Ein energischer Staatsmann hätte die Probleme, an denen es keineswegs fehlte, durchaus in den Griff bekommen. Leider gab es in kritischer Stunde unter den Routiniers der Regierung keine wegweisende Persönlichkeit, an der es bisher in Frankreichs Geschichte niemals gemangelt hatte. Selbst nicht in der Gestalt des schweizer Finanzmannes Necker, der den drohenden Staatsbankrott zeitweilig aufhalten konnte. Sie blieben Fachleute, wo es eines überragenden Geistes bedurfte. Der König, dem eine führende Rolle hätte zufallen sollen, erwies sich als ungeeignet.

Der notwendigen Reformen gab es in der Tat nicht wenige. Der Hof, durch Ludwig XIV. zu einer Ausnahmestellung emporgehoben, hatte sich inzwischen vom Volk völlig abgeschlossen; der Adel, vom gleichen König in den Hofdienst gezwungen, verleugnete seine Bindung an ein veraltetes System, von dem keine Überzeugungskraft mehr ausging. Der Klerus, in eine hohe, der Aristokratie vorbehaltene Geistlichkeit und eine niedere der Dorf- und Gemeindepfarrer gespalten, bedeutete kein Bollwerk gegen die zerstörenden Tendenzen der Zeit. Die Bourgeoisie endlich, seit über hundert Jahren in Wirtschaft, Kunst, Wissenschaft, einbezogen das Bankwesen, die tragende Schicht, blieb von jeder politischen Verantwortung ausgeschlossen. Seit dem Erlaß des Comte de Ségur von 1781 konnte ein Bürgerlicher – wie sehr hatte Condé dafür gekämpft! – nicht einmal mehr Unterleutnant in der Armee werden. Das Schlimmste blieben indessen die wachsenden Finanznöte, mitverursacht durch den Luxus der Hofhaltung, an dem die in österreichischen Verhältnissen aufgewachsene Marie-Antoinette nicht unschuldig war, sowie das Schuldenerbe des amerikanischen Krieges. Was hätte näher gelegen, als die abgabefreien Stände, Adel und Klerus, an den Lasten zu beteiligen, statt an halben Maßnahmen oder gar an ›taille‹ und ›gabelle‹, Steuern des gemeinen Mannes, herumzufeilen?

Als nie ernsthaft angegangenes Problem erwies sich in der vom Geist der Aufklärung und des Liberalismus erfüllten Gesellschaft, die vom traditionellen Glauben weit abgerückt war, ihre Hinwendung zu Konventikeln, Sekten und Lesezirkeln, gern ›Sociétés de pensée‹ genannt, die vom Freimaurertum bis zu den Illuminaten reichten, aber auch revolutionäre Gruppen wie den Club Breton, die Wiege der Jakobiner, einschloß. Ihrer aller Verhalten gegenüber einem im Mittelalter wurzelnden Königtum war zynisch oder wenigstens ironisch. Davon machte selbst der hohe Klerus keine Ausnahme. Von England kommend, stieg die Zahl der Logen in Frankreich in kurzer Zeit auf sechshundert an, von denen allein in Paris siebenundzwanzig unter Leitung von Geistlichen standen. Das Feld für eine zwielichtige ›demokratische‹ Propaganda, hinter der sich Philippe Egalité aus dem Hause Orléans verbarg, war bereitet und konnte bald Erfolge verbuchen. Aber was fruchteten sie, beispielsweise die törichte Austreibung der Jesuiten in den vorrevolutionären Jahren, die Frankreich seiner fähigsten Lehrer beraubte?

Gewiß gab es auch soziale Fragen. Immer mehr Landarbeiter wanderten von den Pachthöfen in die Hauptstadt ab, um in den ›Ateliers‹, meist handwerklichen Gewerbebetrieben, ihr Auskommen zu suchen; sie kamen mit Weib und Kind, ohne Aussicht auf Unterkunft, kampierten an Plätzen, in Durchlässen und endlich sogar in den Steinbrüchen des Montmartre, aus denen sie tagsüber auf der Suche nach Nahrung in die Cité hinabstiegen, vornehmlich in das Gebiet der Hallen. Dort türmten sich noch immer die Fleisch-, Gemüse-, Käse- und Butterberge auf den Auslagen der Marktweiber. Aber sie besaßen kein Geld; sie konnten oft nicht einmal den herabgesetzten Preis von dreizehn und einem halben Sous für das Pfund Brot erlegen – eine von Tag zu Tag anschwellende, verlotternde, radikalisiertere Masse, die gestern noch aus braven Tagelöhnern, nunmehr aber auch städtischen Lastenträgern, Ziegelarbeitern oder Handwerksgesellen bestand. Denn auch sie vermehrten das Elendsheer. Im Faubourg Saint-Antoine wurde gestreikt, andere Gewerbebetriebe hielten geschlossen. Wer bestellte, wer kaufte noch in dieser Zeit, wer baute in einer Epoche der Spannungen und Gerüchte noch neue Wohnungen, welcher Hausbesitzer stundete säumigen Mietern länger den Zins?

In dieser Lage hatte Ludwig XVI. nach langen Beratungen mit den Notabeln am 1. Januar 1789 die Einberufung der Reichsstände verfügt, eine schon unter Philipp dem Schönen geschaffene Einrichtung, durch die sich der König seine Politik bescheinigen ließ, wenn er nicht weiter wußte oder der Staatsbankrott drohte. Sie hatten seit 1614 nicht mehr getagt. Jetzt war ihr Zusammentritt auf den 5. Mai in Versailles festgesetzt, unglücklicherweise einen Zeitpunkt höchster Erregung.

Am 25. April hatte der Pöbel auf bare Verleumdung hin in der Vorstadt Saint-Antoine das Haus des reichgewordenen Tapetenfabrikanten Réveillon geplündert und angezündet. Wie es heißt, steckte auch hier der Herzog von Orléans dahinter, der, lächelnd aus seinem Wagen grüßend, am Schauplatz des Geschehens vorüberfuhr und nichts unternahm, dem Treiben ein Ende zu setzen. Bis auf Befehl des Stadtkommandanten General Besenval das Leibregiment in die Menge schoß, zweihundert Menschen tot liegen blieben, dreihundert Verletzte als anklagende Willküropfer durch die Straßen geschleppt wurden. Ein böses Omen für den Tag, an dem die Stände, natürlich gereizter Stimmung, zusammentraten. Der dritte Stand oder tiers état kämpfte seit langem um die Verdoppelung seines Stimmenanteils von dreihundert auf sechshundert, eine nicht unbillige Forderung, da er mit rund sechsundneunzig Prozent die Hauptmasse der französischen Bevölkerung vertrat und ein gebührendes Gegengewicht gegen die Privilegierten verlangte, die in den entscheidenden Auseinandersetzungen zusammenhielten. Gewiß, politisch gesehen eine delikate Frage und doch wieder nicht. Das Königtum hatte sich stets auf das Bürgertum gestützt. Seine Deputierten waren nun bis auf wenige nach Versailles angereist und erhoben ihr Hauptanliegen sofort zum Kardinalpunkt. Offen blieb dabei vorerst, ob nach Kopfzahl oder Ständen votiert werden sollte. Rechnet man ein, daß sie in vorgeschrieben einfacher Kleidung, auf engem, unbequemem Raum zusammengepfercht ihre Arbeit verrichten mußten, während es sich Adel und Klerus in der vollen Kleiderpracht der Epoche und ihres Standes bequem machten, läßt sich die Gespanntheit der Atmosphäre ermessen.

Nun ist es hier nur am Rande um ein Parlament zu tun, das sich auf Antrag von Sieyès bald Nationalversammlung nennen sollte, nicht um die Beschlüsse, Schikanen und Rededuelle, die bald durch die Ereignisse überholt waren,

71

sondern einzig um den Hintergrund, vor dem sich die ersten Ereignisse der Revolution abspielten. Da gab es zum einen den berühmten Eid der Gemeinen, denen sich Sympathisanten der anderen Seite anschlossen, nicht auseinanderzugehen, bis der Staat eine neue Verfassung besaß – so beschlossen am 23. Juni im Ballhaus, dem Jeu de Paume von Versailles, das genügend Platz bot, mochte es auch am folgenden Tag nicht mehr zur Verfügung stehen. Da war ferner drei Tage später die Proklamation des Königs in der ›Salle des Ménus‹, die alle bisher gefaßten Beschlüsse der Nationalversammlung für nichtig erklärte und die Aufrechterhaltung aller Vorrechte der Privilegierten verkündete. Da war die Rücktrittsdrohung Neckers, des Generalkontrolleurs der Finanzen, der einzig noch eine Katastrophe vermeiden konnte, aber die Respektierung des dritten Standes verlangte. Schon rottete sich das Volk zu einer Sympathiekundgebung vor seinem Palais zusammen, als der König mit der Bemerkung zurückwich: »Ich will nicht, daß um meinetwillen Blut vergossen werde.« Aber zu einer neuen Verfassung konnte er sich auch nicht entschließen. Der günstige Augenblick war verspielt, in dem er mit einem notwendigen Wort oder mit einer Handvoll Soldaten Frankreichs Geschicke hätte abwenden können. Die Revolution hatte begonnen, wenn sie auch noch nicht ausgebrochen war.

Die Explosion sollte erst erfolgen, als der König die Truppen in und um Paris verstärkte. Bereits hatte er auf Drängen seiner Umgebung verfügt, drei Infanterie- und drei Kavallerieregimenter direkt in der Hauptstadt zu stationieren. Jetzt zogen trotz brütender Hitze zehn weitere, deutsche und schweizer, die der zuverlässige Marschall de Broglie kommandierte, in Eilmärschen heran. Sie standen bald in Charenton, Issy, Versailles, an der Militärschule Saint-Denis, während Artillerie die Bastille, Vincennes, die Straße nach Sèvres sicherte. Vergebens der Einspruch Mirabeaus im Parlament, umsonst, daß die Nationalversammlung statt ihrer die Bildung einer Miliz gegen die ›Briganten‹ verlangte – die Stadt war von Räuberbanden umgeben, die jeden Wagen und Passanten plünderten. Erste Erscheinungen einer Lähmung des öffentlichen Lebens zeigten sich, Arbeit und Brot fehlten mehr denn je; der Bankverkehr, die Zinszahlungen funktionierten nicht länger. Die noch immer zuwandernden Hungerleider machten die Zustände unhaltbar.

Die Polizei tat unterdessen nichts; sie ließ sogar die Agitatoren im Palais Royal ungehindert zum Aufstand hetzen, selbst den Rädelsführer Camille Desmoulins, angeblich Advokat, in Wirklichkeit eine von Mirabeau und Orléans bezahlte Kreatur. Längst versuchte das demokratische Hauptquartier die angerückten Truppen auf die revolutionäre Seite zu ziehen, als der König zum Gegenschlag ausholte, indem er Necker, der auf sein dringendes Bitten geblieben war, plötzlich entließ und damit sich selbst traf. Das letzte vermittelnde Bindeglied zwischen Hof und Volk brach heraus, das sich alsbald um das Palais Royal, die demokratische Hochburg, zusammenrottete, weil es in der Demissionierung die Ankündigung einer neuen Bartholomäusnacht gegen alle Patrioten – so nannten sich die Vertreter der Volkspartei – erblickte.

Der Augenblick des offenen Aufstands war gekommen, der in der Geschichte berühmt geworden und dessen dramatische Steigerung doch nur wenig bekannt ist; Camille

73

Desmoulins sprang auf einen Tisch und schwang theatralisch eine Pistole: ›Zu den Waffen, zu den Waffen!‹ Zwanzigtausend Stimmen schrien es nach. Alle hatten sich, zum Zeichen ihrer Zusammengehörigkeit, mit einem grünen Kastanienblatt geschmückt, zogen nun zum bekannten Wachsfigurenkabinett von Curtius im Temple, holten die Büsten von Necker und dem Herzog von Orléans heraus und trugen sie umflort vor sich her. Der Trauerzug marschierte vom Boulevard in die alten Gassen der Rue Saint-Denis, Saint-Martin, Saint-Honoré hinein. Am Vendôme-Platz traf man auf Dragoner vom Regiment Allemand. Einige Schüsse fielen; die Büstenträger sanken zu Boden. Ein Hagel von Steinen vertrieb die Soldaten.

An der Place Louis xv, der heutigen Concorde, ging es gleichfalls hoch her. Dort hatte der Stadtkommandant Besenval mehrere Schwadronen unter dem allzu jungen Oberst Prinz Lambesc als drohende Mauer des militärischen Widerstandes postiert. Als der General die Räumung befahl, zeigte sich Lambesc unentschlossen, wandte sich endlich gegen die Seite der Tuilerien, von deren Terrassen Stühle und Flaschen gegen die Reiter flogen. Sie antworteten mit flachen Säbelhieben, von denen ein alter Mann leicht verletzt wurde. Sofort kam das Gerücht auf, man habe ihn umgebracht. Alles Gesindel, das sich in den anliegenden Stadtvierteln verborgen hatte, strömte der Stadtmitte zu, plünderte Waffenläden, räuberte im Stadthaus Gewehre. Einem orléanistischen Agitator gelang es sogar, das Leibregiment in seiner Kaserne aufzuputschen und an seiner Spitze zur Concorde zu marschieren. Zum ersten Mal schossen französische Truppen aufeinander. Als der Abend hereinbrach, begannen die Sturmglocken zu

74

läuten. Man raubte, zündete die Zollbarrieren an, stürmte das Gefängnis La Force, um einige meuternde Soldaten zu befreien. In den Straßen war nur noch Galgengesindel zu finden, das im Kloster der Lazaristen – dort waren wie allenthalben in den Konventen Vorräte gelagert – alles kurz und klein schlug. Paris erlebte eine der wüstesten Nächte seiner Geschichte.

Am Folgetag lag die Ruhe vor dem Sturm über der Stadt. Nur im Hôtel de Ville herrschte Hochbetrieb. Dort hatte ein Ausschuß bereits fünfzigtausend Piken in Auftrag gegeben und organisierte eine Miliz von achtundvierzigtausend Mann, die als Kokarde die rotblaue Stadtfarbe trug; einen Pulvertransport nach Rouen hatte man abfangen können. Der Bürgerkrieg stand vor der Tür. Während der ganzen Nacht blieben in der Stadt die Laternen erleuchtet. Aufständische Kräfte, Miliz und Leibregiment versuchten ihrerseits durch Patrouillen die Ordnung aufrechtzuerhalten, bis sich gegen Morgen auf einmal, von orléanistischen Agitatoren ausgestreut, die Nachricht verbreitete, Broglie habe die Stadt umzingelt, und nun überstürzten sich die Ereignisse. Sofort eilte die Menge zum Hôtel des Invalides, um sich die dort magazinierten Waffen zu holen. Allzulang zögerte der Gouverneur die Verhandlungen hinaus, als plötzlich einer jener Schreie ertönte, die in Revolutionszeiten zu Fanalen werden: ›Man will uns hinhalten!‹ Behende überkletterte die Horde die Gitter, durchstieg die Gräben und bemächtigte sich der Kanonen samt Munition sowie der zweiunddreißigtausend Gewehre in den Kellergewölben ...

An der Angst der Bevölkerung vor einer Konterrevolution war durchaus etwas Wahres. Standen nicht auf dem

Marsfeld bereits die Gastarbeiter des Todes, deutsche und schweizer Truppen, Gewehr bei Fuß? ›Auf zur Bastille!‹ Wer hatte das Wort zuerst gerufen? Aber da zogen sie schon über die heutige Rue de Rivoli dem Zwinguri zu, das in der Tat einen für zwei Tage später angesetzten Staatsstreich des Hofes sichern sollte. Was sie dort suchten? Wollten sie dem tyrannischen Regime seine vorgeblich in der Festung schmachtenden Opfer entreißen? Die Propaganda entbehrte nicht der Lächerlichkeit. Es gab darin nur einige liederliche junge Leute, Wechselfälscher, ein Sadist darunter, die gerade beim Kartenspiel saßen. Sie waren von ihren Familien mittels einer lettre de cachet eingesteckt worden, um sie den ordentlichen Gerichten zu entziehen.

Wut, Enttäuschung, Ratlosigkeit steigerten sich aneinander. Denn da stand die brodelnde Menge nun, angeführt vom Brauer Santerre; hoch von dem rauhen Gemäuer drohten die Schlünde der Kanonen und hinter den Schießscharten lauerten die Gewehre der Besatzung. Konnte man sie mit bloßen Händen oder mit Piken angreifen? Nach langem Warten schickte Santerre einen entschlossenen Republikaner, Monsieur Thuriot, einen Advokaten aus Reims, vor. Es gelang ihm nach etlichen Berichten, den Kommandanten Delaunay zu bewegen, wenigstens die martialischen Mordwerkzeuge von den Plattformen der Türme zurückzuziehen. Sie waren ohnehin verrostet und kaum benutzbar. Nach anderen hatte er gar nichts ausgerichtet. Doch gelang es zwei beherzten Revolutionären, auf das Dach des Wachhauses zu klettern und die Taue der Zugbrücke zu kappen, worauf Delaunay das Feuer eröffnen ließ; er verfügte nur über eine Mannschaft von zweiunddreißig Schweizern und zweiundachtzig Invaliden. Als eine Abteilung des Regimentes ›Königin‹ auf dem Platz erschien, mußte er kapitulieren. Er verwand die Schande nicht. Zwei Invaliden, Ferrand und Béquart, ertappten ihn dabei, wie er mit brennender Lunte zum Pulvergewölbe schlich, um das ganze Bollwerk in die Luft zu jagen. Herausgeschleppt, dann zum GrèvePlatz gezerrt, machte man ihn nieder, worauf ihm der Küchenjunge Desnot mit einem Taschenmesser den Kopf absäbelte und auf eine Stange steckte. Monsieur de Flesselles, dem Prévôt des Marchands, den man im Rathaus als Geisel gefangennahm, weil er die Gunst des Hofes genoß, ging es ähnlich, dazu drei anderen Opfern. Ordnungsgemäß verteidigt wäre die Bastille leicht zu halten gewesen. Am Osttor, das von der Seite der Vorstadt Saint-Antoine angegriffen wurde, machten achtzig unvorsichtige Insurgenten die bittere Erfahrung, daß die Gewehre der Schweizer keineswegs mit Watte geladen waren.

Immerhin war die Bastille, Bollwerk und Symbol königlicher Macht, gefallen. Voller Triumph zog der Haufen stadteinwärts; mit ihm Camille Desmoulins, der wieder aus der Anonymität hervortauchte und martialisch bewaffnet mit Bajonettgewehr und Pistolen am Gürtel einherzog. Er hatte keinerlei Rolle gespielt, doch konnte er am folgenden Tag durch ein neues Pamphlet auf sich aufmerksam machen. Im Garten des Palais Royal umtanzten bald Gauner und Dirnen die Spieße mit ihren schauerlichen Trophäen. Auf einem weiteren staken menschliche Eingeweide und auf einem anderen hatte man ein menschliches Herz mit einem Nelkenkranz garniert. Dazu sangen sie, wie Octave Aubry berichtet:

»Ach, es gibt kein wahres Fest,
ohne daß das Herz dabei ist.«

Noch blieb der Hof ahnungslos, während Paris vor Entsetzen erstarrte. Ludwig XVI. war den ganzen Tag auf der Jagd gewesen und müde heimgekehrt. Marie-Antoinette gab ob wiedererstarkter Hoffnungen auf den geplanten Staatsstreich soeben ein Bankett für das Offizierskorps der Garde und zeigte sich, ihren blassen, zweiten Sohn auf dem Arm, zwischen den Pokulierenden voller Huld. Aber schon in der Nacht spukten Gerüchte durch das Schloß, die den Diensthabenden, den Herzog von La Rochefoucauld-Liancourt bewegten, den König zu wecken. »Ist dies eine Revolte?« fragte Ludwig erschrocken. »Es ist die Revolution, Sire«, antwortete der Herzog, den man zu den Liberalen rechnete, gelassen. In der Tat, sie hatte begonnen. Der König grübelte nach, was zu tun sei, und kam zu einem Entschluß, der ihm gestattete, das Antlitz zu wahren, nichts anderes zu unternehmen, als nachzugeben und seine Truppen abzuziehen. Nach der offiziellen Version hatte sich die Revolte gegen den Adel gerichtet.

Gewiß war es mit dem Vorrang der Nobilität zu Ende, wenn ihre Privilegien auch erst am 4. August abgeschafft wurden. Aber hatte sich da in Wahrheit nicht ein viel größerer Abgrund aufgetan? Das allerdings wollten im Augenblick nur wenige erkennen. Einer davon war Condé.

2.

Der Prinz erfuhr von den Geschehnissen in Paris noch am gleichen Dienstagabend gegen zehn Uhr in Chantilly durch den Chevalier d'Auteuil, der auf abgetriebenem Pferd eintraf.

Der offene Ausbruch des Aufstandes wunderte Condé nicht, aber was dann kam, die Exzesse im Garten des Palais Royal, ließen das Schlimmste befürchten, sofern sich die Nationalversammlung hinter den Bastilleturm stellte, und sie tat das sofort. Nunmehr kam es darauf an, wie sich der König verhielt. Wich er zurück, was noch unbekannt blieb, war alles verloren, griff er in der Hauptstadt durch, bedeutete es Bürgerkrieg. Die dritte Möglichkeit, daß er sich in den Schutz sicherer Regimenter an der Ostgrenze begab, die Hauptstadt also ›zeitweilig verließ‹, wie man das Wort Flucht künftig bemäntelte, verlangte Entscheidungen von ihm, die Condé ihm nicht zutraute. Um mehr zu erfahren und nötigenfalls die königliche Entschlußkraft zu stärken, beschloß er, kommenden Tages sofort mit seiner ganzen Familie, Louise in ihrer Kutsche auf gebahnten Wegen, querfeldein nach Versailles zu reiten. Nicht ohne d'Autichamp die Vorbereitung eines Fluchtgepäcks zu befehlen.

So ritten sie denn in einen dieser Sommermorgen hinein, die als Schimmer von Schmelz und Dunst über dem Lande lagen, drei Mann mit doppelter Pistole voraus, durch den Busch von Bertinville auf La Frette an der Seine zu, dann zur Flußbrücke von Le Pecq, wo die meiste Gefahr drohte. Waren sie erst drüben in Marly, hatten sie leichtes Spiel. Es ging gut. Zwar hatten Bourbon und Enghien unterwegs trotz strikter Gegenanweisung die Kolonne verlassen und einen Umweg über Nontel gemacht, was Condé verärgerte, denn sie langten erst zwei Stunden später in Versailles an, endlich auch zu aller Erleichterung Louise. Dennoch kamen sie viel zu früh. Niemand hatte Zeit für sie, helle Aufregung herrschte, weil ein Gerücht umlief, von

Paris seien dreitausend Menschen im Anmarsch, ein Unsinn natürlich. Für den König indessen ein Vorwand, sich nicht sprechen zu lassen. Mochten die Condés bis zum Lever am nächsten Morgen warten. Sie verbrachten die Zeit, so gut es ging, Louise bei den Damen der Königin, der Prinz in gedämpftem Gespräch bei Artois, von dem die düstere Auskunft kam, der König werde den Kelch bis zur bitteren Neige leeren müssen.

Wie das? War denn schon alles entschieden? Der Leibarzt Docteur Marat hatte Majestät zu einer kurzen Erholungskur geraten, Königin Marie-Antoinette unverzügliche Abreise gefordert. Jetzt lief sie mit verweintem Gesicht herum, denn der König, anfänglich von den Ereignissen beeindruckt, wich plötzlich zurück, als irgendwer das Wort Desertion einwarf. Er beharrte eigensinnig darauf, der Gefahr, was auch kam, die Stirn zu bieten. Das Argument, die Revolte habe keineswegs ihm gegolten, sondern sich in seinem Namen gegen den Adel gerichtet, machte ihm Eindruck. War das nicht eine der perfiden Formulierungen aus dem Orléans-Kreis des Palais Royal? Condé erkannte es sofort. Denn inwiefern traf man die Nobilität, wenn man eine Festung des Königs angriff und die Besatzung totschlug?

Einmal querte Madame de Polignac, Marie-Antoinettes Vertraute, den Raum. Als amüsiere es sie, hielt sie einen mit ›Palais Royal‹ unterzeichneten Drohbrief in der Hand, den sie auf ihrem Somno, dem Nachtschränkchen, gefunden hatte, worauf Artois gelassen in seine Tasche griff und ein nämliches Schreiben vorzeigte. Die Handlanger des schändlichen Treibens saßen überall. »Ich seufzte aus Herzensgrund und zog mich zurück«, notierte Condé später.

Am Morgen, beim Lever, begegnete er dem König in der Tat; er wurde mit hochgezogenen Brauen empfangen, konnte aber in einer Fensternische ein paar persönliche Worte an ihn richten, die für die Seelenverfassung Ludwigs vielleicht zu deutlich waren. Man müsse Gewalt mit Gewalt beantworten; gehe der König nach Paris, werde er, Condé, zur Verfügung stehen. Ludwig sah mit leeren, müden Augen über ihn hin. Dergleichen stehe im Augenblick nicht zur Debatte. Er gedenke zu bleiben, wo er hingehöre. Vorausgesetzt aber, er müsse in die Hauptstadt übersiedeln, werde Condés Anwesenheit nicht förderlich sein. Im Tagebuch des Prinzen ist an dieser Stelle das Wort »desagréable« gestrichen und durch den Ausdruck »nuisible«, schädlich, ersetzt. Zu mehr kam es nicht, nur daß sich Condé mit Artois einig wurde, nicht nur Ludwigs Person, sondern das gesamte Königtum als Staatsform stehe in Gefahr. Die Absicht des Prinzen, den König zum Widerstand gegen die Revolution zu bewegen, war verpufft, seine Familie, von der er sich stärkenden Einfluß versprochen hatte, umsonst mitgekommen.

Dennoch blieb er tagsüber noch in Versailles, um zu verfolgen, wie die Ereignisse weiterliefen. Sie entwickelten sich mit bestürzender Eile. Am Mittag erfuhr er, daß der Justizminister de Barentin zurückgetreten war; eine Stunde später folgten die übrigen Kabinettsmitglieder. Der Herzog von Vauguyon bestätigte ihm, was auch Artois meinte, es gelte nur mehr, die eigene Haut zu retten. Eine wenig heroische Formulierung, aber was ihnen drohte, wenn sie in die Gewalt der Revolutionäre fielen, hatte das Beispiel Delaunays gezeigt. Dennoch darf der von vielen Historikern erhobene Vorwurf, die führenden Aristokraten hätten Fahnenflucht vor dem Feinde begangen, nicht unwidersprochen bleiben. Gab der König sich selber preis, wie konnte sein geheiligtes Amt anders als von jenseits der Grenzen verteidigt werden und notfalls gegen ihn selber?

Trotz böser Erwartungen kamen sie ungeschoren nach Hause. Offenbar brauchten die Revolutionäre eine Atempause. Louise rollte im Schutz der abziehenden Truppen nach Saint-Denis hinaus, wo sie den nach menschlichem Ermessen sicheren Weg über Ecouen nach Chantilly wählte. Was in den dramatischen Stunden von Versailles in Condé vorgegangen war, zeigte sich bald. Frühmorgens, kaum daheim angekommen, befahl er die Abfahrt für den Nachmittag. Abreise, und wohin? Es war die Flucht. Hatte ihn Panik befallen? Wie es im Lande stand, wußte er nun, und daß es beim Bastillesturm nicht bleiben würde, auch. Schon Tage zuvor, als dieselben Bewohner, die ihm Wohlstand und Brot verdankten, seine Fuhrleute bei der Durchfahrt in Chantilly mit Steinen bewarfen, hatte er die Berlinen, die großen, gefederten Reisewagen, aus den Remisen holen und die Wappen auf den Türen übermalen lassen. Zwar sprach er nur von ›zeitweiliger Entfernung‹, aber daß es um keine Reise nach Paris ging, konnte jeder erkennen, der die Stapel von Koffern und Ballen sah, die man den Fahrzeugen auflud.

Trotz der Beschwichtigungen des Großvaters erkannte auch Enghien, daß ihnen keine Spazierfahrt bevorstand; sein Herz war schwer. Er hatte ungeachtet seiner jungen Jahre sehr wohl verstanden, was der Bastillesturm bedeutete und daß ganz Frankreich in Brand geriet. Wie würde man Chantilly bei der Rückkehr vorfinden? Ja, gab es sie überhaupt? Seine Phantasie, ohnehin leicht entzündbar, malte sich düstere Bilder aus, und so nützte er die Zeit des Frühstücks, das Condé noch einmal anberaumt hatte, auf seine Weise, schützte vor, keinen Hunger zu haben und verschwand bei erster Gelegenheit. Condé saß so in Gedanken, daß er es nicht einmal merkte. Enghien hatte nur noch wenig Zeit, doch in seinem ausgeräumten Zimmer wußte er plötzlich nicht mehr, was er eigentlich wollte. Ratlos stöberte er in den Laden der leeren Kommode herum und entdeckte in einem Nebenfach ein altes, haarloses Kinderpüppchen, nahm es zur Hand und legte es schließlich wieder fort. Er fand einen verdrückten Zettel mit einer Schulmädchenschrift, ›um acht am Gespensterbusch‹ und erinnerte sich, daß er dieser Aufforderung Debbys, sich an ihren Treffpunkt nahe der Porte Saint-Denis zu begeben, nicht gefolgt war. Es war kurz vor seiner Taufe geschehen, als sich die Milchschwester manchmal sonderbar verhielt, als habe sie um ihre bevorstehende Trennung gewußt. Solcherart auf den Park verwiesen, beschloß er einen letzten Rundgang.

Draußen begrüßte ihn stürmisch die Setterhündin Friponne, die gleich wie ein Pfeil zu den Ställen voranschoß. Hastig stieg er bis zum Ballhaus hinterher, querte das Tor, dann die Straße hinüber zur Rotunde der himmelstürmenden Rosse und trat in die Gasse der glänzenden Pferdekruppen ein, unter denen heute manche fehlten. Immerhin, seine Percheron-Stute Louison stand da, begann unruhig zu tänzeln, als sie ihn sah. »Nein, nein, es geht heute nicht hinaus, altes Mädchen«, tätschelte er ihren Hals. »Es geht vielleicht nie mehr hinaus.« Er drückte sein Gesicht ein letztes Mal gegen die warmen Nüstern, befahl sich dann, ein Mann zu sein und wandte sich entschlossen durch den Mittelgang schloßwärts. Ein klägliches Wiehern erscholl hinter ihm, aber er blickte sich nicht mehr um. Das blieb vorbei. Doch er fühlte einen jämmerlichen Druck im Magen.

Sie waren bereits alle auf dem Degré versammelt, die mitfuhren, als er erschien: Du Cayla, Virieu, d'Autichamp, die Brüder d'Auteuil und Le Mintier, sogar Docteur Brillouet, alle, die, sofern sie nicht ritten, im zweiten Wagen in qualvoller Enge Platz nehmen mußten. Selbst Bourbon war rechtzeitig zur Stelle und sogar Louise, um Abschied zu nehmen. Sie fuhr mit den übrigen Damen unter Eskorte später nach. Condé saß bereits an seinem Platz in der ersten Kutsche. Er war gereizt über das Ausbleiben des Enkels. »Dies ist keine Sonntagspromenade, Herzog«, sagte er verstimmt. Sein Gesicht war hart, schien um Jahre gealtert, und wenn Louise Enghien auch herzlicher als sonst an sich drückte, die Zurechtweisung trieb ihm doch das Blut ins Gesicht. Er setzte sich neben Bourbon, dem Großvater gegenüber. Sie hätten es zu dritt in dem vordersten Wagen bequem gehabt, aber den Hauptteil des Bodens verstellte eine Truhe mit Eisengurten, und auf den Sitzen lag unter einer Decke Reisekram aufgehäuft, den man nicht anders unterbringen konnte. Ein Pistolenlauf drückte in Enghiens Seite. »Die Vorhänge herunter«, kommandierte Condé, und dann fuhren sie los, rollten, da sie die Nonette queren mußten, über Vineuil hinaus.

Enghien konnte durch den Spalt des Vorhangs erkennen, daß die Leute an den Straßen standen und drohende Gesichter machten. Condé schob die Waffe neben sich griffbereit. Er schien entschlossen, den ersten, der sich in

84

den Weg stellte, niederzuschießen. War der schweigende Haß, der sie begleitete, nun ein Ergebnis ihrer überstürzten Flucht oder hatte Condé die Lage richtig eingeschätzt? Jedenfalls atmeten sie auf, als sie in den Wald von Halatte gelangten und Bourbon den Vorhang einen Augenblick lüftete. Es war stickig heiß. Condé mochte mit seiner Eile recht haben, denn kaum lag die Oise-Brücke von Pont-Saint-Maxence zurück, als eine zu spät erschienene Rotte von Bauern hinter ihnen her drohte, die den Wagen in den Fluß hatten stürzen wollen. Im Gehölz von Lihus meldete der Kutscher vom Bock, daß ein Wagen vor ihnen fuhr; es waren die Söhne von Artois, und sie begleiteten sie bis Gournay. Dann rollten sie Stunde um Stunde allein durchs Land, bis sie endlich am späten Abend Péronne erreichten, wo man die Pferde wechseln mußte. Es wurde eine bange Viertelstunde.

Eine große Menschenzahl hatte sich auf dem Postplatz versammelt, um nachzusehen, wer sich davonmachte. Einige schabten mit Bimsstein am Wagenschlag herum, um die übermalten Wappen freizulegen; ein ganz Verwegener versuchte sogar, ein Hinterrad von der Achse zu ziehen. Rufe wie ›A bas la Noblesse‹ erklangen, doch da kamen zum Glück bereits die Pferde, sei es, daß der Posthalter ihnen wohlwollte oder ein Trinkgeld seine Schuldigkeit tat. Der Kutscher fuhr so jäh an, daß die Menschen auseinanderstoben. Der Fahrer des zweiten Wagens zog dem Halunken, der sich ans Rad gemacht hatte, sogar eins mit der Peitsche über, und nun fuhren sie in die endlose Nacht hinaus und vernahmen lange Zeit nichts mehr als das Mahlen der Räder, fernes Hundegebell oder den Käuzchenruf, bis gegen Morgen, in Bouchain, die Berline Con-

85

dés plötzlich anhielt und eine warnende Stimme von draußen sagte, es komme kein Wagen mehr nach Valenciennes durch. Worauf der Prinz den Marquis d'Autichamp bat, die Route auf seinem Pferd zu erkunden. Bourbon ließ sich in seinem gesunden Schlaf nicht stören, aber Enghien wollte gern mit. Der Großvater gab nicht einmal Antwort. Nach einer halben Stunde kehrte der Sendbote zurück. Nein, es war alles frei. Dennoch horchten sie hier, kurz vor der Grenze, besorgt auf jeden Laut aus der Dunkelheit. Um fünf Uhr früh war es endlich geschafft. Der französische Grenzposten schien im grauen Frühlicht ausgestorben, aber drüben auf der anderen Seite standen österreichische Husaren zum Aufsitzen bereit neben den Pferden; ein Offizier näherte sich, salutierte, der Graf Valentin Esterhazy. Sie waren in Sicherheit!

Waren sie es? Condé hat in seinem dickleibigen Journal über den Exodus berichtet. Die brennendste Frage jener Flucht ins Ungewisse berührte er nicht; nichts also ließ er von der Angst, der Verlorenheit, der Bitterkeit und der Qual des Wartens verlauten. Gewiß war ihr Schicksal im Vergleich mit den Zurückbleibenden, an der Spitze der König, im Augenblick harmlos zu nennen. Dafür bekamen auch die Emigranten der ersten Stunde den Umbruch später in voller Schwere zu spüren. Ein Vierteljahrhundert sollte es dauern, ehe sie arm, immer ärmer geworden, heimkehren konnten und einem unter ihnen sollte es überhaupt nicht mehr beschieden sein. Doch gab es daneben kaum weniger Schlimmes, wenn Condé es im Augenblick auch nicht voraussehen konnte. Es war die Vergeblichkeit dieses Ausweichversuches; sie lag nicht in der bald übermächtig werdenden Stärke des republikanischen Feindes, sondern in dem naturgegebenen Wandel der Rolle, die sie zu spielen hatten. Denn es verurteilte sie, die sich jetzt noch als Gralshüter Frankreichs fühlten, durch den glanzvollen Wiederaufstieg des Vaterlandes für lange Jahrzehnte zu Parias der Zeitgeschichte.

Wohl konnte sich Condé in Brüssel durch den Besuch bei der österreichischen Statthalterin, einer Schwester Marie-Antoinettes, noch einmal versichern, welches Ansehen sein Name genoß. Die Vertreterin des Wiener Hofes ließ Louise Condé beim Souper in Schloß Laeken zu ihrer Rechten sitzen; zweifellos wirkte solche Hochachtung mit, daß sie der Reise allmählich die angenehmere Seite abgewannen und sie als Urlaub vom Schicksal betrachteten, nachdem Condé mit Artois übereingekommen war, ihm nach Turin zu folgen. In der Leichtherzigkeit glücklich überstandener Gefahr gingen sie auf Entdeckungsreise: durch Sankt Gudula, die alten Gassen, über den Markt. In Aachen verwandelte sich dieses Gefühl sogar zu einem wiedererwachenden Selbstbewußtsein, als sie den Karlsschrein, das Münsteroktogon, Symbole eines Königtums, das Carolus Magnus auch bei ihnen eingesetzt hatte, besuchten. Wenigstens behauptete Condé dies von sich; Enghien durfte dafür auf eigene Faust durch die Straßen streifen. Aber schon in Köln nahm sich der Emigrantenalltag anders aus. Die Bevölkerung betrachtete sie mit scheelen Augen, und der Kurfürst in Bonn empfing den Abgesandten des Hauses Bourbon nicht einmal. Was bedeutete das? Kamen da plötzlich politische Rücksichten ins Spiel? War es nicht selbstverständlich, daß wenigstens die Standesgenossen sich solidarisch erklärten?

Als sie von Koblenz, Residenz des Trierer Erzbischofs,

über Arenberg nach Limburg emporrollten, um auf der uralten Mainzer Landstraße nach Süden zu gelangen, schlug ihnen bei den armen Taunusbauern sogar blanker Haß entgegen. Sie rückten gegen gutes Geld nicht einmal Hafer für die Pferde heraus. Erst in Mainz ging es freundlicher zu. Dort traf man auf den Bevollmächtigten des Kurfürsten, Mister O'Kelly, einen Menschen von Politesse und erlesenem Geschmack, der dienstfertig die Neuigkeiten aus Paris mitteilte. Aber über Belanglosigkeiten ging es nicht hinaus. Dagegen ließ sich im Hotel eine jüngst aus Straßburg geflüchtete Dame de Vitgenstein vernehmen, dort habe sich die für zuverlässig geltende Garnison mit dem Mob verbündet und geplündert. Zum Glück lag es weitab.

Doch dann holte die Revolution sie ernstlich ein. In Oppenheim wußte ein Pfarrer, ein Mensch habe den über Frankfurt vorausgefahrenen Artois, dem sie seit Brüssel folgten, in der Poststation öffentlich insultiert und obendrein eine Schmähschrift gegen ihn verteilt. Er riet dringend an, die kommenden Stationen in Eile zu queren. Wirklich lief in Worms sogleich eine große Menschenmenge vor ihrem Gasthof zusammen. Aber die Leute trieb offenbar nur die Neugier, und ähnlich blieb es in Mannheim, wo der einzige Leidtragende Enghien war. Denn Condé, der hartnäckig darauf bestand, diese Flucht als Bildungsreise zu bemänteln, schleppte den Enkel einen ganzen Tag vor alle Sehenswürdigkeiten, und doch gab es auch für ihn Bedrängnisse genug. Die neueste Zeitung berichtete, daß Paris die Rentenzahlungen für den Adel abgeschafft hatte, was den Prinzen des Hauptteils seiner Einkünfte beraubte. Er tat es obenhin ab und meinte, die Ehre zu verlieren sei schlimmer. Nun, der Tag war nicht fern, an dem man ihm auch diese Ehre absprach. Sah er es kommen? Seine Stimmung verdüsterte sich.

Dennoch genossen sie die Rheinlandschaft, fuhren am Fest der Sieben Schmerzen Mariä nach Schwetzingen und Bruchsal weiter, wo sich ein suspektes Individuum bei ihrem Eintreffen im Gasthof eilig davonmachte, zweifellos ein Spion. In Speyer war abermals Näheres über Straßburg zu erfahren, ein eben emigrierter General namens d'Hartmannis bestätigte die Angaben der Dame Vitgenstein. Zu Tausenden hatten sich die Revoluzzer zusammengerottet und auch ihm selber ans Leben gewollt; er halte die Sache des Königs für aussichtslos. Wohl machte in Stuttgart Herzog Karl Eugen von Württemberg durch Gastereien manches wett und führte sie sogar in die berühmt-berüchtigte Karlsschule, an der Schiller kurz zuvor in einsamen Nächten die ›Räuber‹ vollendet hatte. Condé zeigte sich ob der marionettenhaften Disziplin der Eleven angeblich ergötzt, aber Enghien – von Bourbon zu schweigen – erschien es genau so widerwärtig wie die Riesengarde, die sich der Herzog wie eine Menagerie zugelegt hatte. Man schied unter Freundschaftsschwüren, aber die jüngeren Condés mußten sich eingestehen, der einzige wahrhafte Verbündete ihrer Sache machte keine gute Figur.

Dies also das Deutschland rechts des Rheines, in das die revolutionären Ideen bereits überschwappten. Die meisten Herren wollten es offenbar mit den Machthabern in Paris nicht verderben. Nahm Condé aus diesem Land meist geistlicher Duodez-Fürsten nicht die Erkenntnis mit, daß ihr nachgeäfftes Gottesgnadentum nur ein fader Abklatsch der Welt von vorgestern war? Bewies das Agentengetriebe nicht zur Genüge, daß es allenthalben kriselte? Der Prinz aber sog mit Genugtuung die abgestandene Hofluft ein. Er blieb der notorische Optimist, der sich in geheimnisvolles Schweigen über Ziel und Absichten einer Mission hüllte, die im Augenblick nichts als ratlose Betriebsamkeit war.

Enghien hatte die Fahrt eher geistesabwesend mitgemacht; er tat sich schwer, Louison, Friponne, manchmal auch Debby und in aufdringlichen Phantasien sogar die dunkelhäutige Melkerin aus dem Hameau zu vergessen, die denn doch den Stachel des Sündigen als trübe, voll Selbstauflehnung bekämpfte Lockung in ihm zurückgelassen hatte. Bei seinem jungen Fleisch kein Wunder. Je mehr er sich von daheim entfernte, desto mehr wuchs die Unruhe in ihm, seine ganze Existenz entschwinde. Er war der erste, der sich eingestand, daß Großvater Condé sie in ein Abenteuer hineinzog, aus dem es vielleicht keine Rückkehr gab. Er fühlte sich einsam.

War man, tagsüber auf verschiedenen Wagen verteilt, durch Landstriche gerollt, die er bislang nicht einmal vom Hörensagen kannte, und traf sich die kleine Gesellschaft, die seinen einzigen Rückhalt bildete, abends am Gasthaustisch, richtete er es meist so ein, daß er Tante Louise gegenüber saß. Er bewunderte alles an ihr, die Makellosigkeit ihrer Kleidung, die Frische der Haut, den kaum wahrnehmbaren Duft, der sie umschwebte, und er suchte Trost.

»Warum starrst du mich so an«, fragte sie leicht beunruhigt, weil ihr Gervaisis in den Sinn kam.

»Ich habe Sie den ganzen Tag nicht gesehen«, antwortete er abbittend.

»Und – und, du Charmeur?« entrüstete sie sich lächelnd, »das sagt man einer Äbtissin doch nicht.«

»Sind Sie das denn noch?« brachte er schwermütig hervor.

»Assez«, fiel Condé nicht ohne Schärfe ein. Sentimentalität, wie er es nannte, liebte er nicht. Er war ein durchaus besorgter, aber auch eifervoller Großvater, der dem Enkel seine Zuneigung meist durch Kritik bewies. Enghien hatte den Tadel kaum verdient; es mißfiel selbst Bourbon, wie Condé ihn behandelte. »Laben Sie sich an diesem Honig, Monseigneur«, konnte er dem Prinzen zuckersüß beim Frühstück sagen, »er bekommt der Stimmung ausgezeichnet«, der ihn daraufhin schweigend ansah. Das ewige Beieinander machte sie gereizt, Enghien ausgenommen, der stumm in sich hineinlachte. »Laben, délectez«, dachte er, »welch ein Wort und das auf nüchternen Magen!«

Auf diese Weise ging die Reise durch Deutschland zu Ende, bis sie an einem Abend, nach qualvoller Fahrt über Tübingen, wie gerädert in Schaffhausen eintrafen. Dem alten Fuchs wurde leichter ums Herz. Er hatte die Seinen sicher durch Spione und Nachstellung gebracht. Auch Enghien schöpfte Hoffnung; das Ennuyante dieser Kavaliersflucht von Residenz zu Residenz, bei der er dazu verurteilt war, sich die Nase am Wagenfenster platt zu drükken, ertrug er nicht länger.

Schon am nächsten Morgen standen sie bei Laufen am Rheinfall, wo sich der junge Strom über die Felsbarriere wirft und Schwaden aufwabern läßt, sich zu Güssen, Kaskaden, rinnenden Silberfäden zerschleißt und wieder kochend zusammenrinnt. Sie querten die Flut unterhalb des Sturzes zum anderen Ufer im Nachen, schauten dem tobenden Element von zehn verschiedenen Stellen zu, und da sich der Mensch des aufgeklärten Zeitalters, der weiß

Gott seinen Rousseau liebte, nicht anders als der von heute verhielt, zog jeder aus dem Anblick der Urgewalt eigene Schlüsse. Condé mit seiner Neigung zum Erhabenen erblickte darin nichts Geringeres als ein Abbild des zweiten Schöpfungstages; Bourbon nickte anerkennend und schielte gleichzeitig nach einem brauchbaren Hotel für den Mittagstisch aus; Louise bekundete stilles Erstaunen, daß auch Natur der Ekstase fähig war, und Madame de Monaco wiederholte ihr ›c'est épatant‹, das höchste Lob, das sie zu vergeben wußte, mindestens dreimal.

Enghien aber balancierte drunten am Ufer über die Steine und wagte sich immer noch einen Schritt weiter vor. Seine Augen glänzten. Was bedeutete angesichts der entfesselten Elemente das winzige Erdenschicksal des Dutzendmenschen mit seinem Quentchen Glück oder Unglück, was die Not der Zeit? Entsprach diese Szenerie nicht haargenau dem Aufwallen einer jungen Seele, die sich bereitwillig dem Vollzug höherer Mächte überließ, um, im tausendfachen Auf und Ab oder seinetwegen auch Untergang ihrer selbst innegeworden, ins Allgemeine fortzuströmen? So oder ähnlich jedenfalls. Es waren etwas ungenaue Gedankengänge, in denen auf unerklärliche Weise auch der Große Condé eine Rolle spielte. Es bedurfte Tante Louises beharrlicher Mahnung, ihn endlich fortzulocken. An ihrem Arm schritt er, immer wieder rückschauend, hinter den anderen her und redete verschwärmtes Zeug: so wünsche er sich sein Leben, allen Widerständen zum Trotz den gebührenden Platz unter den Großen dieser Erde zu finden. – Ach, lieber Kindskopf, dachte Louise gerührt, hast du das aus deinem Horaz oder Plutarch? Und wir wissen nicht einmal, wo wir morgen abend unsern

Kopf hinlegen sollen! Aber natürlich sprach sie das nicht aus.

Die Schweiz geizte nach den deutschen Ländern auch sonst nicht mit großen Bildern, die Enghien unauslöschlichen Eindruck machten; in der geringen Muße, die ihm das Schicksal ließ, kehrte er später wieder und wieder. Da Condé in der Nähe von Bern, in Gümligen, Artois aufzusuchen gedachte und sie über Zeit verfügten, unternahmen sie von Luzern einen Ausflug, fuhren auf Leiterwagen bis zum Brienzer See und marschierten nach kurzer Bootsfahrt durchs Tal der tobenden Lutschine dem Massiv der Jungfrau entgegen. Bei einem Pfarrer nahe Lauterbrunnen verbrachten sie unter viel Gelächter die Nacht im Matratzenquartier, die Damen nur durch einen Deckenvorhang getrennt. Ein Wasserfall rauschte in ihre Träume. Am nächsten Tag stiegen sie, soweit fähig, empor, bis der Grindelwaldgletscher tief unter ihnen lag. Wie gewaltig war diese schweigsame Gipfelwelt gegenüber dem Hader der Menschen! Enghien atmete tief auf.

Gewiß, auch in der Schweiz entgingen sie nicht dem Echo der Revolution. Unterwegs begegneten sie einer Gruppe von Italienern, nach Mailand heimkehrenden Barometerhändlern, für die es in Paris nichts mehr zu verdienen gab. Sie trugen die blauweißrote Kokarde der Republikaner an ihren Mützen; Condé konnte sein leidiges Politisieren nicht unterdrücken und fragte sie aus. Gewiß, sie waren dabeigewesen, der eine bei der Plünderung der Waffenvorräte im Invalidenhotel, der andere beim Bastillesturm, der dritte, als man den König zwang, von Versailles in die Hauptstadt überzusiedeln. – Und was sagten die Menschen in Paris, was hielten sie selber von der Abreise der Prinzen? – Wie sorgfältig er das Wort Flucht vermied! – Wer hätte sie denn noch schützen können, kam die Antwort, da es der König nicht mehr vermochte? Dies jedenfalls behauptete Condé in seinem Journal.

Warum fragte er danach? Plagte ihn das schlechte Gewissen, so vorfrüh das Hasenpanier ergriffen zu haben? Schlechtes Gewissen mochte es schließlich sein, daß er Bourbon und Enghien gestattete, mit einigen Herren der Begleitung über den Gotthard nach Italien zu reiten, während er selbst mit der übrigen Gesellschaft die bequemere Straße über den Brenner benutzen wollte. In der Tat, er hatte sie bislang wie Handpferde hinter sich hergeschleppt. Sogar Madame de Monaco nickte befriedigt, daß er die Jugend einmal sich selbst überließ.

Vater und Sohn genossen eine halkyonische Zeit, aber Enghien widerfuhren darin auch Erlebnisse, die sein Dasein von nun an prägten, und er sammelte in kurzen Tagen mehr Erkenntnisse als je zuvor. Von Luzern aus ging es mit Du Cayla, d'Espinchal und sechs Kammerdienern auf überdecktem Boot an der winzigen Uferrepublik Gersau, die man von der Landseite nur auf Ziegenpfaden erreichte, dann an der Tellskapelle vorüber. Das Wetter war zu rauh, als daß sie hätten landen können, und als sich der mächtige Klotz des Gotthard vor ihnen gar in Wolken hüllte, während es zu regnen begann, krochen sie lachend unter der schützenden Plane zusammen.

Enghien hat diese Fahrt im ersten Tagebuch seiner Schweizer Reisen beschrieben; er war ein Kind der Ebene und dies, trotz des Ausflugs zur Jungfrau, die erste Begegnung eines Siebzehnjährigen mit der Bergwelt, der sich

94

ungeachtet der Vielfalt der Bilder darum bemühte, mit der Feder Zusammenhänge einzufangen. Als sie am nächsten Morgen in Altdorf die Mietgäule bestiegen, blaute der Himmel, wenn auch am Mittag noch die Schwaden um das Gotthardmassiv vor ihnen rauchten. Die Natur zeigte dem Menschen das Bild wahrer Majestät, und Enghien erkannte es gläubigen Herzens. Sie befanden sich bereits auf den steilen Serpentinen zum Sockelplateau, von dem sie bald in die Wände der Teufelsschlucht eintauchten, kahle zwei-, dreihundert Meter hohe Felsen, zwischen denen die Reuß hintobte, der Grund höchstens einhundert Schritt breit, der Saumpfad von Steinbrocken übersät. Kreuze fanden sich alle fünfzig Meter, wo ein Wanderer von ihnen zerschmettert worden. Die Gefahr des Steinschlags war so groß, daß die einheimischen Führer der Kavalkade den Tieren immer wieder die Glocken abnahmen, damit ihr Gebimmel keine Luftschwingung erzeugte. Manchmal fegte der Wind wie durch einen Kamin ins schwärzliche, feucht überronnene Geklüft, bis der Weg endlich durch eine senkrechte Wand völlig versperrt schien. Doch da warf sich bei genauerem Zusehen bereits die Teufelsbrücke vor ihnen über den Wassersturz. Aus hundert Fuß tosten Sprühschleier herab, sammelten sich aberhunderte Fuß tiefer in Kaskaden.

Für den jungen Menschen war dies kein romantischer Anblick mehr; er »preßte die Seele« zusammen, die Ohren dröhnten vom brausenden Lärm, drohende Schatten wuchsen. War es nicht besser, abzusitzen und die Gäule am Zügel über den schmalen Brückenbogen zu führen, fragten besorgte Stimmen. Die Einheimischen schüttelten schweigend die Köpfe. Die Tiere sperrten sich dann;

schlug man sie gar, warfen sie sich nieder und wälzten sich. Am besten war es, sich am Sattelknauf festzuhalten und sie gewähren zu lassen, und tatsächlich fanden sie mit unnachahmlicher Sicherheit Halt zwischen dem Steingepolter, bogen drüben sogar nach einem steilen Anstieg, während die Reiter beklommen in den schäumenden Grund zur Seite schauten, in die drei Meter hohe Schwärze einer Kaverne ein, das Urner Loch; sie wußten alles allein. Das Füllen lernte es von der Mutter, diese vom Leittier. Nur dreißig Meter weiter und wie durch Zauberschlag verwandelte sich diese Welt der Abgründe und wilden Wasser. Völliger Friede herrschte. Sie ritten hinaus in ein weitschwingendes Hochtal, durch dessen Wiesengrund die Reuß in silbernen Windungen heranfloß. Schneehöhen säumten die Senke, in der fern zwei Ansiedlungen aus grauen, ausgelaugten Holzbauten lagen. In Urseren blieben sie, noch immer benommen von der Urgewalt hinter ihnen.

Enghien vergaß diese jähen Wechsel nie. Am Abend gab es örtliche Köstlichkeiten, kleine Forellen aus dem Bach, aber auch Gemsenfleisch mit rasch stollendem Fett, das nach Schaf schmeckte, leider auch faserig und zäh war, dazu gebratenes Murmeltier von einem absonderlichen Hautgout. Das alles war ebenso abenteuerlich wie die knarrende Stiege zum Lager. Enghien schlief traumlos und merkte nicht einmal, daß Bourbon sich neben ihn legte und ihm die Decke um die Schultern stopfte. Am kommenden Tag war er früh auf, eilte hinab, ließ silbernes Wasser aus dem Trog über Arme, Kopf und Brust rinnen. Die Schneehöhen standen im Morgenlicht, Holzduft schwebte über den Hütten der Gemsjäger und Almhirten. Drei

96

Stunden Ritt hatten sie noch über die Vegetationsgrenze hinaus, dann langten sie am Hospiz zum ›Armen Kapuziner‹ auf der Höhe an ...

— Enghien hat höchst amüsiert über diesen Kapuziner geschrieben, der hier oben wirtschaftete, ein Schlitzohr offenbar; er beklagte sich wehmütig verzogenen Mundes, heuer alles allein tun zu müssen, weil ihm der österreichische Kaiser aus Kostengründen den Beistand eines Mitbruders genommen hatte, während doch in der Küche eine resche Person hantierte, wie Bourbon sofort mit listigem Seitenblick bemerkte. Oder er lamentierte über die endlosen Wintertage, wenn er durch die ›Tourmentes‹, die Schneestürme wochenlang so tief begraben saß, daß er sich aus der Dachluke des zweigeschossigen Hauses einen Weg zum Licht schaufeln mußte. Viel zu essen gab es außer altem Brot freilich nicht. Nichts von Forellen trotz der blinkenden Seen. Sie lagen zehn Monate im Jahr vereist und erstarrten bis auf den Grund; da war natürlich an Fische nicht zu denken, und noch weniger an Weidevieh, denn selbst die Moose, von denen die Gemsen lebten, gediehen hier oben nicht mehr.

Nächsten Tag zogen sie nach Italien hinaus; jetzt war es der Ticino, der neben ihnen zu Tal stürzte. Auf endlosen Kehren kamen sie nach Airolo hinab, mußten sich immer wieder vor langen Maultierkolonnen mit ihren ausladenden Baumwollbündeln an die Wände pressen, während von oben die Steine herabpolterten. Sie blieben in Debbio und langten kommenden Tages, seit Giornico schon wieder von Rebenhängen begleitet, in Bellinzona an, vom Stadtrat feierlich mit Wein und Böllerschüssen eingeholt; man glaubte, es sei Artois, der Königsbruder, der da gezogen kam, aber nun mochte es damit sein Bewenden haben. Die Stadt war eng, mit Festungswerk durchsetzt, doch in etlichen Hanggärten standen neben den Zypressen die Palmen wie mit der Schere geschnitten gegen das Licht. Sie blieben gleich ein paar Tage.

Es war Bourbon, der den Vorschlag machte. Er zeigte sich auf dieser Reise von einer ganz neuen Seite; Vater und Sohn kamen einander näher, und Enghien konnte sich nicht genug wundern, wie gelöst und gelassen der als Roué von der Opéra verschriene Bourbon, der daheim sonst ein mokantes Gesicht aufsetzte, sein konnte. Mit demselben heiteren Gleichmut, mit dem er ihnen über Schluchten, Fels und Hänge vorangezogen war, lag er nun dem Nichtstun ob, wenn auch alle Welt über den Mord und Totschlag in Frankreich die Hände rang. Man konnte offenbar auch anders leben als mit dem Portepee in der Hand. Als Vater und Sohn nach dem Abendessen unter einer Pergola beim Roten zusammensaßen, sagte Enghien plötzlich: »Ich habe dir etwas abzubitten!«

Bourbon lächelte amüsiert. »Weiß schon, mein Sohn.« Er schien zum Reden nicht aufgelegt, aber auf einmal begann er von selbst. »Da reiten wir nun durch dieses Bilderbuchland, als warte die Geschichte nur darauf, von einem Veteran des Siebenjährigen Krieges zurückgedreht zu werden. Das ist es doch, was dir die Seele abdrückt. Wohin verschleppt Condé uns, und was wollen wir in Turin? Abwarten, daß sich ganz Frankreich wie ein Mann gegen die Verrückten von der Bastille erhebt? Das bleiben Phantasien, auch wenn du eine betretene Miene machst. Hast du die bösartigen Gesichter der Leute in Belgien und am Rhein nicht gesehen, die uns anstarrten, als sei jeder von uns der Leibhaftige selber? Unser geheiligtes Recht! Einige hundert Jahre Bourbonen machen auf Abwechslung Appetit, dazu rumort das Wort Freiheit in den Köpfen. Glaubst du, irgendeine der Marionetten am Rhein, die uns nicht einmal vorließen, hilft uns wieder in den Sattel oder der lederne Württemberger schickt seine kostspielige Riesengarde für einen verabschiedeten General ins Feuer?«

— Was Enghien in Harnisch brachte, war nicht die Sache, sondern der Ton, in dem Bourbon sie vorbrachte. Er stand endlich auf, ein wenig blaß zugegeben: »Lassen wir Monseigneur aus dem Spiel. Er steht mit seiner Meinung nicht allein!«

»Sie sind ein Schwärmer, mein Sohn«, fiel Bourbon in die formelle Anrede zurück, »und die Wirklichkeit sieht anders aus. Sie läßt sich überdies nicht in die Karten schauen, ehe sie nicht am Tag und so etwas wie eine neue Wahrheit ist. Aber da philosophiere ich schon und will doch nur deutlich machen, daß wir alle ins Leere gefallen sind.«

Als er indessen Enghiens betroffene Miene sah, beschwichtigte er den Sohn sofort: »Wirf die Flinte nicht ins Korn. Natürlich lasse ich Monseigneur nicht im Stich und werde das Unvermeidliche tun. Wofür bin ich geboren?« Er hielt ihm die Hand hin. »Also gemeinsam bis zum bitteren Ende! Ein schlechter Kamerad bist du nicht.«

Enghien zögerte, dann schlug er ein. »Vielleicht haben Sie mir die Augen geöffnet, mon père. Nur erwarten Sie nicht, daß ich alles in den Wind schlage, woran ich glaube.«

»Einverstanden«, erwiderte Bourbon. »Nur eines noch«,

fügte er hinzu, »erhoffe dir von Turin nichts für unsere Sache. In diesem Land, habe ich mir sagen lassen, wiegt ein Schurke schwerer als zwei brave Männer, aber hüte dich vor den Redlichen noch mehr; sie lassen dich im Stich, ehe der Hahn nur einmal kräht.«

Enghien schlief in dieser Nacht nicht besonders. Gehörte auch Bourbon insgeheim zu den Demokraten des Palais Royal? Bald verwarf er diesen Gedanken, bald kehrte er wieder. Als er sich seiner Fürsorge am Gotthard erinnerte, erschien es ihm endgültig absurd. Freilich, die zweifelnde Bitterkeit, die Ironie in den Worten des Vaters waren nicht seine Sache. Wie denn auch bei seinen Jahren! Am kommenden Morgen schien ihm das Ganze als Spuk. Nur das Wort vom ›Unvermeidlichen‹ haftete noch. Darüber kamen neue Eindrücke; sie fuhren nach Magadino in tagelanger Bootsreise über den Lago Maggiore, besuchten Locarno, und Enghien sah die feierlichen Berge vom Gotthard bis zum Mont Blanc um den Kessel des Sees ragen. Sie erblickten vor dem Anlanden in Intra abendliche Riesenfeuer aus trockenem Hanf und Stroh, mit denen die Leute am Ufer ihre Nachtarbeit auf den Feldern beleuchteten; sie segelten zu den Borromäischen Inseln, und Enghien kroch in Arona sogar in der Riesenfigur des heiligen Borromäus auf schmalen Steigeisen empor und erblickte aus einem verborgenen Fenster im Kopf tief unter sich den See. Friede, Friede allüberall!

Doch was hörte, was sah er, als er den beschwerlichen Abstieg vom hohen Sockel mittels zweier aneinandergebundener Leitern hinter sich gebracht hatte – spielende Kinder mit Papierhelmen und Holzschwertern, die in Reihe über den Rasen marschierten und das ›ça ira!‹ sangen, wie es kurz vor der Flucht in Chantilly einmal aus einer Kneipe gedrungen war, als er eben vorüberkam.

Über Sesto ritten sie nach Süden, westlich an Mailand vorbei und sahen am 17. September nachmittags auf der Straße nach Cremona einen Wagenkonvoi vor sich, der Rest der Familie, mit dem sie nach Mailand umkehrten. Enghien schien Louise Condé merkwürdig gereift. Aber sie schob es auf ihren eigenen Zustand; das endlose Rollen über Innsbruck, den Brenner, Bozen und Trento hatte ihrem armen Gebein zugesetzt, sie empfindlich gemacht. Dennoch nahm auch sie am Opernball mit gegenseitigem Logenbesuch und anschließendem ›Ambigu‹, dem Buffet, teil, den der österreichische Gouverneur der Lombardei ihnen zu Ehren veranstaltete.

Der unermüdliche Condé erklomm am nächsten Tag sogar die Stufen der Ambrosiana, um der Handschrift des Gregor von Nazianz, vor allem den Kartons Raffaels und endlich dem Virgil-Manuskript mit den Marginalien Petrarcas Reverenz zu erweisen.

4.

Ein Herbst kam, zäh und traurig. Ach, Turin! Erfüllte sich Bourbons düstere Vorhersage so bald? Anfangs standen die Condés als um Haus und Heimat gebrachte Märtyrer der legitimen Sache hoch im Kurs. Kein Höfling, der nicht ihre Zuvorkommenheit, ihre Politesse rühmte. Die Einladungen überstürzten sich, nach Stupinigi zum Ball, nach Moncalieri zur Jagd auf den Hirsch, zum Empfang in den Palazzo Reale. Man durfte die Höchstzeit, das war eine halbe Stunde, mit dem König zu plaudern, voll ausnutzen und erlebte, wie huldvoll Vittorio Amedeo III. der Menschheit ein Beispiel edelsten Mitgefühls gab. Da waren sie nun auf der Flucht vor den Pariser Schergen zu ihm nach Turin gekommen und sollten seine Großmut nicht vergessen.

Als sie indessen zu einer Dauereinrichtung wurden, bekamen sie bald zu spüren, wie lästig sie fielen. Der Unmut entzündete sich an ihrer vorgeblichen Arroganz, überall Vortritt zu fordern. Konnte nicht ein gelehrter Professor nachweisen, das Haus Savoyen, mochte es auch für nicht so glanzvoll gelten, sei älter als die Bourbonen? Ihr Benehmen wirkte auf die prüde Gesellschaft frivol, und daran traf sogar etwas zu. Artois hatte trotz der Anwesenheit von Frau und Söhnen Madame de Polastron nach Oberitalien kommen lassen und unternahm gelegentlich kleine Ausflüge, um sich vom Einerlei seines Ehelebens zu erholen. Condé warf man Madame de Monaco vor, mit der er nicht verheiratet war, dieser ihre lang zurückliegende Scheidungsaffäre.

Carlo Felice, der dritte Königssohn, zählte in seinem ›Diario‹ eine ganze Reihe wenig galanter Züge der Gäste her. Danach wirkte die unwandelbar gütige Louise, die keiner Fliege etwas zuleide tat, wie eine dickliche alte Landpomeranze von verwelktem Reiz, ungewandt in der Unterhaltung und schüchtern; Condé wurde als kleinwüchsiger, rothaariger Mann von vierundfünfzig Jahren abgetan, der wie ein Bauer am Stock ging. Bourbon kam noch am glimpflichsten davon. Enghien aber, dessen graziöse Behendigkeit die Damen anfangs so hinriß, daß die Herzogin von Aosta einen ganzen Abend lang mit ihm und nur ihm hatte tanzen wollen, blieb bei aller Wohlgestalt der Figur ein hochnäsiger Leichtfuß.

Dahinter steckte freilich die Propaganda der Pariser

Revolutionäre, die überall Sympathisanten und Zuträger fanden. Sie beobachteten jede Kopfbewegung der Emigranten, und es kann nicht verschwiegen werden, daß sie Anlaß zu Argwohn besaßen. Es war Condés und Artois' erklärtes Ziel, im Süden Frankreichs von Lyon bis Castres Stützpunkte einer Gegenrevolution zu organisieren. Unaufhörlich kamen und gingen Kuriere, vollends seit der Prinz das Hôtel d'Angleterre verließ und ein großes Haus, direkt neben dem von Artois und mit ihm durch eine Gartenpforte verbunden, bezog. Von London kam der Abbé Calonne nach Turin, einst Minister des Ancien Régime, ein ultrakonservativer Geist, der als Staatschef der Konspiration diente. König Vittorio Amedeo erfuhr davon, war empört und nur mit Mühe konnte sein Innenminister bewogen werden, den Druck eines jüngst von Paris eingetroffenen Pamphletes gegen Artois zu verhindern.

Condé begann zu begreifen, daß er zwischen allen Stühlen saß, weil ihm die Hände gebunden waren. Von dem in halber Gefangenschaft sitzenden Königspaar in Paris trafen beschwörende Nachrichten ein, nichts gegen die neuen Machthaber zu unternehmen. Darüber verstrich die Zeit, und nichts ereignete sich. Die Mutlosigkeit des Unbehausten bedrängte ihn, hinter dem alle Brücken zusammengebrochen sind. Am Morgen des 14. Februar 1790 war er nach dem Bad zur Frühmesse nach Madonna degli Angeli gegangen, ohne Tröstung zu finden. Die Straßen lagen noch still, aber sie würden sich bald mit dem Lärm des Karnevals füllen. Daher machte er einen Spaziergang weit hinaus, um allem aus dem Wege zu gehen. Ermüdet setzte er sich draußen auf den Wällen, den Rücken in den Windschutz der Stadtmauer gelehnt, auf einen Stein.

Über dem winterlich-kahlen Land hing eine bleiche Frühsonne. Seitab freute sich ein alter Mann vor seinem Häuschen der ersten wärmenden Strahlen, ein paar Buben zogen unternehmungslustig ins Freie, und ein junges Mädchen mit einem Kind ging vorüber. Allenthalben Friede, und da überkam es ihn.

Jedermann hier im Viertel der Armen besaß seinen bescheidenen Winkel, in dem er wurzelte und seinen vertrauten Gewohnheiten nachging. Ach, dieses Glück, morgens die Fensterläden zu öffnen, den Schlüssel ins Schloß zu stecken und die Hoftür aufzusperren, hinter der schon das aufgeregte Gegacker der Hühner erscholl! Ihm aber waren selbst die einfachsten Dinge nicht mehr gewährt. Er fühlte, wie mißtrauisch er gegen seine Umgebung geworden war, wie die Verzweiflung ihn beutelte und er sich mit barscher Hochfahrenheit gegen die Umwelt und selbst seine Familie wappnete, um seinen Seelenkummer zu verbergen.

Er stützte das Kinn auf den Stock und sah ins Leere. Seine Augen füllten sich mit Tränen. Wie mochte es daheim in Chantilly aussehen? Nein, das war es nicht, was ihn bewegte; gleichgültig auch, was aus ihm selber wurde! Aber da gab es die anderen, die er an sein Schicksal gebunden wußte, Louise, Enghien, Bourbon und auch Madame de Monaco, die bei aller Schulmeisterei so unverbrüchlich zu ihm hielt ... nein, abermals nein, auch das traf es nicht! Was wurde aus Frankreich, in dem nun die Schlösser brannten und plündernde Mordbanden durchs Land zogen, um alles zu zerschlagen, das ihm etwas bedeutete? Wie löste sich der Teufelskreis, in den sie geraten waren? Er fühlte sich ohnmächtig, kraftlos, und nun strömten ihm die Tränen plötzlich über die Wangen, und er ließ sie rinnen wie ein Kind, das nicht weiter weiß. So mochte dem Großen Condé zumute gewesen sein, damals, als er nach verlorener Schlacht todkrank in den flandrischen Dünen lag, ehe er vor Ludwig xiv. zu Kreuze kroch. Aber damals gab es wenigstens noch eine Stätte der Zuflucht, gab es noch Gnade, wenn auch nach äußerster Demütigung. Jetzt aber ... da schrie alles nach Freiheit und meinte Mord!

Dennoch, das große vor ihm aufgestiegene Vorbild gewährte ihm langsam Tröstung. Dem war auch alles unter den Händen zerbrochen, an das er geglaubt hatte! Allmählich kehrte Condés Zuversicht wieder. Kam es nicht gerade darauf an, sich im Äußersten zu bewähren? Mochte es auch niemand wahrhaben wollen und selbst die Anhängerschaft der Revolution wie selbstverständlich vom Fortbestand des Königtums, wenn auch unter anderen Vorzeichen, reden, er sah genau, daß sich da nichts miteinander vereinen ließ und der ganze tausendjährige Bau in einem Zynismus ohnegleichen zu Fall gebracht wurde. Noch stand er, von dem leider unzuverlässigen Artois abgesehen, allein, schon aber strömten ihm die Einsichtigen zu und klopften an seine Tür. Nur, wo fand er den archimedischen Punkt, diese Revolution aus den Angeln zu heben? Er würde ihn finden, nicht aufgeben und sollte er, ein neuer Don Quichote, mit seiner Einsicht alleinbleiben gegen ganz Frankreich.

Turin stand in diesen Tagen Kopf. Am Nachmittag der für Condé so beklommenen Stunden zog der ›Cours‹, der große Festumzug, durch die rechtwinkligen Straßen der hohen Ziegelhäuser, deren Mauern vom Lärm der Musikbanden widerhallten. Und während der Rauch an den Ständen der Maronibrater aufquoll, die Schausteller ihre Marmottes für die Dauer des Umzuges in den Kasten sperrten, bog der Festzug nun in die Piazza San Carlo ein, voran ein Läufer mit einem roten, durch Bänder und Goldfransen geschmückten Schirm, dann die Königskarosse mit dem gnädigst lächelnden Vittorio Amedeo, hinter ihm lebhaft beklatscht die Prinzessinnen in ihren Kutschen; worauf die Hofdamen, Chargen zu Pferd, Garden nebst ihren Offizieren zu Fuß kamen. Der Kutscher der Prinzessin von Piemont zeigte sich an diesem Tag ohne Hut mit bloßem Krauskopf, durch dessen Locken der Wind wühlte, der Postillon mit den gelben Stulpstiefeln ebenso. Diener, Pagen folgten, alles ›dans le plus grand infioqui‹, im prächtigsten Bänderschmuck. Ein wenig steif vielleicht, wie solche pompösen Aufzüge im Süden meist, aber mit lebhaftem Winken und Gegenwinken feierte die Hauptstadt von Savoyen, Turin, sich selber.

Enghien litt es natürlich nicht auf dem Zimmer. Er stand am Straßenrand in seinem einfachsten Anzug, die Haare nach hinten gekämmt, ein ›piccolo borghese‹ oder auch ›francescano‹, den die einfachen Leute für einen Mann ihres Standes halten mochten. Er hatte in letzter Zeit neben dem Doremifasolasido bei Maestro Bellini, einem Gesangslehrer, der seine hübsche Stimme nicht genug loben konnte, auch Sprachunterricht genommen. Aber natürlich hörten die Leute sofort heraus, wo er herkam, und so galt er notabene für einen Revoluzzeragenten, wie sich manche herumtrieben, und bekam oft genug versteckte oder offene Sympathie zu spüren, bis er endlich vor einer Taverne bei einem Roten mithalten sollte und nur mit Mühe einer Verbrüderung entging. Er mochte diese Piemontesen durchaus, wiewohl sie mit einer gehörigen Portion Mißtrauen gegen alles Fremde gepökelt waren, und hatte gar nichts dagegen, wenn eines der hübschen Mädchen aus dem Volk ihm lockende Augen machte. Das war amüsanter als die langweiligen Ball- und Billardpartien mit Angoulême oder dem jungen Berry mit den hochgezogenen Schultern, den Söhnen von Artois, deren zähe Langeweile auf ihn wie leibhaftiger Fensterkitt wirkte. Schon aber fühlte er eine Hand auf der Schulter und sah im Umschauen in ein grobschlächtiges Vorstadtgesicht: »Von welcher Couleur bist du denn, Brüderchen mit den Seidenstrümpfen, von der blauweißroten Kokarde oder der in der Farbe der Totenhemden?« Geschickt tauchte er dem Kerl unter den Händen und durch eine Mauer von Menschen davon und hörte nur noch rufen: »Laßt ihn nicht fort, das ist doch ...«

Aber da war er schon entwischt und gelobte sich, vorsichtiger zu werden. Allein, du mein Gott, wohin mit den Tagen! Wollte es mit einem Feldzug gegen die ›canaille républicaine‹ nie etwas werden? Seit dem Mai 1790 erschienen die Condés nicht mehr bei Hofe, was das Leben noch langweiliger machte. Als der Prinz obendrein erfuhr, daß manchmal bewaffnete Gestalten in der Nähe des Hauses herumlungerten, verbot er seiner Familie den Ausgang bei Dunkelheit. Sie hielten sich daran, einzig jemand, von dem es niemand vermutet hätte, ausgenommen, Louise Condé. Ein örtlicher Priester hatte ihr Kontakt mit einer Kongregation verschafft; sie sprach niemals davon, aber verschwand unbeirrt vor Tau und Tag, um an der Morgenmesse teilzunehmen ...

Es war nach einem Streit mit den Carignanos zum offenen Bruch mit dem König gekommen; er verlangte die Abreise. Aber da legte sich Artois, immerhin Schwiegersohn des Königs, ins Mittel, wurde nur ein Franzose ausgewiesen, ging auch er. Der Streit wurde so lauthals geführt, daß man es drei Zimmer weit hörte, bis der König zurücksteckte und die Abfahrt auf den Sommer verlegte. Als dieser Sommer indessen gekommen war, stürzte Louise so unglücklich in ihrem Zimmer, daß sich an einen Transport nicht denken ließ. Das Jahr verrann über ihrer Genesung, während Condé konspirierte wie immer. Oder nein. Er suchte nach einem neuen Unterkommen und verkündete eines Tages höchstselbst die Abfahrt.

»Und wohin, Monseigneur?« wagte der Herzog zu fragen.

Der Großvater blickte nur flüchtig auf: »Über den Montcenis nach Deutschland zurück. In den Krieg!«

»Jetzt, mitten im Winter?«

»Jetzt, mitten im Winter«, antwortete Condé.

Auf Grund welcher Neuigkeiten er diesen Weg durch Eis und Schnee und in ein Land wählte, wo er genau so unwillkommen sein mußte wie in Turin, sagte er nicht. Er setzte wieder einmal alles auf eine Karte. Aber nach der endlosen, verlorenen Zeit erschien es Enghien als Erlösung.

Artois fuhr direkt nach Neujahr. Angeblich wollte er in Venedig Kaiser Leopold ii. aufsuchen. Zumindest am Wege traf er auf Madame de Polastron. Seine Trennung von Frau und Söhnen verlief tränenreich. Condé machte am 5. Januar 1791 seine Abschiedsvisiten. Nun, da er und die Seinen gingen, zeigte sich Vittorio Amedeo von der leutseligsten Seite. Er hatte in den Bergen sogar Posten aufstellen lassen, damit die Condés nicht vom Wege abkamen und auf französischen Boden gerieten. Bereits zogen die Gepäckwagen mit ihrer gesamten Haben nach Westen ins Gebirge. Louise sollte mit den Damen am 8. Januar folgen.

Dann zogen sie los, und Turin machte drei Kreuze hinter ihnen her, als sie davonrollten. Bourbon war erbittert über Condés neuen Meisterstreich einer Winterreise, Enghien hatte es in Bellinzona gelernt, sich eine Maske vorzulegen. Sie kamen am ersten Tag bis Novalese, wo die Fahrzeuge in der Nacht auseinandergenommen und auf Maultierrücken verladen wurden. Am nächsten Tag zogen die einen in der Sänfte, von starken Gebirglern getragen, die andern zu Pferde bei Schneetreiben und eisigem Wind bis zum Col mit dem Hospiz von Sainte-Croix. Erstarrt krochen sie aus den Tragen oder vom Sattel. Dennoch gewährte ihnen Condé nur eine Viertelstunde, um sich in der Schutzhütte aufzuwärmen.

Bourbon und Enghien überwanden die Schneeflächen des Bergsattels auf dem Pferderücken, andere im bespannten Schlitten. Am Rande der Höhe jagten die Führer die Gäule mit einem Peitschenhieb zur Station von Sainte-Croix zurück, und sie vertrauten sich alle Hörnerschlitten an, deren Führer ihre Gefährte halb laufend, halb gleitend mit den Beinen lenkten. In ganzen zehn Minuten jagten sie an Abgründen und Felsbarrieren vorbei ins Tal; es wäre eine hinreißende Abfahrt gewesen, hätte die Kälte nicht so gebissen. So gelangten sie nach Lons-le-Bourg, wo sie übernachteten und am nächsten Morgen ihre wiederzusammengebauten Kutschen bestiegen. Bergbauern schaufelten den Weg frei. Über Chambéry kamen sie in die Ebene und bogen über Rumilly nach Genf, wo der Boden mit Spionen gepflastert war und eine Schutzgarde von Emigranten sie begleiten mußte. Über Luzern und Schaffhausen ging es heim.

Heim? Wer will die deutschen Rheinstaaten als ihre Heimat bezeichnen? So ganz gewiß nicht Württemberg, wo sich Herzog Karl Eugen, einst ihr überschwenglicher Gastgeber, anfangs strikt verleugnen ließ! Ihn hatte die Sansculottenfurcht gepackt. Dennoch blieb Condé in Stuttgart, weil er auf Briefe wartete. Am 16. hielt er das sehnlichst erwartete Schriftstück in Händen; der Mainzer Kurfürst, in Personalunion Bischof von Worms, stellte ihm seinen ohnehin nicht benutzten Amtssitz in der alten Kaiserstadt zur Verfügung. Condés Rechnung war gegen alle Voraussicht aufgegangen, ein Wunder geschehen. Wer wollte darin nicht eine Fügung des Himmels erblicken? Enghien sah es so, er sah sich sogar bald wieder in Frankreich.

Da es noch einige Zeit dauerte, bis dieser ›Bischofshof‹ hergerichtet war, verbrachten sie die Zwischenzeit des Karnevals beim Markgrafen von Baden, dessen Schwiegertochter, Erbprinzessin Amalia, vier unverheiratete Töchter besaß, was Condé im Gedanken an Enghien aufmerken ließ. Oder sie besuchten, diesmal wegen der Grenznähe sorglich von Patrouillen geleitet, Speyer, dann Mannheim, endlich auch Mainz, wo eine Leibwache von dreißig Grenadieren und zwei Offizieren Tag und Nacht vor ihrem Hotel Posto hielt; in jedem dunklen Winkel schienen Dolche zu lauern. Endlich konnten sie einziehen in Worms.

Die ›Wiege der Armee Condé‹, wie man die Stadt bald nannte, besaß nach der Zerstörung Melacs von 1689 nichts mehr von der mittelalterlichen Großartigkeit, wenn auch in der harten Arbeit von zwei Generationen aus der Asche eine barocke Bürgerschönheit entstanden war. Keineswegs die Stadt von heute! Die Brandschatzungen durch die Revolutionstruppen von 1794, spätere Verwüstungen haben das Bild abermals verändert und von ihm nur etliche Rudimente gelassen: einige Kirchen und Häuser und darin vor allem den wieder und wieder restaurierten Kaiserdom, das erlauchte Herzstück des ›ewigen Worms‹ auf leichter Erhöhung des linken Rheinufers, dessen Ostchor auf die Nibelungenstraße hinausblickt.

In welchem Erhaltungszustand es sich derzeit auch darbot, als Enghien neben der Kalesche Condés mit seinem Pferd in den Bischofshof einritt, ragte das ehrwürdige Gemäuer als riesige Steinbastion über ihm auf. Der eigentliche Amtssitz des Kirchenfürsten lag an der Nordseite der Gottesburg und grenzte an die Stadtmauer; nur noch in den Rasen eines Parkes gelassene Platten markieren heute die Eckpunkte des fürstlichen Anwesens, das 1794 in Flammen aufging. Das Herz muß den Condés beim Anblick des Schloßbaus von beträchtlichen Dimensionen, den ihnen Friedrich Karl Joseph von Erthal, Kurfürst von Mainz, so generös überließ, hoch geschlagen haben. Zum ersten Mal seit ihrer Flucht von Chantilly besaßen sie wieder ein angemessenes Zuhause. Fast neunzig Meter breit lagerte sich der Haupttrakt mit seinen vorstoßenden Seitenflügeln, drei Stockwerke und einen Mansardenaufsatz hoch, neben den gewaltigen Dom. Er schien eigens für die

Zwecke des Prinzen geschaffen: ein ringsum von Mauern geschütztes Stabsquartier, dessen Hauptbau samt dem kräftig vorspringenden Mittelrisalit im Parterre eine durchgehende Pfeilerhalle einnahm. Dort konnten sich Neuankömmlinge oder alarmierte Emigranten in beliebiger Zahl versammeln. Weitläufige Ställe, Remisen, Wirtschaftsgebäude boten für alles und jedes Raum. Sogar für ein Lazarett. Im Gegensatz zu dem ›cour‹ genannten Koblenzer Schloß, in dem sich seit 1791 die Königsbrüder Artois und Provence festsetzten, galt Worms im Sprachgebrauch der Royalisten als ›camp‹ oder Feldlager, was seine Bedeutung annähernd umriß. Fanden sich an der Moselmündung die Prinzen samt Gefolge, dazu Monsieur Calonne und sein Stab zusammen, der die Amtsgeschäfte beider Stützpunkte regelte, so im Bischofshof der alten Reichsstadt, was neuerdings, ungeachtet der von der Assemblée legislative erlassenen Emigrationsverbote, Frankreich in hellen Scharen verließ. Allesamt Menschen, erfüllt von dem glühenden Verlangen, möglichst bald mit der Waffe in der Hand heimzukehren und die alte Ordnung wiederherzustellen.

Hatte Condé jemals Zweifel daran besessen, ob seine Abreise aus Chantilly vor fast zwei Jahren gerechtfertigt war, erlebte er jetzt eine stolze Bestätigung. Schon in der zweiten Hälfte des Jahres 1790 schwoll die Gesamtzahl der Emigranten an Rhein und Mosel auf fünfundzwanzigtausend an. Ein Hilfsangebot König Gustavs III. von Schweden versprach weitere Verstärkung, eine Hoffnung, die sich leider zerschlug, als er im Folgejahr dem Mordanschlag Jacob Johan Anckarströms erlag. Gleichwohl zeigte sie die Stimmung der Zeit. Dazu kam, daß manche Truppenverbände in Frankreich offen aufbegehrten, wie das Regiment de Beauvaisis, andere gleich den einstigen Straßburger Elitesoldaten für unzuverlässig galten – abgesehen von dem, was sich beim Einmarsch in Frankreich der Sache des Königs anschließen oder erheben mochte! Gewiß blieb man auf alliierte Hilfe angewiesen. Jedoch konnten die brennendsten Fragen am 22. Juni des Jahres in Mainz mit österreichischen und preußischen Vertretern geregelt werden. Damit erhielten die Emigranten formal den Status einer kämpfenden Truppe, die zu ungefähr gleichen Teilen auf die königlichen Prinzen in Koblenz und Condé verteilt war. Eine unkluge Maßnahme, wie sich bald zeigte, da sie den Angriffselan der Royalisten zersplitterte. Aber das alliierte Oberkommando rechnete auf einen billigen Sieg, dessen Lorbeeren es nicht zu teilen gedachte. Immerhin war damit um Worms eine eigene Armee Condé entstanden, die bald einen legendären Namen erwarb.

Paris sah diese Entwicklung mit Sorge und versuchte sie mit allen Mitteln zu hintertreiben. Schon auf dem Weg nach Worms war von den Condés ein Sprachlehrer mit einem chiffrierten Brief in der Tasche dingfest gemacht worden, in dem unverblümt die Frage nach den Lebensgewohnheiten Enghiens zu lesen stand, dazu das Versprechen von einhunderttausend Livres für seine Entführung. Ein anderes Mal wurde ein Anhänger Orléans erwischt, der sich ungeniert in ihrem Hauptquartier herumtrieb. Von Landau kam Nachricht, auf den Prinzen sei ein Anschlag geplant. Da gab es endlich die Affäre Buzelot, eines ehemaligen Offiziers des Regimentes Hessen-Darmstadt, Träger des Malta-Kreuzes, der sich von einem Deputierten aus Thionville dafür hatte kaufen lassen, Condé im Wormser Bischofsamt zu ermorden, worauf sich spontan eine Leibwache aus Edelleuten um ihn scharte. Auch propagandistisch suchte man ihm zu schaden, wo es nur ging. Schon am 21. März 1791 war im Moniteur eine Karikatur samt erläuterndem Text erschienen, auf welcher der Prinz inmitten eines Salons im Louis-seize-Stil eine lange Pfeife schmauchte, in deren aufsteigendem Rauch – Sinnbild seiner Chimären – sich Säbel, Pistolen, Dolche, aber auch eine Fußangel und anderes erkennen ließen, Anspielungen auf die Heimtücke der Emigranten. Louise Condé entnahm mit entblößter Brust – unbekannt, was die Diffamierung sollte – einer großen Kiste mit der Aufschrift ›10 000 Mann‹ Spielzeugsoldaten und gab sie dem vor ihr knienden Enghien, der sie in Paradeformation aufstellte. Im Hintergrund sann der Marquis d'Autichamp über finstere Pläne nach, während Bourbon Stammrollen ausfüllte. Ein Hund, Butor geheißen, wahrscheinlich der Name eines Pariser Journalisten, hob das Bein und pißte die Garde der Reaktion um.

Trotz solcher Versuche, sie lächerlich zu machen, fürchtete Paris diese Armee um so mehr, als die Revolutionäre sich keineswegs fest im Sattel fühlten. Ein Blick auf den erbärmlichen Zustand der Emigrantenverbände hätte sie allerdings beruhigen können. Chateaubriand berichtet in seinen ›Mémoires d'Outre-Tombe‹, er habe bei dieser Truppe alte Edelleute erblickt, den Ranzen auf dem Bukkel, den Stock in der Hand, die auf einen ihrer Söhne gestützt einherhumpelten; er hatte Monsieur de Boishue allein und traurig mit nackten Füßen durch den Schlamm stapfen sehen, die Schuhe zur Schonung an seine Bajonett-

spitze gehängt. Es handelte sich zudem keineswegs um
disziplinierte Soldaten. Jeder wollte kommandieren, jeder
bei der Kavallerie dienen, weil es für schneidiger galt. Bei
Nacht und Regen auf Vorposten zu stehen, war ihre Sache
nicht. Oft litten sie jämmerlich Hunger und nicht selten
gab es selbst im Bischofshof, wo Condé möglichst viele
Emigranten zu Tisch lud, nur gekochte Kartoffeln. Denn
auch seine Mittel reichten nicht mehr aus, eine ganze
Truppe zu ernähren. Bereits hatte Madame de Monaco
ihren Schmuck versetzt, eine Bestellung auf Uniformen
mußte sogar rückgängig gemacht werden. Dennoch klagte
niemand, auch wenn mancher nicht einmal ein Bett fand,
sondern auf Tischplatten schlief; die Moral war ungebrochen, und es gab sogar Augenblicke der Hochstimmung
wie am 25. Juni, als die Nachricht eintraf, der König sei
aus den Tuilerien entflohen.

Ach, vorfrühe Hoffnung! In Varennes war der verzweifelte Versuch, den Henkern von morgen zu entkommen,
für die Königsfamilie zu Ende gegangen, Ludwig XVI.
erkannt und samt den Seinen zurückgebracht worden.
Fortan lebten sie in den Tuilerien als Gefangene. Sogar im
Vorraum von Marie-Antoinettes Schlafzimmer kampierten zwei Offiziere, die nachts alle zwei Stunden kontrollier-
ten, ob sie noch im Bette lag. Die Enttäuschung in Worms
war so grenzenlos wie gestern der Jubel. Leider, die Unan-
nehmlichkeiten fanden damit kein Ende. Die Verarmung
stieg mittlerweile so an, daß Condé den Bedürftigsten mit
drei Louisdors im Monat aushelfen mußte. Noch schlimmer, der Rat der Stadt bat um Abzug, weil die französischen Kavaliere die leidige Angewohnheit besaßen, im
Galopp durch die engen Gassen zu reiten. Die Bauern

beschwerten sich, weil die Gäule der Berittenen bei ihren Übungen Felder und Wiesen zertrampelten, und einmal hatte es nachts laute Krawalle gegeben, verursacht von revolutionären Werbern, wie sich später herausstellte, aber Franzose blieb für den Spießbürger Franzose. An Weihnachten mußte der Kurfürst die betrübliche Folgerung ziehen, es sei um der Bevölkerung willen besser, die Condés zögen davon. Gut oder nicht, doch wohin?

Abermals begab sich ein Wunder. Der Kardinal Rohan, bekannt aus der Halsbandaffäre, bot ihnen eine Bleibe. Nach seiner Verbannung war er, triumphal in seiner Residenz Saverne empfangen, heimgekehrt; freilich hatte auch er vor der Revolution aus Straßburg weichen müssen und sich nach Ettenheim zurückgezogen, aus den Zeiten alter Reichszugehörigkeit ein rechtsrheinischer Zipfel seiner Diözese.

Mit Kisten, Kasten und Bündeln ging es mitten im Winter bei Eis und Schnee auf die Landstraße hinaus, in kleinen Gruppen, die ihre Waffen sorgfältig in den Wagenkästen verstecken mußten, weil es fremdes Hoheitsgebiet zu queren galt, die Pfalz, die Markgrafschaft Baden, vor allem Württemberg, dessen Herzog in Stuttgart sich neuerdings mit Haut und Haaren den Pariser Patrioten verschrieb. Dazu stand nicht nur ein Ausfall der Straßburger Garnison zu fürchten, um vieles mehr setzte ihnen die Feindseligkeit der Bewohner zu. Am Weg standen mit Forken bewaffnete Bauern, welche die Plünderung Turennes nicht vergessen hatten und ihr Mütchen an ihnen kühlen wollten. Wer sich allein abseits wagte, riskierte einen Schuß aus dem Hinterhalt. Sie marschierten schweigend und erbittert dahin und verschafften sich notfalls mit

Säbel oder Pistole Quartier. War die Zeit nicht schon eingetroffen, wo man sie gleich Parias behandelte? Dennoch, kein Wort der Empörung, keine Gegengewalt außer bei einem offenen Angriff. Die Bewährungsprobe hätte kaum härter sein, aber auch kaum besser ausfallen können.

Zwischenfälle gab es dennoch, wenn auch anderer Art. Enghien teilte als Freiwilliger das Los der Marschierenden, so wie er in Worms, wenn es anging, an den Übungen der Emigranten teilnahm. Schließlich mußte er lernen, wie man sich im Felde verhielt. Er hatte dort einen Kreis Gleichaltriger gefunden, bei dem er abends manchmal vor den strengen Augen des Großvaters Entspannung suchte, den Soldatenjargon erlernt und an recht freimütigen Gesprächen teilgenommen; in Zukunft müsse es mit dem Katzbuckeln vor den Schranzen vorüber sein. Wer sein Blut zusammen vergösse, sei des Anderen Bruder, meinten die jungen Edelleute. Manchmal befanden sich auch Mädchen dabei, etliche von den hübschen Geschöpfen des Landes, die sich dazu herbeiließen. Warum nicht? Sie waren alle keine Duckmäuser, und auch er nicht.

Jetzt traf ihn Condé, der den Weg in der Kutsche mit den Damen zurücklegte, abends in einer Scheune, die als Zwischenquartier diente, wie er eben auf einen ergrauten Edelmann einsprach, der erschöpft auf einer Strohschütte saß und die Stiefel nicht von den Füßen bekam.

»Erlauben Sie, Monsieur, daß ich Ihnen helfe?«

Der Alte sah Enghien an und schüttelte seinen Kopf.

»Kein Aber«, entschied der Herzog und machte sich kurzerhand daran, das von der Nässe geschrumpfte Schuhwerk abzustreifen, indem er ein Bein nach bekannter Methode rittlings zwischen die Schenkel nahm. La-

chend rief er im allerschönsten Kommißfranzösisch: »Pié-
tinez sur mon cul«, um sodann, den widerspenstigen Stiefel
in der Hand, vornüber zu stolpern. Die Kameraden lachten und applaudierten. – Das war es, was ihn beliebt
machte; nie kehrte er seinen Rang hervor, sondern griff
zu.

Condé ließ ihn nach draußen rufen und fuhr ihn an.
Er führte gesundheitliche Vorwände an; Brillouet hatte
abgeraten, daß er mitmarschierte, aber vor allem mißbilligte er, Condé, die Szene.

»Und warum?« fragte Enghien.

»Sie machen sich gemein.« Es stimmte nicht. Jedermann unterschied zwischen Kameraderie und Kameradschaft.

»Aber sterben sollen wir miteinander!« – Er kochte vor
Zorn und sagte nicht einmal den Damen im Wagen guten
Tag.

Es gab Dinge, bei denen Großvater und Enkel eine
verschiedene Sprache im Munde führten.

6.

Als sie Ettenheim abseits der großen Straße von Lahr nach
Freiburg in den Abhängen des Unditz-Baches erreichten,
gab es eine freudige Überraschung. Der Ort mit seinen
Rundgäßchen, hohen Fachwerkbauten oder barocken
Sandsteinhäusern um den Kirchberg atmete eine Behag-
lichkeit, die wahre Ruhe auf der Flucht verhieß. Die Menschen kamen ihnen freundlich entgegen, mochte es an
der gleichen Konfession oder daran liegen, daß sie den
französischen Landesherrn, der ihnen Wohlstand gebracht
hatte, liebten und daher auch seine Gäste, wie man sie
offiziell nannte.

Louis-René-Edouard de Rohan-Guéménée, Fürstbischof von Straßburg, der hier auf deutschem Boden über eine rechtsrheinische Exklave gebot, die auch ihm gegenwärtig Zuflucht gewährte, besaß nichts mehr von der sentimentalen Eitelkeit seiner Jugend. Die Zeit der Verbannung hatte aus ihm einen hilfsbereiten Menschen gemacht, der seine Torheiten von einst durchaus nicht verdrängte, sondern belächeln konnte. Daß er trotz seines Zusammenstoßes mit dem Königshaus der royalistischen Sache ergeben blieb, adelte ihn in den Augen Condés. Er empfing den Prinzen und seine engste Begleitung sofort, nachdem sie sich im Hotelquartier frischgemacht hatten – bequeme Gasthäuser gab es genug – im ›Schlößli‹, seiner Residenz, einem geräumigen Amtshaus, in dem er vor seiner Vertreibung aus Straßburg nur zu Pastoralbesuchen abgestiegen war. Er stand bereits wartend im großen Saal der ersten Etage, zu seiten die geistlichen Herren seiner Kurie, außerdem eine junge Dame, die ihm weiblichen Charme ins Haus bringen sollte, seine Nichte Charlotte Rohan-Rochefort, mit der es für Louise Condé ein freudiges Wiedersehen gab. Sie war im Lazarett von Worms dabeigewesen.

Enghien hatte sie derzeit wenig beachtet, vielleicht weil sie damals das einfache Gewand der Krankenpflegerinnen trug. Jetzt sah er mit Wohlgefallen ein anmutiges Geschöpf im eleganten blauen Kleid englischen Zuschnitts – offenbar sollte es ihre Distanz zu Paris betonen – mit Caracol-Jäckchen und einem hellblauen, zarten Foulard um die Schultern, dazu einem blonden Lockenkopf und Vergißmeinnichtaugen, die das Zeitalter so liebte. Ihr Antlitz besaß zwar nicht die Ebenmäßigkeit der Züge von Tante Louise, war aber ebensowenig ein Dutzendgesicht, sondern eines, an das man sich verlieren konnte, weil bei allem weiblichen Liebreiz etwas Verläßliches darin wohnte; ein Mensch, dies mußte sich Enghien eingestehen, seit er ihre klangvolle, etwas dunkel timbrierte Stimme hörte, den man gern um sich wußte und mit dem sich vielleicht sogar leben ließ. Warum überkam ihn das sofort?

Er ahnte noch nichts davon, daß es die Frau seines Schicksals war, die auch ihm ein Wiedererkennen signalisierte, wiewohl nur gelegentlich ein Seitenblick über ihn glitt. Er ahnte noch weniger davon, daß ihre Gedanken sich bereits öfter mit ihm beschäftigt hatten, seit sie ihn bei seinem Ritterschlag in Versailles zum ersten Mal erblickt hatte, verzaubert von der Anmut des jungen Cherubino, oder daß sie in Worms gelegentlich, wenn er in den Schloßhof einritt, im Damenflügel hinter der Gardine stand, von näherer Bekanntschaft freilich durch ihre schweren Erinnerungen zurückgehalten. Ihre Flucht mit dem Vater und dem jüngsten Bruder lag damals erst kurze Zeit zurück; die Mutter war den älteren Brüdern, Erzdemokraten nebenbei, von Paris nach Rochefort-en-Yvelines gefolgt, der Vater in Straßburg geblieben, der jüngste, Henri Rohan, irgendwo im Camp der Condés untergekrochen. Nein, keine Affäre jetzt! Die eine, auch jüngst erst bestandene, die Werbung des portugiesischen Granden Cadoral, der die lusitanische Krone erben sollte und den sie ausgeschlagen hatte, weil sie nicht hinter dem Gitterfenster eines portugiesischen Palastes versauern wollte, genügte ihr. Für ihren lebhaften Geist mußte zu einer menschlichen Bindung mehr als ein Rang oder Titel gehören, wiewohl oder gerade weil sie keineswegs prüde war. Nun, der Mensch, der ihre Wunschträume von Zuneigung, Austausch und

Männlichkeit verkörperte, stand vor ihr, und wenn sie auch kaum Gelegenheit fand, mit ihm zu reden, sobald ihre Blicke ihn trafen, wurde das zarte Farbwunder ihrer Augen ein wenig dunkler, die Stimme voller und wärmer.

Bourbon, der dieses Ausdrucksspiel sofort mitbekam, nickte seinem Sohn lächelnd zu. Sogar Condé schien von Charlotte angetan, nur bedauerte er nach dem Fortgang, daß sie, wenn auch im Rang einer Prinzessin, doch nicht von Geblüt sei, was genug besagte. Ein absurder Gedanke, da er selbst eine Großtante Charlottes, eine Rohan-Soubise, geheiratet hatte! Aber mit dem Enkel, den er im Widerspruch zu seinen wahren Empfindungen wenig nachsichtig behandelte, hatte er große Rosinen im Kopf. Wie übrigens bei allen Plänen. Angesichts der Grenznähe Ettenheims schlug er Rohan bald eine neue Truppenverlegung vor, weil er sich durch Handstreich Colmars oder Straßburgs bemächtigen wollte. Zuerst lehnte der Oberbefehlshaber Graf Esterhazy ab, beim zweiten Mal Koblenz; der gefangene König in Paris befürchtete Repressalien, die freilich auch Rohan besorgen mußte. So kam es, daß die Condés erst in Oberkirch unterkrochen und bald den gleichen Weg, auf dem sie gekommen, zurückmarschierten – diesmal mit unüberhörbar aufbegehrender Truppe, die sich endlich schlagen wollte. War nicht dem Grafen Mirabeau, einem jüngeren Bruder des Volkstribunen, den Rohan mit seiner Truppe Condé zuführte, ein prächtiger Nacht- und Nebelcoup über den Strom gelungen? Warum also nicht in breiter Front über den Rhein vorrücken? Nein, die Taktik der Wiener Hofburg verbot es und überantwortete die Condés der Straße. Der Prinz fühlte sich im Netz ihrer Hinhaltepolitik gefangen und sah diesmal mit ehrlichem Kummer den ehemaligen Präsidenten Bernard mit über sechzig Jahren als einfachen Soldaten neben dem sechzehnjährigen Grafen von Neuilly verbissen einherstapfen. Die Moral seiner Truppe schwand. Die Desertationen mehrten sich, seit sie um Mainz, dann Bingen Quartier bezogen und nach einem Rheinübergang bei Speyer, der volle zwei Tage dauerte, selbst der Versuch, sich auf Landau zu werfen, am Einspruch Esterhazys scheiterte. Dafür besetzte es der Republikaner Custine.

Als Paris am 20. April 1792 Österreich den Krieg erklärte und es wirklich losging, scheiterte noch mehr. Man nahm Condé einen Teil seiner Truppen, Bourbon und Enghien an der Spitze, und schickte sie dem österreichischen General Clerfayt zu Hilfe nach Flandern gegen Dumouriez, wo sie als Eingreifreserve keinen Schuß hörten. Condé selbst saß tatenlos in Philippsburg und überwachte das Stromufer, während sich in Europa ungeheure Ereignisse vollzogen. Die Absicht der Alliierten war klar, man schaltete die Emigranten aus. Der flammende Appell des Herzogs von Braunschweig, in Paris solle kein Stein auf dem anderen bleiben, werde Ludwig XVI. auch nur ein Haar gekrümmt, traf in ein Pulverfaß. Die Bevölkerung der Hauptstadt stürmte die Tuilerien, steckte die Königsfamilie in den Temple und verkündete die Republik. In den Pariser Gefängnissen begannen die grauenhaften Schlächtereien der Terreur. Was nützte es, daß die Preußen tatsächlich eingerückt waren, Longwy, dann Verdun genommen hatten – vor Valmy blieben sie im Schlamm stecken, entkräftet von Hunger und Dysenterie. Angesichts zerlumpter, aber todesmutiger Horden kaum ausgebildeter Republikaner mußten sie nach vergeblicher Kanonade zurück. Goethe, der dabei war, hatte richtig geurteilt, als er abends am Wachtfeuer erklärte: »Von hier und heute geht eine neue Epoche der Weltgeschichte aus.«

Sie brach tatsächlich in dieser Stunde an, und die Condés hatten nicht einmal ihr Blut beim entscheidenden Tanze einsetzen dürfen, sondern mußten endlich im allgemeinen Durcheinander des preußischen Rückzugs nach Villingen auf den Höhen des Schwarzwaldes ins Winterquartier. Niemand konnte sich mehr um ihre Versorgung kümmern. Verzweifelte Tage, nie hatten sie grausamer gedarbt, nie so wenig Mittel besessen wie in den eisigen Bergen, wo sich die Emigranten weder eine Tasse Kaffee noch ein Glas Wein leisten konnten, sondern sich mit blankem Wasser begnügen mußten, bis sich abermals das Condésche Mirakel einstellte. Am 7. Dezember des unglückseligen Jahres hielt ein Reisewagen vor Condés Stabsquartier. Heraus sprang ein Offizier in russischen Diensten, der Herzog von Richelieu, und brachte einen Brief der Zarin Katharina II. mit, die Condés Geschick mit tiefer Anteilnahme verfolgte und seine Standhaftigkeit bewunderte. Sie lud seine Truppe ein, sich am Asowschen Meer niederzulassen und schickte als Reisegeld sogleich sechzigtausend Dukaten mit, genug für alle, einen ganzen Winter davon zu überleben. Condé, der seinen einstigen Chefkoch aus Chantilly zu sich gerufen hatte, ließ auf offener Straße ein Feuer entzünden, über dem an langen Spießen dicke Fleischbrocken schmorten. Es läßt sich denken, daß seine Gefolgschaft nicht lange wartete, sondern sich darüber hermachte, wo man gerade ging, stand oder saß ...

Was das Asowsche Meer anbelangte, würde man weitersehen, genau wie sich über eine angekündigte Auflösung

123

seines Korps durch Preußen und Österreicher reden ließ. Übrigens gab sich die Zarin nach einem Briefwechsel mit einer Verwendung des Geldes für die notwendigste Equipierung zufrieden. Aus Belgien kam nach Beurlaubung seiner Truppe Enghien von langem Umherirren zurück, ein zerdrücktes Chiffontüchlein als Talisman in der Brusttasche, das er bei einem nachträglichen Besuch von Charlotte in Ettenheim mitgebracht hatte. Endlich traf auch Louise Condé aus Freiburg ein. Am zweiten Weihnachtstag saßen sie in Villingen nach beglückten Umarmungen, allerdings ohne Bourbon, wieder beisammen.

Die Quellen sind über den Zeitpunkt seiner Rückkehr über England verschiedener Meinung; es bleibt schließlich gleichgültig, und gleichgültig blieb im Augenblick auch, daß die Revolutionäre inzwischen in Flandern, Mainz und Savoyen standen. Die nächsten Monate waren gesichert. Eine einzige Sorge lastete dennoch auf allen: was wurde aus dem gefangenen König in der französischen Hauptstadt?

7.

In der Frühe des 21. Januar 1793, eines bleichen Wintersonntags in Paris, hielt vor dem Tor des Temple ein grünes Coupé, in dem ein Gendarmerieleutnant und ein Kavallerieunteroffizier saßen, um Ludwig xvi. zur Hinrichtung abzuholen.

Nach dramatischen Rededuellen und Abstimmungsprozeduren hatte der Konvent den entthronten König durch einen ersten Wahlgang, wenn man die absurde Form des Verfahrens so nennen darf, mit sehr großer Mehrheit der Verschwörung gegen die Freiheit des Volkes und des Attentats auf die allgemeine Sicherheit des Staates für schuldig befunden. Ein zweiter mit minderer Zustimmung verwarf einen Appell, die Art der Verurteilung dem Volk anheimzugeben. Ein dritter ordnete mit hauchdünner Mehrheit seine Hinrichtung an. Das Verfahren sprach jeder Prozeßordnung Hohn. Als sein Verteidiger Malesherbes Ludwig die Entscheidung mitteilte und die Möglichkeit eines Aufschubs andeutete, antwortete er gefaßt, er sei bereit für sein Volk zu sterben und fügte hinzu »Möge mein Blut es vor den Greueln bewahren, die ich mit Furcht voraussehe.« Ein nur zu prophetisches Wort!

Wie zu erwarten, verwarf der Konvent jede Verzögerung der Exekution, gestattete dem Delinquenten aber, am Vorabend einen anderthalbstündigen Abschied von seiner Familie zu nehmen, bei dem der Vielverketzerte über sich hinauswuchs. Er zeigte sich von einer überwältigenden menschlichen Güte und Gefaßtheit, die Marie-Antoinette innerlich völlig zu ihm zurückkehren ließ, ja mit einer Zuneigung erfüllte, die sie zuvor nie empfunden. Es ist wahr, daß sie ihn während der sieben Anfangsjahre ihrer Ehe mit dem Grafen Axel Fersen betrog, für eine Königin unverzeihlich und doch verständlich. Eine kleine, leicht zu behebende Anomalie des Königs hinderte ihn am Vollzug der Ehe. Später, in jener Zeit, als ihre Kinder zur Welt kamen, hatte sie ihn mit Arroganz und hochfahrender Ungeduld behandelt. Jetzt überwältigten sie sein Edelmut und seine menschliche Größe. »Ach, wie zärtlich liebe ich und wie zärtlich werde ich geliebt!«, sollte Ludwig nach dem dramatischen Abschied sagen, dann, zu dem Kammerdiener gewandt, der ihm die Haare einrollen wollte, voll lächelnder Ergebenheit »das lohnt sich nicht mehr«.

Im grauenden Morgen empfing er nach tiefem Erschöpfungsschlaf die letzte Kommunion, drückte seinem Diener noch einmal die Hand und sagte zu dem Abholkommando mit dem ›General‹ Santerre an der Spitze entschlossen »Gehen wir«. Festen Fußes schritt er die Treppe hinunter, ein letzter Abschiedsblick auf die Seinen blieb ihm verwehrt. Hinter ihm bestieg der Abbé Edgeworth, sein geistlicher Beistand, den Wagen, der um acht Uhr vierzig in Richtung der Place de la Révolution, der heutigen Place de la Concorde, zu rollen begann, während Ludwig sich in die Sterbegebete im Meßbuch des Abbés vertiefte. Er mußte den Kopf hinabbeugen, um die Buchstaben zu erkennen; die Fenster des Fahrzeuges hatten verschlossen zu bleiben, das Licht fiel nur dämmerig ein. Gelegentlich schweiften seine Gedanken ungewollt ab, und er dachte daran, daß er gleich jeden Schritt, jede Gebärde richtig machen mußte; dann wieder erinnerte er sich heller Frühlingsmorgen im Trianon und der Schönheit des fremdartigen Wesens, das man ihm, dem plumpen Toren, als der er sich empfand, zur Frau gegeben hatte. Er dachte an seine anfängliche Scheu, sich ihr zu nähern, an die Verfehltheit seines Lebens, das ihn in diese Lage gebracht hatte, bis er sich mit heißem Erschrecken bewußt wurde, daß er den Text vor sich lesen, zu eigen machen, sich ihm völlig anvertrauen müsse. Von neuem versenkte er sich in die geheiligten Worte: »Wie lange noch, o Herr, vergissest Du mich ganz? Wie lange wendest Du noch ab Dein Angesicht von mir?«

Es war nicht leicht, sich zu konzentrieren. Voraus zog eine Gruppe von Grenadieren mit polternden Kanonen durch das dichte Menschenspalier an der Straße. Es folgte, unmittelbar vor seinem Wagen, ein Korps von einhundert Trommlern, deren monotoner Schlag an seinen Nerven zerrte. Trotz der kurzen Strecke durch die einstige Rue Royale schien der Weg endlos. Erst nach gut anderthalb Stunden war der Platz erreicht, der bis vor kurzem die Statue seines Vorgängers trug. Etwas seitwärts des Sockels ragte das Schafott auf, an dessen Fuß ihn der Scharfrichter Sanson mit seinen Knechten erwartete. Als der Wagen anhielt, stieg Ludwig nicht sofort aus – nein, er war noch nicht fertig, las die letzten Worte gesammelt zu Ende. Dann glitt sein Auge suchend durch die plötzliche Helle. Vom Baron de Batz, auf den man ihm Hoffnung gemacht hatte, weil er ihn angeblich mit fünfhundert beherzten jungen Männern an der Ecke der Rue de la Lune und des Boulevard Bonne-Nouvelle herausholen wollte, war auch hier nichts zu sehen. Tatsächlich hatte der Baron an der vereinbarten Ecke gestanden, aber vergeblich auf seine Helfershelfer gewartet. Sein Versuch, sich allein durch die Menge zu drängen, war mißlungen. Die makabere Zeremonie begann.

Als die Henker den König entkleiden wollten, stieß er sie energisch zurück. Während er noch zu Füßen des Priesters kniete, um den letzten Segen zu empfangen, packten Fäuste seine Hände von hinten.

»Was wollen Sie?«

»Sie fesseln.«

Er fuhr empört hoch, aber Edgeworth flüsterte ihm zu, auch diese letzte Erniedrigung über sich ergehen zu lassen; so willigte er gesenkten Kopfes ein, daß man ihm die Arme auf dem Rücken zusammenband, dann die Haare im Nakken abschnitt, wiewohl er das schon im Temple hatte besorgen lassen, und stieg dann, von Edgeworth gestützt, die steilen Stufen hinan. Oben angekommen, angesichts der Menge, die das Schafott umgab – auf dem Platz selbst befanden sich neben Truppen viertausend ausgewählte Sansculotten, aber von den Tuilerienwällen sahen unge-zählte Menschen mit Ferngläsern zu – trat er plötzlich an den Rand der Plattform vor, gebot mit ungelenker Bewegung den Trommlern Ruhe, die verblüfft zu schlagen aufhörten, und rief mit weithin schallender Stimme: »Ich bin unschuldig, Franzosen; ich vergebe den Urhebern meines Todes und bitte Gott, daß mein vergossenes Blut niemals auf Frankreich zurückfalle. Und ihr, unglück-liche ...« Weiter kam er nicht. In diesem Augenblick über-tönte das wiedereinsetzende Rasseln der Trommler seine Stimme, denen der heransprengende Generaladjutant Beaufranchet einen wütenden Befehl zugebrüllt hatte.

»Ruhe, ich befehle Ruhe«, rief Ludwig noch, doch nun stürzten sich vier Knechte auf ihn und warfen ihn auf das Brett. Er wollte sich widersetzen, schrie auf, doch das niedersausende Fallbeil machte allem ein Ende. Rote Strahlen spritzten auf, Sanson zeigte der Menge Ludwigs Kopf, worauf etliche Berserker das Todesgerüst erklom-men, um Waffen, Taschentücher und Hände in das Blut zu tauchen. ›Vive la nation, vive la république‹, schrien sie. Kaum eine Stimme antwortete. Nun, da der verspottete, verlästerte König gestorben war wie ein Heroe unbändi-gen Widerstandes, fühlten sie erst, hier war etwas gesche-hen, das über jedes Begreifen hinausging und sich nie mehr gutmachen ließ, etwas Unwiederbringliches, das noch Ströme anderen Blutes fordern würde. Ein Jahrtausend war zu Ende gegangen!

128

Nur langsam zerstreuten sich die Menschen und wagten einander kaum in die Augen zu schauen. Sie wußten eigentlich nicht, warum, aber sie fühlten, die Teilnahme an diesem Schauspiel hatte sie alle zu Komplizen eines Verbrechens gemacht. Ganz Europa empfand lähmendes Entsetzen. Die einfachsten Menschen im Ausland, einst begeisterte Nachbeter der neuen Parolen von Gleichheit und Freiheit, wandten sich voller Bestürzung ab. Es trifft zu, daß die Gekrönten zumeist nicht einmal Hoftrauer anordneten, Rußland ausgenommen, dafür aber handelten sie endlich. Ludwigs Tod als Märtyrer rückte sogar das verachtete Treiben der kleinen, eben noch geduldeten Armee Condé in ein völlig neues Licht. Hatte der Alte von Chantilly nicht in jedem Punkt rechtbehalten?

Die Emigranten von Villingen hörten am 25. des Monats davon. Der Prinz ließ in der Marienkirche einen schwarz verhängten Katafalk errichten. Wer nicht krank war, kam trotz des bitterkalten Wetters aus den entlegensten Quartieren. Das Gotteshaus faßte die Menge nicht, denn auch die Bürger, mit denen es, wie allenthalben, leidigen Hader um die Quartiere gegeben hatte, nahmen am Schmerz der Vertriebenen teil und säumten den Platz samt den einmündenden Straßen bis zum mächtigen alten Brauhaus. Condé stand am Altar vor dem Katafalk, sagte die wenigen notwendigen Worte und schloß mit dem uralten Ruf: ›Der König ist tot, es lebe der König!‹ Er meinte damit Ludwigs blassen Sohn hinter den dicken Kerkermauern des Temple, der jetzt bei ihnen Ludwig XVII. hieß. Dann stimmte er die überkommene lateinische Hymne an, die, von allen Stimmen aufgenommen, über den weiten Platz hallte: »Domine salvum fac regem.«

Nie war die Revolution verhaßter gewesen, nie so verworfen erschienen wie in diesem Augenblick, und nie waren die Emigranten überzeugter, Gott werde endlich ein Einsehen mit ihrer Sache haben. Noch stand Enghien nahe dem Altar unter dem ersten Schock der Nachricht; er hatte sich von einem Gewährsmann, der dabeigewesen und mit Stafettenpferden über die Grenze gekommen war, den Hergang gesenkter Stirn erzählen lassen und erlebte es greifbar vor sich, wie der Henker Sanson den armen, abgeschlagenen Kopf bei den Haaren ergriff und der schweigenden Menge zeigte. Er sah dieses Haupt schwer, großmütig und einsam wieder neben sich, als der König bei der Tauffeier in Versailles an seiner Seite kniete. Die Tragödie seines Zeitalters wurde ihm deutlich wie nie zuvor. Aber es kam noch etwas hinzu; er fühlte plötzlich, was eigentlich nicht dazugehörte, daß seine eigene Jugend zu Ende war.

Schon? Zwei Drittel seines Lebens lagen bereits hinter ihm. Doch das wußte er nicht.

III. KAPITEL

Der Aufstieg des Adlers

I.

Enghien brauchte lange, bis er über den Tod des Königs hinwegkam; daß es Menschen gab, die sich nicht scheuten, Hand an den Gesalbten zu legen, ließ ihn frösteln. War das die Wirklichkeit, von der sein Vater gesprochen hatte? Er fühlte sich der gleichen Verlorenheit ausgesetzt wie damals in Chantilly, wenn er allein und hilflos im Dunkel lag.

Mit dem einsetzenden Frühjahr besserte sich das, als habe das rinnende Tauwasser die Schwermut seiner Gedanken fortgeschwemmt; er schämte sich dessen anfangs, wenn er an den Ermordeten des Temple dachte. Immerhin kam der Anstoß dazu von außen. Was kaum noch möglich schien, war Wahrheit geworden; der alte Condé hatte ein Schlupfloch entdeckt, sich in die Welthändel zu mischen. Es gelang ihm nach zähen Verhandlungen, die angedrohte Auflösung seiner Armee zu verhindern und in ihr Gegenteil zu verkehren. Als eigenes Hilfskorps sollten sie unter Oberbefehl des österreichischen Generalissimus Wurmser ins Feld ziehen. Seit Wien seinen Truppen gar die alten Uniformen zugestand, sah er sie bereits in Paris einmarschieren: das Regiment Mirabeau im gewohnten Schwarz mit den hellblauen Aufschlägen, die Hohenlohes in Eisengrau, die Rohans in Weiß mit gelbem Besatz, die Reiterei der Nobilität ganz in Blau. Jedermann mit weißer Kokarde oder Panache an der Kopfbedeckung, die weiße Lilienbinde am Arm und über allem das wallende Bourbonenbanner. Daß er persönlich hinter der schmetternden Musikbande versunken und in sich gekehrt an der Spitze ritt, verstand sich in solchen Träumen von selbst, die eher einem Knaben angestanden hätten; aber lehre uns Gott die Phantasien eines alten Haudegens ergründen! Hinter sich sah er Bourbon als Generalleutnant der Kavallerie, mit seiner hohen Gestalt bravouröser anzuschauen als er war, und endlich Enghien mit den Epauletten eines Majors als Führer der Vorhut.

Der Prinz habe für den Enkel noch mehr herausholen wollen, heißt es, aber der Kaiser in Wien winkte ab. Wahrscheinlich waren die Condés für ihn nur eine Operettenarmee von zweifelhafter Kampfkraft. Immerhin übte die Rangerhöhung auf Enghien ihre eigene Wirkung aus. Je mehr er inne wurde, daß dies als Vorschuß auf seine Bewährung gemeint war, desto deutlicher wich die Melancholie aus seinem Gesicht und machte jener entschlossenen Kühnheit Platz, für die seine Umgebung bald einen eigenen Namen erfinden sollte, ›Duc va de bon cœur‹. Ein vielfältig schillerndes Wort. Es besagte, daß er bei seinen Kameraden als guter Kerl und tapferer Bursche, vielleicht auch ein wenig als Leichtfuß galt, aber daß zugleich eine hochgestimmte Unbedenklichkeit von ihm ausging, welche die eigene Person am wenigsten schonte. Dennoch läßt dieser Ausdruck eines nicht ganz erkennen, den ›diable au corps‹, den Teufel im Leib, den er doch auch besaß; er sollte es nicht nur im Augenblick äußersten Einsatzes, sondern gelegentlich auch anderwärts beweisen.

Mag auf dieses Konto die Episode zurückgehen, von welcher der Graf d'Hézecques, einst Page des hingerichteten Königs, in der lachenden Indiskretion des Helfershelfers berichtet hat. So lange Zeit blieb, sei Enghien gelegentlich mit dem Nachen von Bingen, wo sie jetzt lagen, nach Rüdesheim übergesetzt. Dort hatte er das Herz einer hübschen Schneiderstochter erobert, und während der fleißige Vater mit den Stecknadeln im Munde den mitgekommenen Kameraden die Revers oder Armlöcher ihrer Montur anmaß – sie wußten das nach Gebühr hinauszuzögern – trieb er mit der Kleinen auf dem Kanapee im Nebenraum Dinge, die Boccaccio neidisch gemacht hätten. Wer wollte es dem jungen Blut verargen, wenn ihn die eingeborene Sinnlichkeit, die selten auf Widerstand stieß, stachelte? Es war Mai und er zählte erst zwanzig.

Wurmser war mit dem preußischen Oberbefehlshaber, dem Herzog von Braunschweig, einig geworden, die wichtigsten Rheinübergänge zu sichern, um dem weiteren republikanischen Vormarsch Halt zu gebieten. Vor allem galt es Mainz wieder in die Hand zu bekommen, auf das man nun alle Kräfte warf. Den Condés fiel eine besondere Aufgabe zu. Sie sollten die eingeschlossene, von Kléber heroisch verteidigte Stadt von ihren Versorgungslinien durch die Pfalz abschneiden. Die Verlegung nach Bingen war dafür nicht nur militärisch ein geglückter Entschluß, er versetzte das so oft gedemütigte Häuflein von etlichen tausend Mann in gehobene Laune. Nunmehr besaßen sie jene selbständige Aufgabe, auf die sie so lange gewartet hatten, und konnten beweisen, was in ihnen steckte. Vor allem galt es für Enghien, der als Führer der Vorhut seine Stunde gekommen sah.

Sie schlug sehr bald. Als die Kirschbäume blühten, ritt er hinaus an der Spitze einer weit auseinandergezogenen Schwadron ins Nahetal gegen Kreuznach, wo republikanische Ersatztruppen für Mainz bereitstanden, und konnte sie werfen, sodann in die Berge und Wälder der Pfalz, auf deren Straße die schweren Fouragewagen für Mainz aus Frankreich heranrollten. »Ein Hasentreiben«, nannte er es später, von dem er reiche Beute zurückschickte. Das Vagantenleben lag seinem Naturell. Was konnte es Erhebenderes geben, als abends im Kreis seiner Leute an versteckten Lagerfeuern zu träumen und ins Blätterdach zu schauen, während die Pferde seitab leise schnaubten, bis im Dunkel der Nacht eine Vedette geschlichen kam und meldete, ein neuer Konvoi knarre heran! Gewiß waren das kaum große Taten, wenn man die halbverschlafenen Bedeckungen verjagte, aber doch nützliche und ein Präludium dazu.

Denn bald wurde etwas Ernsthafteres daraus. Als erst das Gros der Armee Condé heran war, sah Custine seine gesamten pfälzischen Stützpunkte bedroht. Kurz nach der Mitte des Mai hatten sie mit dem Ruf ›Vive le roi!‹ die Schanze von Zeiskam vor Landau genommen, drei Tage später schon Rübelsheim in einer Gegend, in der sich die Sansculotten auf die Hacken traten. Stets operierten sie wieselflink und ohne sich Ruhe zu gönnen. In Rülzheim, wo ihre Artillerie in Bedrängnis geriet, griff die Kavallerie der Krone so ungestüm an, voran Bourbon und Enghien Stiefel an Stiefel, daß Panik die Republikaner erfaßte. Bereits attackierten sie Jockgrim, schoben sich ihre Vorposten bis Lauterburg vor, von dem sie abbogen nach Weißemburg auf französischem Boden, die tiefen, breiten Gräben durchstiegen und die Stadt eroberten. Fast immer kamen die flankierenden Österreicher – Walachen oder Kroaten – zu spät. Die Verblüffung über ihr Erscheinen tat das meiste. Enghien, nur mit der Flinte in der Hand, nahm ganz allein eine Batterie. Das Elsaß lag ungeschützt vor ihnen.

Waren es auch keine Gefechte, die in die Geschichte eingingen, sondern eher Szenarien für die Blätter von Epinal, Kugel blieb Kugel. Sie rauften sich Auge in Auge mit den Republikanern um die Kanonen erstürmter Bastionen, die einen hin-, die anderen herzerrend; sie jagten wie der Sturmwind über die Felder, warfen den Feind fast überall, und manchmal empfand Enghien in solchen Augenblicken etwas wie Hochgefühl. Gelegentlich war sein Rock von Bajonettstichen zerfetzt, wenn er von solchen Treffen zurückkehrte, die Augen noch abwesend, als sei da ein ganz anderer am Werk gewesen, aber manchmal auch etwas verstört. So bravourös sich dieses monatelange Treiben ausnahm, er sah auch die Ernte des Tages bleich und stumm am Boden liegen. Menschen, die eben noch von Zuhause geträumt hatten, Landsleute der nämlichen Sprache, halbe Kinder darunter.

Es war etwas, das Enghien ernsthaft zu schaffen machte! Von Weißemburg waren sie nach Berstheim gegangen, hatten von dort in einem Vorstoß nach Wantzenau vor Straßburg einen berüchtigten Jakobiner aufgegriffen, der fürchtete, gehängt zu werden. Es den Republikanern gleichtun? Condé winkte ab, gab ihm die Freiheit. Enghien seinerseits war auf einen verwundeten Dragoneroffizier der Sansculotten gestoßen, der sich wie ein Rasender wehrte. – Warum ergab er sich der Übermacht nicht? –

Besser mit dem Säbel in der Hand zu sterben, als erschossen zu werden! – Es war die Frucht der republikanischen Greuelpropaganda, und Enghien lachte: er wäre der erste, dem dergleichen widerführe!, ließ ihn ins Hauptquartier bringen und gesundpflegen. Nein, sie wollten nichts von einem Gegner, der seine Pflicht tat. Es ging um die Sache. Sie allerdings besaß nicht nur eine geheiligte Seite, sondern auch eine düstere auf Tod und Leben.

Wieder in Berstheim erfuhren sie eine grausame Nachricht, die jedermann Tränen in die Augen trieb; während sie Weißemburg genommen hatten und ihr feierliches Tedeum sangen, war in Paris Marie-Antoinette hingerichtet worden, und zum Beweis, daß die Republikaner nur eine Sorte Franzosen kannten und daher auch den Untergang der Royalisten wollten, schwoll jetzt vor ihnen der Kanonendonner an, flogen die Granaten plötzlich dicht wie Regenschauer auf ihr Dorf. In aller Hast warfen sie einen flachen Schutzwall auf.

Paris hatte den erfolglosen Custine zurückbeordert und seine Rechtfertigung mit der Guillotine beantwortet. Das Kommando übernahm Pichegru, dem man zwar royalistische Neigungen nachsagte, der aber vor allem ein Mann jener neuen Taktik war, die später Bonaparte zu seinen Erfolgen verhalf. Er ließ seine Infanteristen nach gründlicher Kanonade in lockeren Rudeln angreifen; das gab den jungen, unerfahrenen Sansculotten mehr Mut, als wenn sie gleich Zielscheiben im Glied nebeneinander herstapften. Daher sei hier denn doch eines solchen Kampfes genauer gedacht, nicht nur der sich steigernden Erbitterung willen, sondern weil er zeigte, wie die Condés durch Enghiens unwiderstehlichen Elan damit fertig wurden. Nach heftigem Geschützfeuer am Vortag, das die Condés über einhundert Menschen kostete, griffen die Republikaner am 1. Dezember 1793, einem frostklaren Tage, an, stürmten in hellen Haufen, sieben ganze Bataillone nach Berstheim empor, konnten trotz wütenden Widerstandes in das vom alten Prinzen gehaltene Dorf eindringen, bissen sich aber an dem Löwen von Johannisberg fest. Er hatte seine Leute vor dem Artilleriefeuer aus den Häusern zurückgenommen, außerhalb auf dem Anger in drei Kolonnen geordnet, und führte sie nun, mit blankem Degen voraus, unaufhaltsamen Schrittes und mit gefälltem Bajonett zum Gegenangriff.

Geschrei, Geheul, ›Vive le roi‹, ›Vive la république‹, es war jenes widerwärtige Durcheinander von Pulvergestank und Granatenplatzen, von Angst, Wut und Todesröcheln, das die Führung im Augenblick ratlos und die Veteranen später ruhmredig macht. Von Keffendorf preschte Pichegrus Kavallerie heran, der sich Bourbon entgegenwarf, und doch hätte die mutige Abwehr zu nichts geführt, wäre Enghien nicht mit zwei Schwadronen erschienen, um nach einer Verwundung des Vaters mit der gesamten Reiterei – seiner Truppe weit voraus – in den Feind zu stoßen. Fast wäre es ihm, schon vom Gegner umzingelt, dabei an den Kragen gegangen, aber er hieb sich frei und, was noch mehr bedeutete, er warf den Feind, ein Bravourstück, das bei Freund und Gegner die Runde machte. Der Großvater betrachtete den Enkel mit Wohlgefallen. »Diese Knopflöcher verlangt es nach dem Sankt-Ludwigs-Orden«, meinte er beim Anblick seiner arg mitgenommenen Uniform. Bourbon war zwar nicht lebensgefährlich, doch schmerzhaft getroffen; ein Säbelhieb hatte ihm drei Fingerkuppen

137

an der Degenhand genommen. Er hielt den Arm, aus dem das Blut troff, weit von sich.

Als der Feind am 8. des Monats wiederkehrte, konnten sie sich nur mit genauer Not halten, und wieder war es Enghien, dessen Umsicht sie Rettung verdankten. Als Condé und sein Stab Pichegru zuvorkommen und ihrerseits angreifen wollten, ritt er allein zur Erkundung ins Niemandsland voraus, wo der Feind sich in Keffendorf bereitstellte; er zog das Feuer bewußt auf sich und konnte das versteckt zwischen den Häusern postierte Artillerieaufgebot der Republikaner ausmachen, das ihnen zur tödlichen Falle geworden wäre. Gelassen wie von einem Spazierritt kehrte er zurück, während vom Dorfrand die Geschosse hinter ihm herpfiffen. Seine Kaltblütigkeit war nun schon die der Erfahrung; er wußte genau, daß die Siebzehneinhalbmillimeterkugeln der republikanischen Gewehre zwar furchtbare Wunden rissen, gezielte Schüsse aber nur bis zweihundertfünfzig Meter wirksam blieben.

Genug des papierenen Blutvergießens! Die feindliche Übermacht war erdrückend geworden, die Munition ging zu Ende, und die Österreicher dachten nicht daran, den Condés Nachschub zu liefern, sondern ließen sie ins Leere stoßen. Allerdings saßen sie ob ihrer Saumseligkeit inzwischen selbst in Bedrängnis, seit ein weiterer Republikaner von fortune, der General Lazare Hoche, in den Kampf eingriff und sie schließlich bei Weißemburg und bei Wörth schlug.

Auch die Condés erreichte endlich der Rückzugsbefehl. Über Hagenau zogen sie voll Bitterkeit, hart bedrängt und bei Schneesturm, zurück, Enghien immer der Letzte am Feind; es ging niemanden etwas an, daß er sich am Ende der Kräfte befand und seit Tagen nichts mehr vertrug. Weihnachten querten sie Lauterburg und bezogen Winterquartier am Rhein und im Schwarzwald, der Herzog in Lahr. Ihm würgte seit Berstheim etwas in der Kehle, wenn er der in der Kirche zusammengetragenen Freundesgesichter gedachte. Beim Anblick des Generals Gelb, dem eine Haubitzgranate den Kopf weggerissen hatte, mußte er nach draußen und erbrach sich, weil er an Louis XVI. und Marie-Antoinette dachte. Etwas anderes quälte ihn noch mehr. Sieg auf Sieg hatten sie in atemlosem Vorwärtsstürmen errungen und sahen sich dennoch durch Wurmsers, dann Esterhazys Zögern um jede Frucht gebracht. Von Zorn gegen die Republikaner, die ihnen im Feld gegenüberstanden, spürten sie wenig mehr. Wenn es jemand gab, den sie verwünschten, so die Österreicher ...

Enghien quittierte seinen jungen Ruhm anfangs mit Unbehagen. Artois schrieb den Condés gratulierend aus den Armen von Madame de Polastron in Hamm, wie gerne er an ihrer Seite gewesen wäre und mit ihnen sein Blut vergossen hätte, und daß nichts der gloire der »französischen Waffen« gleiche, womit er die royalistischen meinte. Auf Enghien wirkte es wie blanker Hohn. Bei Lichte besehen hatten die Sansculotten sie aus dem Elsaß hinausgeworfen. Der Graf von Provence, der sich seit einiger Zeit als ›Regent‹ anstelle Louis XVII. titulieren ließ, führte wenigstens nicht so geschwollene Worte im Mund, aber auch er ging dem Krieg sorgfältig aus dem Weg.

Lahr sei ein reizender Ort, berichtete Enghien dem Vater sarkastisch; er verfüge zwar nur über ein einziges Zimmer, doch sei es hübsch, sehr hübsch. Sonst aber laufe alles miserabel, so schlecht wie nur möglich. Wieder einmal fehlte es an allem und besonders an Hoffnung. Darüber brach er plötzlich zusammen und schien so ernsthaft erkrankt, geplagt von steigendem Fieber und Ohnmachten, daß Condé keinen anderen Rat wußte, als ihn durch Docteur Allouel in kleinen Etappen nach Ettenheim ins Lazarett bringen zu lassen. Jedenfalls heißt es so, wiewohl die Entfernung nur drei Fußstunden beträgt. Die Ortswahl fiel Condé gewiß nicht leicht. Auch er hatte in Ettenheim gespürt, daß sich zwischen dem schnellentzündbaren Enkel und Charlotte Rohan etwas anspann und wäre der Letzte gewesen, ihn einer Frau in die Arme zu treiben, aus denen er vielleicht mit dem Ring am Finger zurückkehrte. Da hegte er für das Haus Condé trotz Not und Niederlage denn doch größere Pläne!

Pläne? Kam ihm denn gar nicht wie Enghien zum Bewußtsein, was sich ereignet hatte? Ihr erster großer Versuch, siegreich nach Frankreich heimzukehren, war fehlgeschlagen. Konnten sie ihn jemals wiederholen? Eine unwiderrufliche Entscheidung war gefallen, und Enghien hatte es, wer weiß in welcher verlorenen Stunde, erkannt.

2.

In ihrem Dachzimmer des Ettenheimer Schlosses hörte Charlotte Rohan lange nichts von den Condés, obwohl sie wußte, daß sie ganz in der Nähe, in Rastatt, Offenburg oder Lahr im Winterquartier lagen. Sie lebte fast völlig abgeschieden, seit ihr die unbehagliche Witterung das Umherkutschieren in ihrer kleinen, vom Onkel geschenkten Chaise verbot, obwohl ihr die Decke manchmal auf den Kopf fiel. Sie war an das Großstadtleben und das geschäftige Treiben der Pariser Rue de Varennes gewöhnt. Im Kamin krachten die Scheite, sie fröstelte dennoch. Der

140

Winter trieb seit einer Woche eisige Nebelschwaden gegen die Stadt, aus denen ein dünner Schnee rieselte.

So auch an jenem Tag, der ihr endlich Gewißheit brachte. Kurz nach Mittag huschten hurtige Schritte zu ihr empor, die sie wachen Ohres sofort vernahm, worauf sie den Stickrahmen beiseite legte. Die Mamsell brachte Nachricht vom Spitalverwalter, mit dem Charlotte im Bunde stand, von Lahr sei ein Condéscher Transport ange-kündigt mit dem Ersuchen, das beste Zimmer, über das man verfüge, für einen Kranken zu richten. Wer es auch sein mochte, von der Begleitmannschaft konnte sie be-stimmt Genaueres über das Ergehen der Truppe erfahren, über das nur unklare Gerüchte umliefen. Sie hatte gar nicht weit bis zur Spitalsgasse, und nun doch von einer Unruhe bedrängt, die sie selbst verwunderte, warf sie ihr Umhängetuch über die Schultern und hastete zum neuen, von Rohan gestifteten Krankenhaus, das den Condés als Lazarett für schwere Fälle diente.

Sie tat gut daran, sich zu beeilen; der Planwagen, der den Patienten gebracht hatte, rollte bereits durch das Un-tere Tor zurück, aber Docteur Allouel traf sie noch an, als er eben dem Spitalsarzt letzte Anweisung gab. Er war froh, daß sie kam; es ersparte ihm eine von Monseigneur befohlene Aufwartung. In Lahr warteten die Blessierten; er mußte noch bei Tageslicht im Quartier zurück sein.

Tröstlich war die Benachrichtigung allerdings kaum. Um wen handelte es sich, fragte Charlotte erschrocken, Enghien? Allouel nickte mit ernstem Gesicht. Nein, ver-wundet war er nicht, aber krank, sehr krank. Eine endgül-tige Diagnose wagte er nicht zu stellen. Das Herz tat nicht mit, ein totaler Zusammenbruch … die Strapazen des

Krieges ... hatte nicht, Monseigneur zufolge, Docteur Brillouet schon in Enghiens Kindheit vor übermäßiger Anstrengung gewarnt? Vielleicht rührten die wiederholten
Ohnmachten daher. Auf das Fieber wußte er sich keinen
Vers zu machen. Aber seiner Meinung nach spielten auch
seelische Erschütterungen eine Rolle. Der Herzog war vor
dem Zusammenbruch seltsam verstört gewesen. – Und
was, um Gotteswillen, ließ sich tun? – Allouel zuckte die
Achseln: abwarten, daß die Natur sich half, strikte Ruhe,
Kräftigung, der Stiftsarzt wußte Bescheid – ja, Kräftigung
vor allem! In diesem Punkt konnte die Prinzessin am ehesten helfen, eine gute Consommé, vorsichtig eingeflößt,
um den Magen zu überlisten, der nichts bei sich behalten
wollte ... Sie hätte gern noch mehr gefragt, aber er mußte
fort, das sah sie ein. Es würde früh dämmern, und er hatte
noch einen Ritt von knapp fünfzehn Kilometern vor sich.

Als sie dann an das Bett trat, schrak sie trotz der Vorbereitung durch den Arzt zurück. Das war kein Kranker
mehr, sondern ... Sie dachte den quälenden Gedanken
nicht zu Ende. Enghien lag reglos, nur der Atem ging
hastig, sehr kurz, das Gesicht, aus dem die Bourbonennase
wie ein Felsgrat hervorstieß, war jämmerlich abgemagert,
so, als habe bereits eine beinerne Hand darüber hingestri-
chen und ihre befremdliche Botschaft hinterlassen.

»Verfügen Sie über mich«, sagte sie nur erschüttert zu
dem Spitalsarzt Doktor Machleid aus der Ettikostraße
gleich nebenan. Er hatte es wohl erwartet und nickte nur.
»Für die Nacht schicke ich eine Schwester zur Ablösung.
Sie werden noch genug Gelegenheit finden ... aber wenn
Sie uns tatsächlich zu einer Brühe verhelfen können – den
Magen überlisten, ein ausgezeichneter Gedanke!«

Zwei Stunden später saß sie an Enghiens Seite, mit dem Nötigsten versehen. Da es an allem mangelte, hatte sie sich vom Mesner der Kirche sogar ein Bündel halbabgebrannter Votivkerzen zustecken lassen. »Der heilige Bartholomäus wird es verzeihen«, murmelte sie der Schwester zu, die ihr eine Schusterkugel hinstellte, damit sie beim Füttern des Kranken besser sehen konnte. Draußen dunkelte es bereits, und nun saß sie geduldig und führte, längst wieder mit sicherer Hand, Löffel nach Löffel der Brühe an die widerspenstigen Lippen, die sich nicht öffnen wollten. Es bedeutete stets ein kleines Abenteuer, bis es ihr gelang, ihm einige Tropfen einzuflößen; ihr Mund machte jede der Schluckbewegungen mit, denn er schluckte tatsächlich, tat es offenbar unbewußt. Condé hatte recht getan, sich an sie zu wenden; es war eine Frauensache, aber sie atmete doch auf, als sich das Schälchen leerte. Erst jetzt spürte sie die Steife von Rücken und Arm durch die angespannte Haltung und das Balancieren des Löffels. Dennoch, es war getan! Ein zaghaftes Lächeln spielte um ihren Mund; ich werde es schaffen, dachte sie, rückte die Schusterkugel zur Seite und lehnte sich, etwas zuversichtlicher geworden, zurück in den Sessel.

In dem weiten Haus kein Laut. Nur einmal öffnete sich vorsichtig die Tür. Doktor Machleid mit seiner kleinen Laterne vor der Brust sah herein, ein Lichtschein wischte durchs Zimmer. »Das bekommt eine Prinzessin nicht alle Tage zu tun«, merkte er gutmütig an, während er bereits Enghiens Puls fühlte und unzufrieden auf seine Uhr sah. Seine Lippen bewegten sich beim Zählen, es dauerte sehr lange. Einen Sekundenzeiger besaß der alte Chronometer natürlich nicht; die Magd, dieser Tolpatsch, hatte die letzte Fiebersanduhr zerschmissen. In Freiburg standen die Magazine leer, von Baccarat in den Vogesen kam kein Glas mehr herüber. Charlotte rührte sich bei der Messung nicht. »Sind Sie nicht müde?«, meinte Machleid, als er zu Ende war, »Ich werde Schwester Bertrana schicken.«

Sie wehrte ab. »Wie steht es?«

Er hob die Hand. »Ein junger Körper, da bleibt stets Hoffnung, aber machen wir uns nichts vor, die Nacht wird schwer.«

»Lassen Sie Schwester Bertrana schlafen. Es ist meine Sache.«

»Sie mag sich ins Nebenzimmer legen, damit sie mich notfalls holen kann. Sie brauchen nur an die Wand zu klopfen.« Charlotte war ihm dankbar, er dachte an alles.

So begann die erste einer großen Zahl von Nächten und Tagen, an denen ihr Zimmer, der Kardinal bei Tisch sie kaum noch sahen. Meist löste Schwester Bertrana sie morgens nach der Matutin ab, wenn Enghien zurechtge-macht wurde und sie ein paar Stunden schlafen konnte. Von Mittag an saß sie wieder bei ihm. Anfangs hatte er nur im Dämmerzustand gelegen, eines Tages aber schlug er die Augen auf, ohne sich freilich zurechtzufinden, und einmal kam darüber eine Stunde, in der er sie klar und aufmerksam ansah. »Ettenheim?«, fragte er nur. Nein, er wußte von nichts, die letzte Zeit war in seinem Gedächtnis ausgelöscht oder gar nicht erst dorthingelangt. Aber seit er sich besser fühlte, begann er sogar zu fragen. Nicht nach dem Feldzug; davon war ihm jede Stunde eingebrannt, aber was sonst geschehen und nie zu ihnen gedrungen war.

Charlotte zögerte, erst bei einem Erholungsspaziergang entschied sie sich doch, ihm nach und nach die Wahrheit zu sagen,damit er die Wirklichkeit wieder ins Auge fassen konnte. Vom Tod der Königin wußte er allzu gut Bescheid, aber wie sehr es in Paris drunter und drüber ging, nicht. Eigentlich stand es so seit dem Tod der Prinzessin Lamballe im September 92.

Lamballe? Er hatte die zarte, schöne Freundin der Königin gut gekannt, die Hébert nach ihrem Freispruch in den dunklen Korridor des Tribunals schickte, an dessen Ende der Pöbel mit Piken und Säbeln wartete, um sie abzuschlachten und ihren nackten, besudelten Rumpf durch die Straßen zu schleifen. Charlotte wußte es von einem Augenzeugen, von Monsieur de Chateaubriand, den sie kannte.

Seither fuhren die Schinderkarren immer häufiger zur Guillotine, nicht nur mit Aristokraten beladen. Die Revolution fing an, ihre eigenen Kinder zu fressen. Die Girondisten, einzige Hoffnung auf Mäßigung der Terreur, hatten das Schafott in den letzten Oktobertagen des Vorjahres bestiegen. Jetzt war sogar der Tribun Danton verhaftet und würde gewiß der gleichen Kur unterzogen, die er selbst so vielen verordnet hatte. Sogar ihre eigene Mutter, töricht genug nach Paris zurückgekehrt, saß im Gefängnis. Ihr Bruder Jules, an der Konspiration des Barons de Batz beteiligt, trug das rote Hemd der Attentäter, merkte sie tonlos an, die Augen zum Fenster gerichtet, damit Enghien ihre Bewegung nicht sah. Im Augenblick machte ein neuer Vorsitzender des Comité du salut publique von sich reden, Robespierre, ein Fanatiker der Gerechtigkeit, der sich die Palme eines Schreckensmannes bestimmt nicht entreißen ließ, was Schlimmes bedeutete. Denn auch in Bordeaux und Toulouse ging es ähnlich zu; in Nantes hatte man die

Verurteilten nackt auf die Loire-Schiffe gejagt, diese mit geöffneten Bodenluken auf den Strom bugsiert und alles ersäuft wie Ratten ...

Nach solchen Gesprächen blieben sie lange still und nur einmal, als zufällig der Name Orléans fiel, fuhr Enghien wie abwesend fort: »Es ist also alles wahr, was mich um den Verstand gebracht hat, und es ist auch Wahrheit, daß mein eigener Onkel Philippe-Egalité, meiner Mutter Bruder, im Konvent für den Tod von Louis Capet gestimmt hat, um selber König zu werden, während sich die halbverhungerten Emigranten im Elsaß für den gleichen König totschießen ließen, an den sie nichts als ihr Glaube band ...« Er ballte die Fäuste, fühlte sich wie ein Tier im Käfig, das von den eigenen Artgenossen angefallen wird.

Charlotte Rohan fürchtete einen Rückfall und war doch froh, daß dieser Augenblick kam; er mußte hindurch. »Beruhigen Sie sich, Herzog«, beschwichtigte sie, »Philippe-Egalité ist tot.«

»Aber Enghien nicht, und es wäre so leicht gewesen, vor Berstheim zu bleiben!«

»So einfach wird es heute niemand gemacht. Sie müssen leben.«

Er bekam es in den falschen Hals, oder mußte er einfach um sich schlagen? »In der Tat«, antwortete er bitter, »Sie haben sich ein Anrecht auf mein Dasein erworben.«

Sie sah ihn betroffen an, wandte sich dann ab und ging hinaus. Sie mußte mit sich ins Reine kommen. So brutal diese Antwort war, er hatte den Nagel auf den Kopf getroffen. Wessentwillen saß sie denn seit Wochen am Krankenbett? Condés wegen doch nicht, der mit gewohnter Rücksichtslosigkeit über sie verfügt und auf ihre Hilfe gerechnet

146

hatte, als er den Enkel nach Ettenheim transportieren ließ. Also Enghiens willen! Aber Gott im Himmel, mochte auch Sympathie oder Freundschaft für diesen jungen Menschen dabeigewesen sein, sogar ein wenig Vernarrtheit, auch Mitleid mit seinem elenden Zustand – zuallererst hatte sie doch eine Christenpflicht erfüllt. Aber stimmte das auch? Die langen Nächte, in denen sie stumm bei ihm saß und es auf der ganzen Welt für sie nichts anderes gab, als dieses Gesicht, auf dessen Atem sie angstvoll lauschte, hatten in ihr eine Empfindung geweckt, gewiß mit etwas Mütterlichkeit durchmischt, aber doch die Vorahnung einer Neigung, »die sich noch Hoffnung nennt«, wie sie später irgendwann einmal notierte. Aber hieß das Besitzergreifen? Wie sollte dergleichen nicht entstehen, wenn sie tagein, tagaus nebeneinander im gleichen Zimmer weilten und Enghien, wie es neuerdings vorkam, ihren Bewegungen mit aufglänzenden Augen folgte?

Als sie ins Krankenzimmer zurückkehrte, lag er ruhig und streckte ihr versöhnlich die Hand entgegen. Auch er hatte nachgedacht und erkannt, wie sehr er ihr unrecht tat. Bedeutete es nach dem Dreck, der Kälte, dem Elend des Rückzugs nicht ein unfaßbares Glück, inmitten einer tollgewordenen Zeit auf einer Friedensinsel gelandet zu sein, umsorgt von einer anmutigen Frau, die alles daransetzte, ihm das zu schenken, was er sein Leblang vermißt hatte, Herzenswärme, Glauben und Zuversicht? Sie nahm diese Hand und lächelte zurück. Auf gute Kameradschaft hieß das. Aber war es nicht mehr? Schon bald, als er eben den Federkiel führen konnte, sollte er in seiner gewohnten Überschwenglichkeit an den Vater schreiben: »Ich stehe in Flammen. Nachdem ich im Elsaß einen Lorbeerstrauß pflücken konnte, füge ich nun die Myrten hinzu.« Was zweifellos übertrieben war. Aber mit der Gesundheit wuchs auch sein Selbstbewußtsein, dieses ›Ach was‹ des Soldaten, ohne das er nicht leben kann.

Auf diese Weise fand Enghien also zu sich zurück, und es war in doppelter Hinsicht Charlottes Werk, dessen Gedeihen sie allerdings mit einiger Beklemmung verfolgte, denn es bedeutete Trennung; bald würde ihr Schützling zurückmüssen, gerufen von einem Großvater, der ihr, wie sie insgeheim wußte, nicht wohlwollte.

Es kam auch so. Eines Morgens, als sie verspätet eintraf, als hätte es so sein sollen, war Condé schon in aller Hergottsfrühe dagewesen. Sie sah es Enghien sofort an. »Warum machen Sie so verstörte Augen?«

»Monseigneur hat mir ins Gewissen geredet, zu heiraten. Die Kassen sind leer«, sagte er ohne Umschweif.

Er glaubte zu bemerken, daß sie zusammenfuhr, aber ihr Gesicht blieb so unbefangen wie zuvor, wenn sie auch einen Augenblick zögerte.

»Haben Sie mir nicht selbst die kleine Geschichte von dem Schildchen ›das Seine tun‹ erzählt? Die Reihe ist an Ihnen; Sie müssen sich um eine gute Partie sogar bemühen. Arme Prinzen finden sich wie Sand am Meer. Das Haus Condé braucht nicht nur Geld, es braucht einen Erben, ist Ihnen das entgangen?«

Am liebsten hätte er aufgeschrien. Natürlich hatte er daran gedacht, aber Scheu empfunden, davon zu sprechen, weil auch sie, wenigstens für ihre eigene Person, bettelarm war, und schien ihr nicht etwas an ihm zu liegen? Oder nahm sie es so leicht, fügte sie sich den Gegebenheiten, bewies sie nur Haltung? Er durfte ihr den Verzicht nicht unnötig erschweren. Aber je näher der Abschied rückte, desto unrastiger wurde sie, und eines Tages, als schon die Märzsonne ins Fenster schien, kam sie erst fünf Uhr nachmittags ins Spital.

»Verzeihen Sie, ich mußte einmal ins Freie und bin hinausgelaufen bis Ringsheim, um mich wieder daran zu gewöhnen.«

»Woran?«

Sie blickte zur Seite. »Allein zu sein.«

Sobald Enghien eben auf den Beinen stand, holte ihn die Kalesche ab nach Rastatt ins Hauptquartier. Charlotte begleitete ihn bis zum Wagenschlag, aber als sie Adieu sagen wollte, versagte ihre Stimme. Sie wandte sich ab und lief davon. Er stutzte, wollte ihr nacheilen, war aber noch zu schwach und sank in die Polster, und das einzige, was er als Gewißheit mitnahm, war, daß auch sie ihn liebte.

3.

Entschloß sich Enghien, seine junge Liebe im Herzen, wirklich dazu, das ihm von Condé abgeforderte Heiratsversprechen einzulösen? Es gehört weder zu den Rätseln seiner Natur, wie manche Historiker meinen, und war noch weniger leichtfertig, sondern Teil jener Selbstbezwingung, von der uns die klassische Tragödie Frankreichs so oft berichtet, wenn er sich beugte. Wie sollte der junge Herzog nicht? Als Prinz mit Thronfolgerecht unterlag er anderen Gesetzen als der Held von Schillers ›Kabale und Liebe‹, das bereits zehn Jahre zuvor über die deutschen Bühnen gegangen war. Das ›Tempora mutantur‹ galt nicht für Enghien, er hätte denn aufgeben müssen, was er war und wofür er im Feld stand, so hart es ihn ankam.

Die Niederlage im Elsaß hatte Condés Armee abermals in eine schwierige Lage gebracht, die nicht der Ironie entbehrte. Während noch immer Glückwunschadressen eintrafen, wußte er oftmals nicht, wovon das Brot für den kommenden Tag bezahlen. In seiner Geldtruhe lagen noch sechzig Guineen, ein paar tausend Mark umgerechnet. Ein einziges Hirsekorn sei ihm lieber als jede Lobhudelei, grollte der Alte aus Chantilly. Gewiß erlösten die Engländer ihn bald aus der finanziellen Misere, dem ewigen Zwist mit den Landesherren über ihre Unterbringung vermochte das nicht abzuhelfen. Die Condés bedeuteten eine schwere Last für die deutsche Bevölkerung, die beschränkt genug lebte. So zogen sie gleich einer ruhelosen Horde Zigeuner bald vom Rhein und den eisigen Winterquartieren im Schwarzwald, wo ein Großteil der Pferde im Freien stand – sie selbst mit der Einwohnerschaft in den ›Stouffs‹ der Bauernhäuser zusammengepfercht – über die Berge ins Neckargebiet, darauf im Sommer nach Ettlingen bei Karlsruhe und landeten schließlich, als die Strohblumen blühten, in der Gegend von Müllheim am Oberrhein. Es waren im wahrsten Sinne Winkelzüge, in denen sich die ganze Ratlosigkeit der Alliierten im Jahre 1794 offenbarte.

Dabei schien die Zeit für eine Wiederaufnahme der Kämpfe günstig, dies wenigstens auf den ersten Blick und trotz der Siege Pichegrus und Jourdans in Flandern und Holland. In einem selbstmörderischen Prozeß der inneren Reinigung entledigte sich die Revolution ihrer Gärstoffe. Nach den Girondisten bestiegen die Dantonisten, darauf die Hébertisten das Schafott, endlich gar des Teufels Advokat, Robespierre, dessen Kopf am 28. Juli 1794 fiel. Ein scharfsinniger Beobachter hätte sich damals fragen dürfen, wie es zuging, daß diese Republik nicht an ihrem eigenen Blut erstickte oder wie, daß sie mitten in der Terreur wegweisende Einrichtungen für die Zukunft schuf, etwa die Ecole normale supérieure, Wiege einer neuen geistigen Elite. Das längst verlorengeglaubte Genie einer Nation entstieg im ersten Wetterleuchten einer Entwicklung, welche die Condés ins Unrecht setzte, verjüngt dem Grabe. »Der Himmel verfolgt uns«, schrieb Condé in düsterer Erkenntnis schon am 10. Januar 1794 an Bourbon und am 15. Februar an Artois, der nach wie vor untätig in Hamm saß, er glaube nicht, daß ein Erfolg in der Vendée, wo sich die einheimischen Insurgenten – nach dem Erkennungsruf, dem Eulenschrei, des ersten ihrer Anführer Chouans genannt – wacker hielten, seine Lage beeinflussen könnte. Es war die bittere Einsicht, daß sich beim Todfeind unvermutete Kräfte regten und sich ohne massive Hilfe von außen nichts machen ließ. In der Tat, der Himmel verfolgte sie, und wer will, mag darin die ersten Schatten erblicken, die Enghiens Leben verdüstern sollten.

Denn dieses Außen hieß in erster Linie Österreich, durch dessen halb desinteressiertes Zaudern der Krieg im Elsaß verlorengegangen war; es hieß in zweiter Linie Preußen, dessen Gamaschenknöpfe nach dem miserablen Gastspiel vor Valmy erschöpft Friedensfühler vorstreckten. Es hieß endlich England, das gewiß mancherlei unternahm, ihn, Condé, subsidiär unterstützte, auf See Kaperkrieg führte und sich in Kürze eines geplanten Landungsunternehmens auf Quibéron annehmen sollte. Aber blieb das genug?

Es mag sein, daß schon damals der Plan in dem Prinzen keimte, mit dem siegreichen Rivalen Pichegru in Verhandlung zu treten, dessen royalistische Neigungen immer deutlicher wurden. Warum sich schlagen, wenn man auf das nämliche Ziel, ein erneuertes Königtum hinsteuerte? Er streckte seine Hand auch nach der anderen Seite aus, erhielt von Sankt Petersburg moralische Ermutigung und empfing Erzherzog Karl, den Bruder des österreichischen Kaisers, sowie den preußischen Prinzen Louis Ferdinand, Männer des Widerstandes à tout prix zu Gesprächen, die nichts einbrachten. Preußen schloß im April 1795 seinen Sonderfrieden von Basel mit der Republik. Was nützte daraufhin die offene Empörung der russischen Zarin überhaupt noch? Für Condés ungeduldige Truppe bedeutete es abermals einen schweren Rückschlag. Daß ihm die eigene Seite bei seinem Übermaß an Sorgen lästig fiel, brachte ihm nur die Genugtuung ein, sich und seine Armee in den Mittelpunkt des royalistischen Denkens gerückt zu sehen. Artois schickte ihm seinen ältesten Sohn Charles-Ferdinand, Duc de Berry, zur militärischen Ausbildung auf den Hals, nach Provence und Artois der präsumtive Thronfolger, der sich bislang in Turin bei seinem Großvater Vittorio Amedeo aufgehalten hatte, ein gut sechzehnjähriges Bürschlein, das wenig mehr als das Dominospiel beherrschte und sogleich erkrankte. Was mit ihm anfangen? Condé kam mit seinem Stab überein, ihn von der Pike auf dienen zu lassen und tat gut daran. Doch was blieb das alles anderes als Alfanzerei, während das Ziel des Einmarsches in Frankreich immer ferner rückte?

Doch zu Enghien zurück. Er zeigte sich nach seiner Genesung verändert. Vorüber die von unbestimmten Erwartungen erfüllte Frist des Dahinlebens wie der bunten Träume von strahlender Zukunft und Größe! Unmutige

Ungeduld erfüllte ihn. Er litt wie alle unter der Tatenlosigkeit. Wohin sollte er sein Lebensschiff, dem das Schicksal des Hauses Condé anvertraut sein würde, steuern? War es dann Zufall oder nicht auch geheime Absicht, wenn der Großvater bei passender Gelegenheit seine Truppen nach Ettlingen bei Karlsruhe verlegte? Es wäre ihm zuzutrauen gewesen! Zur badischen Residenz war es von dort nicht weit. Welche Gedanken dabei den Landesherrn, den schwankenden, schon 1792 von den Republikanern Custines bedrängten Markgrafen Karl Ferdinand bewegten, mag vorerst dahingestellt sein. Er besaß indessen eine Schwiegertochter, Erbprinzessin Amalia, der die Ankunft der Condés keineswegs gleichgültig blieb.

Sie hatte dem Erbprinzen Karl Ludwig fünf Töchter geboren. Die zweitälteste, Louise Marie, inzwischen Jelisaweta Feodorowna geheißen, war seit dem Vorjahr mit dem russischen Thronfolger, nachmals Zar Alexander I. verheiratet. Die älteste, Karoline, nunmehr siebzehnjährig, wartete noch auf einen Bewerber. Konnte sich auch der Glücksfall nicht wiederholen, daß der Erbe eines Weltreiches wie der Gott aus der Wolke erschien, um einer ihrer anderen Töchter den Ring an den Finger zu stecken, sie hatte auch gegen einen nachgeborenen Prinzen von Geblüt nichts einzuwenden und wußte, was sie tat, wenn sie zum Ärger des knauserigen Schwiegervaters Empfänge, Bälle, Komödienabende oder gar Diners zu hundert Gedecken veranstaltete, zu denen sie alsbald Enghien und selbstverständlich auch Berry einlud.

Als Enghien am Hof von Karlsruhe erschien, mußte sich selbst der Markgraf eingestehen, daß von ihm, der sich mit unnachahmlich freizügiger Gelassenheit vor ihm verneigte – höfisch, vollendet, o gewiß, und doch von nonchalantem Selbstbewußtsein – etwas ausging, das nicht nur den Frauen den Kopf verdrehte, sondern auch die Männerwelt aufmerken ließ. Er besaß die Fähigkeit, als das, was er war, zu erscheinen: keinen Deut mehr, keinen zu wenig, weder Stolz noch Beflissenheit, vor allem nichts Kommissiges, wie es Karl Ferdinand nach der Fama, die diesem Tausendsassa vorausging, insgeheim erwartet hatte. Er war nicht einmal von Husarenmaß, auch schien es der schmalen Hand kaum zuzutrauen, daß er sich vor Berstheim aus einem rotierenden Kreisel eindreschender Kavalleristen herausgehauen hatte, hingegen wohl, daß dieses entschlossene Auge im Mordgedränge kaltblütig seinen Vorteil erspähte. ›Alle Wetter‹, dachte der Markgraf, ›und ein Adonis wäre das auch, säße ihm nicht die Nase wie ein Wegweiser im Gesicht‹.

Aber da lag es eben, er verriet Rasse, war nicht mit der Schablone getöpfert, selbst mit der heroischen nicht; Gott mochte sein Wesen aus den widersprechendsten Essenzen zusammengebraut haben. Karl Ferdinands morganatische Lebensgefährtin, die Gräfin von Geyersberg, wiewohl eigentlich über die Jahre der Anfechtung hinaus, witterte mit dem Instinkt der Frauen noch mehr heraus, eine gewissermaßen zärtliche Aufforderung, sich mit ihm einzulassen, die von ihm stets auf weibliche Wesen übersprang. Wozu er, nebenbei gesagt, keine Gebärde und keinen Seitenblick beisteuerte. Wie denn überhaupt das Beste an Enghien schien, daß er selbst von seiner Ausstrahlung keine Notiz nahm und seine zuversichtlich-helle Männlichkeit, vermischt mit einer bis zur Grenze des Erlaubten reichenden Anmut, diesem Ideal des Ancien Régime, eher wie einen Abwehrschild vor sich hertrug; es verschaffte ihm Distanz, wenn auch weniger gut bedachte, hämische Naturen dahinter Hochmut witterten. Hochgemut trotz aller Rückschläge, das hätte sich allenfalls sagen lassen.

In der Tat wirkte sich darin das vor Berstheim erworbene Selbstvertrauen aus. Bei einsamen Ritten durchs Land war er sogar zu der Erkenntnis gekommen, daß die Dinge kaum so schlimm standen, wie der skeptische Großvater sie sah, und der republikanische Feind sich schlagen ließ, wenn man nur brennend genug an die eigene Sache glaubte und alle Kräfte zusammennahm, was eine Frage des Geistes, der alle beseelte, war. Gewiß hätte es dafür einer jüngeren Führungsspitze bedurft wie bei den Republikanern. Er rührte nur ungern an diese Autoritätsfrage; fest stand indessen seit Berstheim und vor allem den harten Tagen des Rückzugs, den er, Enghien, fast allein getragen, daß er ein bedeutenderes Kommando hätte übernehmen müssen, um die gesamte Mannschaft mitzureißen und nicht nur sein tapferes Häuflein der Avantgarde. Es standen zu viele Grauköpfe im Weg. Dennoch, sein wiedererwachtes, reifer gewordenes Selbstvertrauen, an dem auch Charlottes tapferes Wesen soviel Anteil besaß, und das sein Gesicht seither prägte, trug er auch jetzt im Antlitz, als er nach längerem Verweilen bei der entzückten Erbprinzessin und absolvierter Cour auf das junge Geschöpf zutrat, dem sein besonderes Interesse galt, Karoline.

Eine Beauté, wie offenbar ihre russische Schwester, war sie nicht, doch hübsch gewachsen, mit einem zarten Gesichtlein, das ein wenig zum Schwärmen neigte und sehr, sehr viel Empfindung verriet, wozu das von Kerzenschein durchflimmerte Kraushaar nicht übel paßte, das aus ihrer Coiffure hervordrängte und den Kopf mit einer Aureole umwob. Mutter Amalie hatte sie so vorteilhaft wie nur möglich postiert. Ein hochgemiedertes, nicht allzu diskretes Musselinkleid mit einem Wildrosensträußlein am Ausschnitt modellierte die jungen Glieder. In seinem entschiedenen Willen, sie schön zu finden, erblickte es Enghien nicht ohne Rührung, während sie umgekehrt ihm eher neugierig entgegensah; ein exilierter Prinz, lorbeerbekränzt, bei aller Wohlgestalt mit seinem schmalgewordenen Gesicht betont männlich, weckte ihr Mitgefühl ebenso wie ihr Gefallen. Kein Wunder also, wenn diese erste Begegnung sofort zu einem Brückenschlag über jede Fremdheit hinweggeriet. So viele Frauen hatte Enghien nun doch nicht gekannt, wiederum auch so wenige nicht, daß er beim Fortgang der Dinge – eben hob die Tanzmusik an – nicht beglückt die weiche Gefügigkeit ihres Körpers gespürt hätte. Richtig, sie las gern, wie er wußte, verlor sich also in Träume, liebte Verse und bekam schimmernde Augen, wenn sie ihre deutschen Lieder mit den sehnsüchtigen Melodien sang. Aber Gedanken hin und her, viel näher kamen sie sich durch die Art, wie Karoline sich Melodie und Rhythmus der Gavotte hingab und gelegentlich sogar durch einen kleinen Nachdruck des Körpers merken ließ, wie sie das Schweben an seiner Seite genoß.

Nein, er war ihr nicht gleichgültig, und er spürte es doppelt, wenn sich der Flaum ihres Unterarms sträubte, so oft er die Hand auf ihn legte, daß sie im Bereich des seismographischen Präludierens nicht unempfindlich blieb. Sie hatten erst wenige Worte gewechselt, als ihm bereits der Gedanke, dies Wesen könne seine Frau, die

Mutter seiner Kinder werden, vertraut erschien; mochte dem Bund auch keine große Leidenschaft innewohnen, die stillen Feuer, die keine Asche hinterließen, sondern nur wärmende Glut, waren ihm bei seinen heiligen Absichten keineswegs unlieb. Übrigens trug es durchaus zu seinen Empfindungen bei, daß er hier, im badischen Hause, in dem ein männlicher Erbe fehlte, in einem warmen Nest saß, mag man diesen Punkt nun beschämend finden oder nicht.

Es blieben ihnen jedoch nur wenige, gleichsam gestohlene Augenblicke, um sich näherzukommen. Eine Prinzessin im heiratsfähigen Alter ließ man nicht ohne Chaperonne mit ihrem Galan allein, und Spaziergänge verboten sich fast von selbst. Zwar stand das Schloß nach langer Bauperiode vollendet, aber doch in kahler Umgebung. Weinbrenners halbrund geschwungene Bauten am Schloßplatz im Süden waren noch nicht einmal geplant, auf dem riesigen Parkgelände im Umkreis regierten Schubkarren und Spaten. Einzig der Hardtwald im Norden hätte eine Partie ins Grüne erlaubt, an die jedoch kaum zu denken war. Großvater Karl Ferdinand legte seit kurzem eine merkwürdig veränderte Haltung gegenüber der ›Condeich‹, wie Enghien die Gesamtheit der Seinen gelegentlich nannte, an den Tag und ließ hämische Worte fallen, indem er sie als ›Horde d'étrangers‹ abtat. Dabei blieb es nicht. »Der Markgraf ist ein enragierter Demokrat geworden«, notierte Enghien beunruhigt, »sein Hof geht zu den Jakobinern über.«

Aber es geschah noch mehr. Karl Ferdinand nützte eine Disziplinlosigkeit der Emigranten dazu aus, um bei Wurmser ihren Abmarsch aus der Nähe der Residenz zu fordern. Mit dem Skandälchen hatte es seine Richtigkeit; Condé griff hart durch, ließ die beteiligten Offiziere in strengen Arrest, die Unteroffiziere sogar in Eisen legen. Aber Abmarsch? Genügte die harte Strafe nicht, und mußte sich Karl Ferdinand über seinen Kopf hinweg direkt an den Generalissimus wenden? Allein, sein Protest gegen den Exodus half nichts, und es klang wie Bubentrotz, wenn Condé schwor, nie wieder einen Fuß nach Karlsruhe zu setzen. »Es gibt dort nur einen wohlgesonnenen Menschen, die gute Prinzessin«, schrieb er, womit er Amalia meinte. Der junge Berry, der sich im neuen Quartier von Müllheim unweit Freiburg wie nach Hinterpommern versetzt fühlte, ließ seiner Empörung freien Lauf. »Man kann ein Schwächling sein und mag die Franzosen nicht lieben, aber es ist unerhört, sie in ihrem Unglück mit solcher Hartnäckigkeit zu verfolgen.« Schwächling? Das wohl nicht. Der Markgraf besaß triftige Gründe; er betrieb seit langem den Zusammenschluß aller badischen Lande unter seinem Zepter und besaß auch noch andere Wünsche, die erst später an den Tag kamen. Kurz, er brauchte das Wohlwollen der Republikaner in Paris.

Natürlich sah auch der am tiefsten getroffene Enghien die Hintergründe nicht. »Ich bleibe der Gefoppte bei diesem Abenteuer«, schrieb er dem Vater. »In all meinen Plänen bin ich weiter zurückgeworfen denn je.« Damit freilich traf er etwas Richtiges, denn der Abzug bedeutete Trennung von Karoline. Gleichwohl gab er genau so wenig auf wie Condé, der es über sich brachte, Amalia samt den Prinzessinnen zu einem Besuch im südbadischen Teil ihres Landes einzuladen, wo es Prinzen nach dem Gefallen der Töchter gebe. Da sie diese Prinzen sehr gut kannte, bedeutete die seltsame Formulierung wohl eine Aufforderung zur Fortsetzung des Heiratsspieles; auch er hatte die Lage offenbar nicht begriffen. Enghien seinerseits wandte sich an Karoline und beschwor sie, auszuharren und dem Willen ihrer Umgebung ihre ganze Kraft entgegenzusetzen. Vielleicht hatte er nur ihre Bindung an sich, zumindest aber ihre Standhaftigkeit überschätzt; wenn ihr ein Blütentraum zerrann, schüttelte sie die Blätter rasch von den hübschen Schultern. Aber Enghien ließ noch immer nicht ab, und es zeigt, wie tief die Enttäuschung ihn traf. Er setzte seine letzte Hoffnung auf einen Mittelsmann französischer Herkunft, der seit langem Karl Ferdinands Vertrauen genoß, den Grafen Le Foucquet am Karlsruher Hof, und schrieb ihm am 11. Februar 1796, als beiderseits des Rheins längst Kriegsstimmung herrschte, einen Brief zur Weitergabe an Prinzessin Amalia, der die Verzweiflung über das Scheitern seiner künftigen Existenz, um die es ihm offenbar ging, widerspiegelt: allzeit sei er mit Wohlwollen und Herzlichkeit empfangen worden und habe sich Karoline nicht als schwärmerischer Brausekopf, sondern voll ernsthafter Absicht genähert, um ihrer durch vertrautere Bekanntschaft würdig zu werden ... Kehre er nach Frankreich zurück, vermöge er Karoline einen bedeutenden Rahmen zu bereiten; sei es ihm aber verweigert, finde sich dank eines Anerbietens der Zarin in Rußland eine angemessene Bleibe. Dort werde sie ihrer geliebten Schwester näher sein und wohlmöglich glücklicher als in Frankreich ... Er bringe es nicht über sich, ohne eine Hoffnung davonzugehen. – Ach, lieber Kindskopf, hätte Louise Condé wie am Schaffhausener Rheinfall gedacht, wäre sie zur Stelle gewesen!

Denn umsonst, es fand sich ein anderer Bewerber, wenn er auch erst am 30. März des Jahres aufgetreten sein kann, als ihm seine erste Frau Auguste Wilhelmine von Hessen-Darmstadt starb, Maximilian Joseph, seit 1795 durch Erbschaft Herzog von Zweibrücken, ehedem Kommandeur des Regimentes Royal d'Alsace, schon an die Vierzig und mit vier Kindern gesegnet, für die er eine neue Mutter suchte. Ob das empfindsame junge Mädchen den zwanzig Jahre Älteren lieben lernte, steht dahin. Sicherlich aber bot er ihr eine sehr viel glänzendere Stellung, die dem Range nach der ihrer Schwester nicht allzu viel nachstand. Denn sein ›Sauglück‹, wie es der heimatlose Zweibrücker selbst nannte, brachte ihn als Nachfolger seines kinderlosen Onkels Karl Theodor von Pfalz-Sulzbach nach München, wo er sich erst den Kurfürstenhut, dann am 1. Januar 1806 eine Königskrone, wenn auch von Napoleons Gnaden, aufsetzte.

Immerhin scheint es, daß Karoline Enghien nicht vergaß. Sie hat Bonaparte, dem doch auch sie ihre Krone verdankte, tief gehaßt und gewiß nicht nur ob der finanziellen und menschlichen Tribute, die der Korse Bayern abverlangte, sondern um eines Mannes willen, der einmal um sie geworben hatte.

War also Enghiens Karlsruher Abenteuer nur eine breit ausgesponnene Romanze? Das denn doch nicht. Das Schicksal warf ihm wieder einmal die Tür vor der Nase zu. Eine Heirat mit Karoline von Baden hätte ihn nicht nur vor der bitteren Erfahrung bewahrt, daß er nichts mehr galt, sondern auch vor dem Peloton in Vincennes. Doch das ahnte zum Glück noch niemand, und so kam Enghien bald darüber hinweg.

4.

Noch einmal in den Sommer 1795 zurück. Während Enghien in langsam sinkender Hoffnung auf eine Entscheidung in Karlsruhe wartete, ereigneten sich bestürzende
Dinge. Unter dem 8. Juni, als das Grummet in den Ufer-
wiesen des Stromes schon zum Schnitt heranwuchs, meldete der Moniteur aus Paris, der den Condés durch Mit-
telsleute in Straßburg zukam, das Hinscheiden des erst
zehnjährigen Louis XVII. im Temple.

Sein Tod warf schwerwiegende Fragen auf. Handelte es
sich überhaupt um den kleinen König? Nach kränklicher
Kindheit hatte er die Knabenzeit seit der Inhaftierung der
Eltern als Mitgefangener im Kerker zugebracht, zeitweilig
völlig isoliert, betreut von dem zwar groben, aber kaum
bösartigen Flickschuster Simon, bei dem er trotz allem,
was die Fama wissen wollte, zu einem lebhaften, gesunden
Bürschlein heranwuchs. Wenigstens behaupteten das die
Inspektionsberichte des Sicherheitsausschusses, die regel-
mäßig an die Öffentlichkeit drangen. Das Direktorium in
Paris nahm großes Interesse an seiner Gesundheit. Die
seit Ludwig XIV. auf dem spanischen Thron regierenden
Bourbonen drohten mit Intervention, wenn dem Kind
etwas widerführe.

Das Rätsel begann schon mit dem letzten Bericht des
19. Dezember 1794. Ihm war zu entnehmen, der Zehnjäh-
rige sei auffallend stumm, rachitisch und habe nur mit
Mühe einige Schritte durch sein Zimmer gehen können.
Er ließ einen Argwohn aufkommen, der sich nach der
Totenschau noch verstärkte. Keiner der Zeugen hatte den
Abgeschiedenen zuvor gekannt, zwei gleichfalls im Temple
inhaftierte Diener des Königshauses, denen er völlig ver-

traut war, zog man nicht hinzu. War er noch zu Lebzeiten mit einem anderen Knaben vertauscht worden? Die in Sainte-Marguérite von Charonne unter strengem Ausschluß der Öffentlichkeit beigesetzten Reste erwiesen sich bei späterer Exhumierung als einem Fünfzehn- bis Sechzehnjährigen zugehörig, der zudem mit vererbter Syphillis behaftet war. Aber schon bei seinem Tode gab es Verdachtsmomente genug. Wo war Ludwig XVII. geblieben? Hatte der Volkstribun Hébert sich seiner bemächtigt, wie eine Vermutung ging, um ein Faustpfand für einen geplanten Staatsstreich zu besitzen, zu dem es nicht kam? Es ist nie geklärt worden, wenn auch manche Hochstapler bis hin zum brandenburgischen Uhrmacher Naundorf, der sich Bourbon nannte, später versuchten, sein Schicksal wie ein gestohlenes Gewand überzustreifen. Es blieb eines der düstersten Kapitel jener wilden Epoche ...

Immerhin, bereits sein Zeitalter ahnte einiges. England, Preußen und Österreich erkannten den Tod niemals an, versagten folgerichtig Ludwig XVIII. die Anerkennung als König und bezeichneten den einstigen Comte de Provence nach neuerer Gewohnheit als Grafen von Lille. Auch der stets gut informierte Condé mußte darum wissen, und Enghien dürfte mit Bestürzung erlebt haben, mit welcher Eile sich der Prätendent zum Nutznießer der makaberen Escamotage des Temple machte und zum König ausrufen ließ, als habe er nur darauf gewartet. Heiligte auch für die Royalisten, die doch zur Wahrung der Legitimität angetreten waren, der Zweck die Mittel? Jedenfalls beginngen die Condés das Ereignis der Thronübernahme durch den selbsternannten König schon am 16. des Monats in Müllheim mit dem üblichen Zeremoniell. Die Regimenter

162

marschierten in offenem Karree auf; alle drei Condés waren zur Stelle und natürlich auch Berry, der jetzt als ›Petitfils de France‹, Enkel von Frankreich, galt. Nach der Messe hielt der Prinz eine seiner üblichen Reden und schloß mit dem ›Le roi est mort, vive le roi‹ zum Zeichen, daß das französische Königtum niemals unterging. Was aber, wenn der siebzehnte Ludwig noch lebte? Von solchen düsteren Zweifeln kein Wort. Die Herrschaft Louis XVIII. stand rechtlich auf unsicherem Grund.

Auch ihre moralischen Fundamente schwankten. In seiner ersten Proklamation von Verona kündigte der neue Herrscher eine vollständige Rückkehr zu den Verhältnissen des Ancien Régime an, eingeschlossen die Ständeeinteilung, die Privilegien und die Aufhebung sämtlicher Reformen; noch schlimmer aber, daß der Gedanke unversöhnlicher Rache dahintersteckte. Schon hatten sich ›weiße‹ Aufstände, ohne daß sie alle royalistisch waren, in Südfrankreich nach dem Sturz Robespierres und der Anhänger der Terreur wie Rennfeuer verbreitet und ähnliche Opfer gefordert wie die roten: »Toulon starrte von Blutgerüsten«, schreibt ein Gewährsmann, und in zehn Departements sowie dreißig Städten ereigneten sich Szenen wie in der Schreckenszeit, nur daß diesmal die Jakobiner – in Paris von den ›Stutzern‹ oder ›Muscadins‹ auf offener Straße attackiert und verprügelt – die Gejagten waren. Der König stellte sich offen dahinter und der Graf d'Antraigues, sein Hauptagent in Mitteleuropa, erklärte, er werde der Marat der Gegenrevolution sein und dafür sorgen, daß fünfhunderttausend Köpfe fielen. Bestand die verheißene Rückkehr zur absoluten Monarchie in einem neuen Blutbad? Mochten innerhalb Frankreichs auch sehr viele Menschen mit dem Königtum liebäugeln, weil sie nur über schlechte Erfahrung mit der Republik verfügten, diese Proklamation schweißte sie geradezu mit den ›Regicides‹, die ihre Macht noch fest in der Hand hielten, zusammen. Nein, man konnte das Rad nicht mehr bis 1789 zurückdrehen. Auch Enghien, der schon im Kameradenkreis von Worms bei den jungen Adeligen ähnliche Erfahrungen gesammelt hatte, war sich darüber klar. Das royalistische Frankreich zeigte sich ebenso bestürzt wie der indifferente Teil.

Die Geschichte erteilte Ludwig XVIII. bald eine Lektion über die wahren Machtverhältnisse, die nicht exemplarischer sein konnte. Eine Lieblingsvorstellung aller Emigranten, gleich ob zur Armee Condé gehörig oder irgendwohin versprengt, war es, die Republik, gestützt auf die tapferen Freiheitskämpfer der Chouans in der Vendée, denen sich im durchbuschten Hügelland ihrer Heimat schlecht beikommen ließ, von Westen aus anzugreifen und aufzurollen, mit anderen Worten von der Bretagne her. Das britische Kabinett unter Windham und Pitt zeigte sich nach langem Drängen bereit, ein solches, von Artois propagiertes Landeunternehmen eines freiwilligen Emigrantenkorps unter Führung von Puisaye, das sich teils aus Deutschland, teils aus England rekrutierte, mit seiner Marine zu unterstützen. Am 8. Juni 1795 brach ein englisches Geschwader mit einem ersten Schub auf, dem zwei weitere folgen sollten. Am 27. des Monats landete es trotz eines Sperrversuches der französischen Seestreitkräfte in Carnac, wo fünfzehntausend Chouans die Verstärkung jubelnd erwarteten. Aber Paris zeigte sich vorbereitet. Es hatte die Abwehr seinem zuverlässigsten und fähigsten

General, Lazare Hoche, übertragen, zu dem in Kürze, von Paris kommend, Tallien stieß, der Urheber von Robespierres Sturz. Gewiß konnten die Emigranten das Fort Penthièvre auf der Halbinsel Quibéron einnehmen, dann aber folgte nach einem gnadenlosen Kampf Mann gegen Mann die royalistische Niederlage in einem republikanischen Nachtangriff vom 20. Juli.

Die Chouans schickte Hoche kurzerhand nach Hause; was von den Emigranten nicht gefallen war oder sich ins Meer stürzte, ließ er in zwei Kolonnen nach Auray treiben. Auch bei ihnen wollte er Milde walten lassen, allein Tallien bestand auf Durchführung der gegen die Emigranten erlassenen Gesetze. Ihrer sechshundertneunzig wurden allein auf dem Markplatz von Vannes unter Befehl des Generals Lemoine erschossen.

Die Condés hörten mit Bestürzung vom Schicksal ihrer Gesinnungsgenossen. Es war der schwerste Schlag, der die royalistische Sache traf. Für Enghien blieb es nicht dabei; für ihn galt es obendrein noch einen schweren Abschied zu nehmen. Artois hatte die Zeit von Quibéron in Hamm sehr angenehm verbracht. Nunmehr sah er sich auf Drängen des Kaisers von Österreich, aber vor allem der Zarin Katharina genötigt, sein vergoldetes Asyl aufzugeben und endlich selbst an den Kämpfen seiner Landsleute teilzunehmen. Daher begab er sich nach England, um sich für ein neues Landungsunternehmen zur Verfügung zu stellen. Es mag für ihn ein herber Entschluß gewesen sein, Madame de Polastron zu verlassen und so suchte er wenigstens den Beistand eines Kompagnons in den unbequemen Tagen; seine Wahl fiel auf Bourbon, der ihm auch folgte.

Am 30. Juli sagte er Enghien Adieu, den er niemals wiedersehen sollte; der Sohn hatte trotz seiner zweiundzwanzig Jahre mit Tränen zu kämpfen und fühlte sich verlassener denn je. Seine Liebe zum Vater blieb bei allen Capricen Bourbons ungebrochen, der nun mit den alten Kampfgefährten aus Chantilly, Vibraye und d'Auteuil, dazu vier Adjudanten und etlichen Teilen seiner Kavallerie nach Bremen zog, um nach England überzusetzen. Ob es ihm Ernst damit war, so kurz nach dem Desaster seine Haut zu Markte zu tragen? Zwei Tage nach Artois stach er südwärts in See, kreuzte vor der französischen Küste und langte endlich, vorüber an Noirmoutier, vor der Insel d'Yeu an, wo ihn statt der davongekommenen Chouans nur ein Adjudant von Artois erwartete. Das Unternehmen war abgeblasen. Er kehrte unverzüglich nach England zurück, während Enghien ihm noch, wie seinerzeit nach Gibraltar, einen Brief voll glühender Wünsche schrieb: »Vous serez peut-être en train de marcher sur Paris.« Ach, grausame Enttäuschung, als der Sohn erfuhr, daß es dem Vater in London allzu gut gefiel. Er mietete sich ein Haus, führte ein leichtes Leben und war durch nichts zu bewegen, zur Armee zurückzukehren. Was ihn wirklich forttrieb und fernhielt, die Erkenntnis, daß alles sinnlos war, das Leben vergeudet, der Kampf nur noch ein mörderischer Bruderzwist oder daß es besser sei, sich an die heiteren Seiten des Daseins zu halten, wer will es wissen?

Condé war derzeit viel beschäftigt; er verhandelte durch leider fragwürdige Mittelsmänner mit Pichegru, der sich mit der Republik nicht abfinden konnte. Auch der Prinz schien eingesehen zu haben, daß sich durch offenen Kampf nur wenig erreichen ließ. Wenn er dem republikanischen

General freilich für den Übertritt auf die Seite des Königs und die Herausgabe der Schlüsselpositionen von Hüningen und Straßburg den Titel eines Marschalls von Frankreich, den Gouverneursposten im Elsaß, dazu den Besitz des Schlosses Chambord und eines Pariser Stadthôtels, endlich noch eine Million Livres in bar und eine Jahrespension von zweihunderttausend weiteren Livres anbot, wie zu lesen steht, mußte er die Mittel dazu auf dem Monde gefunden haben. Das Verlangen, ihm obendrein nach siegreichem Vormarsch auf Paris den gesamten Konvent mit »zusammengeketteten Füßen« auszuliefern, mutet vollends als Farce an. Die Verhandlungen dauerten endlos, bis das unklare Spiel dem Pariser Direktorium denn doch zu trübe wurde, Pichegru am 31. März 1796 von der Front verschwand und der Versuch ausging wie das Hornberger Schießen. Am Rhein entstand schlagartig eine neue Lage, denn das Kommando der Republikaner übernahm Moreau, trotz zahlenmäßiger Unterlegenheit ein Mann des Angriffs, wenn auch das Stichwort dazu erst im Sommer fiel.

Enghien hatte die Zeit des Schwindens seiner Hoffnungen und der wachsenden Zweifel in Nonnenweiher unmittelbar am Rhein mit dem Auftrag verbracht, den Abschnitt der Condés gegen Straßburg zu sichern, wo Moreau einen Brückenkopf im Vorgelände von Kehl auszubauen versuchte, einem Gebiet, in dem sich nicht nur dieser oder jener Stoßtrupp, sondern auch allerlei zwielichtiges Volk herumtrieb – Späher, Überläufer, Grenzgänger – und mehr als einmal kam es vor, daß ein Schuß aus dem Hinterhalt an ihm vorbeipfiff. Er machte sich nichts daraus. Seit dem lähmenden Wandel der Dinge hatte er sich eine unstete Lässigkeit angewöhnt. Wenn er die Zeit wie einen abgestandenen Alptraum empfand, wen kann es wundern; manchmal glaubte er geradezu, die Vergeblichkeit krieche wie eine Spinne auf sein Dasein zu, um es hastig mit unlösbaren Fäden zu umwickeln und in den Winkel der Vergessenheit zu stopfen. Kam es zu einem Scharmützel, konnte er dreinschlagen wie ein Berserker, als suche er den Tod, und mehr als einmal mußte Condé ihn ermahnen, sich nicht auszusetzen wie ein Husar. Andererseits fand er nichts dabei, wenn sich seine Vorposten mit dem Gegner, etwa an der Offenburger Kinzigbrücke verbrüderten, Nachrichten austauschten und die Eau de vie-Flasche kreiste, bis ein barscher Befehl Condés jedes Fraternisieren unterband. Als die Winternebel über dem Rheintal hingen, verliefen die Tage noch eintöniger und das ganze Elend seines Zeitalters packte ihn an. Gewiß, einmal gab es etwas Neues nach London zu schreiben. Unter dem Druck von Madame de Monaco hatte ihn Condé zum Kommandanten der gesamten Vorhut im Rang eines Generals befördert. Einen Tag lang trug er die goldenen Tressen am Zweispitz mit kindlichem Stolz, bis er vor dem Spiegel erkannte, welch hohler Firlefanz das blieb; er befand sich auf dem besten Weg, ein Kommißkopf zu werden. Seinem Dasein fehlte der Sinn. Der Besuch des Königs, der im April bei ihnen erschien, andere sagen, es sei schon im März geschehen, half dem erst recht nicht ab, sondern verstärkte seine Abneigung gegen den martialischen Leerlauf noch!

Gichtig und steif von Rheuma kletterte der Ungekrönte in Riegel, Condés Hauptquartier, aus der Kalesche, in der er den letzten Teil der Route zurückgelegt, seit ihn die

Kanonen Napoleons aus Verona vertrieben und gezwungen hatten, den Weg über den Sankt Gotthard auf Maultiers Rücken zu machen. In eine eisengraue Montur gezwängt, nahm er sich mit dem schweren Bourbonenkopf wie der tragische Held eines Schmierentheaters aus, die Epauletten mit den riesigen, goldenen Kronemblemen schief gerutscht auf den Schultern; der Leib quoll aus zu engem Rock. Immerhin, der König! Es bedurfte eines feierlichen Empfanges, und so rasselten alsbald die Trommeln, donnerten die Kanonen Salut, während eine Handvoll adeliger Chasseurs paradierte und endlich, nach einem Tedeum, ein Bankett anhob, bei dem Majestät, das Glas in der Hand, in Latein einen Toast auf die Getreuesten der Getreuen ausbrachte.

Am nächsten Tag erschien er sechsspännig bei Enghien in Nonnenweiher, der eben von einem Bravourstückchen gegen die Abtei Schuttern bei Offenburg zurückkam. Auch ihm blieb weder das Lobgerede noch das Defilee seiner müden Leute erspart. Zum Schluß verlangte Majestät nach einem Pferd, klomm mühsam hinauf, ritt bis zum Rheinufer, von dessen Gegenseite die Republikaner herüberschauten, und hielt eine Ansprache an seine ungetreuen Landeskinder: »Ich bin euer König«, rief er pathetisch über den Strom, »vielmehr euer Vater!«, und weil niemand antwortete, schrie ein treuer Gefolgsmann hinter ihm her: »Der König ist mit uns!« Von drüben kam eine Stimme zurück: »Paßt gut auf ihn auf, wir haben sein Königreich!«

Enghien lachte kurz auf, aber er wäre am liebsten aus der Haut gefahren. Auch Condé war froh, daß sich Lille auf Geheiß der Österreicher trollen mußte, die seine Anwesenheit an der Front ärgerlich fanden. In Blankenburg am Harz besorgte ihm der Herzog von Braunschweig bei einem Bierbrauer eine Bleibe, in der er alltäglich bis Mitternacht Whist spielen konnte. In Enghien sah es noch düsterer aus als zuvor; war das ihr geheiligter Repräsentant und lohnte es sich, für ihn zu sterben? Ungefähr um diese Zeit bekam er Gewißheit über den Ausgang seines Karlsruher Abenteuers. Also aus, immer aus! Bis ihm eines Abends – wann nur in diesem unglücklichen Jahr? – ein erlösender Einfall kam. Nicht, daß er Charlottes, die gar nicht weit von ihm entfernt lebte, nicht wieder und wieder gedacht hätte, aber ein unklares Schamgefühl hielt ihn zurück, sich aufzudrängen.

Sein gewohntes ›Ach was‹ half ihm endlich über die innere Schwelle. Schon am kommenden Tag ließ er sich Urlaub für eine Saujagd im Schwarzwald geben, den Condé nur zu gern gewährte, um den unruhigen Enkel bei Laune zu halten. Er glaubte zu wissen, wie es um ihn stand, da konnte eine Hatz Wunder wirken. Noch am gleichen Abend klopfte Enghien in Ettenheim an. Er hörte Schritte die Treppe herabsteigen, legte sich schon die Worte für die Mamsell zurecht, aber als die Tür sich öffnete, war sie es, sie selbst. Charlotte de Rohan, und sie sagte etwas, das die ganze Leere der letzten Monate fortwischte wie einen Schatten: »Ich habe es gewußt!«

Von nun an kehrte er wieder und wieder, und Charlotte wurde nicht müde in der Erfindung von Unterhaltungen ähnlich denen von Chantilly, die ihn nach der Öde des Soldatenalltags entzückten, so daß er manchmal mehrere Tage blieb – kleine Tanzereien, die Aufführungen von Proverbes anmutigen Inhalts, Gespräche im Kreise des

Kardinals, Spaziergänge am Kirchberg, bei denen sie ungescheut seinen Arm nahm und einmal auch darin lag, während ihre Lippen sich trafen. In irgendeiner Nacht jener Zeit blieben sie sogar beieinander, wie uns Claude Pasteur berichtet: sie hatte ihn nicht erwartet; Mamsell weilte auf Urlaub in Lahr bei ihrem Liebhaber, der Onkel bei einem Gespräch geistlicher Herren in Offenburg, bei denen es um die zunehmenden Kirchendiebstähle ging, und kam erst am übernächsten Tag zurück. Charlotte liebte Heimlichkeiten hinter seinem Rücken nicht, aber wenn Enghien so unvermutet auftauchte, mußte ihn etwas schwerer als sonst bedrücken.

»Gibt es etwas Besonderes, Louis?« – Sie redeten sich seit der Wiederbegegnung mit dem Vornamen an.

»Vorbei, wieder einmal alles vorbei!« stieß er hervor, »seit Wochen wird der Rheinübergang vorbereitet; die Boote liegen eingeschwommen vor unserm Abschnitt. Seit gestern ziehen die Österreicher plötzlich Truppen ab, dreißigtausend sollen es werden, und schicken sie in Eilmärschen nach Italien, wo es schlecht für sie steht. Elsaß ade!«

Das ganze Elend der Tatenlosigkeit, zu der er verdammt war, quoll in ihm auf und seine Augen verrieten eine solche Traurigkeit, daß sie ihn in die Arme nahm.

»Und ist das so schlimm? Kann Enghien dafür nicht jede freie Stunde bei Charlotte verbringen?«

»Darin liegt es doch; der Prinz will den Namen Rohan nicht hören. Er weiß längst, wo sich sein General der Vorhut herumtreibt, wie er es nennt, denn ich habe es nicht geleugnet. Am liebsten bände er mich an die Leine.«

»Woher weiß er es denn, wie es zwischen uns ...«, sie vollendete den Satz nicht.

»Wie es zwischen uns steht? Er hält dich für meine Mätresse.«

»Das Wort hat seit der Revolution einen schlimmen Beiklang. Die Jakobiner sind prüde.«

»Will es die Nichte des Kardinals denn?«

»Bin ich kein Mensch? Es tut mir nicht weh, und der Onkel erteilt mir ohnehin Absolution. Er kennt die Frauen besser als Enghien ... Einmal aufzuschweben, wenn man liebt, was kann Böses dabeisein? Begreifst du nicht, was ich meine?«

Er brauchte einige Zeit, bis er die heimliche Aufforderung in ihren Worten erkannte und auch, daß sie sich auf eine ebenso tapfere wie anmutige Weise antrug. Er blieb, und es folgte eine Nacht der Zärtlichkeit und jäh erwachenden Leidenschaft, die Charlotte mit einem Schluchzen quittierte und ›Endlich, ach endlich‹ und ›O mein Gott‹ sagen ließ, während er beim Aufwachen mit erst verwirrten, dann leuchtenden Augen gegen die Zimmerdecke starrte und ›Zuhaus‹ dachte, ›zuhause!‹

Ein anderes Mal saßen sie an ihrem Lieblingsplatz hoch auf dem Kirchberg hinter dem Gotteshaus auf der Rokokobank aus rotem Sandstein, hinter sich aufragend das hohe Rokokokreuz, über sich das Blättergewölbe der Platanen; dort endlich kam es zu jenem Gespräch, das Charlotte lange suchte.

Eine Zeitlang hatten sie schweigend verbracht, ehe sie plötzlich begann, als knüpfe sie an einen unterbrochenen Satz an, und in der Tat verhielt es sich so, auch wenn er nie ausgesprochen war. »Was soll nun werden, Louis?« fragte sie. »Verstehe recht, es handelt sich nicht um mich; ich erhebe keinen Anspruch auf dich und erwarte mir keinen. Aber was wird aus dir? Willst du zeitlebens in der Maskerade eines Generals der Vorhut umherlaufen und Kontrebanditen abfangen wie ein Gendarm?

Er zuckte ein wenig zusammen, wiewohl er diese Frage erwartet hatte, und versuchte abzulenken: »Und du?«

»Gib Antwort«, drängte sie, »unsereins kann sich am Ende in einem Damenstift nützlich machen, sich die Augen mit Petit point-sticken verderben oder österreichischen Desmoiselles Sprachunterricht geben. Aber der Duc va de bon cœur hat doch mehr im Kopf als man zum Rossestriegeln braucht. Oder will er Tanzmeister beim Zaren werden?«

»Ich habe mir oft den Kopf darüber zerbrochen«, gab er zögernd zu, »wenn ich auf meiner Rosinante allein die Runde bei den Vorposten machte. Die Zukunft? Der Krieg kommt nicht von der Stelle und welch ein Krieg ist das? Mit unserm heiligen Recht oder der Monarchie hat er seit dem Auftreten Ludwigs XVIII. nichts mehr zu tun. Also wohin? Selbst, wenn ich wollte, könnte ich nicht mehr nach Frankreich zurück, weil die Bourbonen geächtet sind. Bleibt nur die Hoffnung, daß dieser Krieg, den wir niemals gewinnen können und nach österreichischer Meinung auch nicht sollen, wieder in Gang kommt. Schon um des nackten Lebens willen. Das ist von einem Söldnerdasein nicht fern und weder die Lilienbinde am Arm noch Paraden und Deklamationen helfen dem ab. Es ist schon viel, wenn wir den Kopf hoch tragen können ...«

»Siehst du es so düster, Louis?«

»Es ist aus mit uns, wenn nicht bald eine Entscheidung fällt und Moreau losschlägt. Die Leute laufen uns fort.«

Indessen, die sehnlichst erwartete Stunde der Entschei-

dung war näher, als er vermutete. Denn bald darauf, nach
der Mitte des Juni, als sie von einem Abendspaziergang
zur Straßenhöhe nordwestlich Ettenheim zurückkehrten
und ins nächtig versponnene Rheintal hinausgeblickt hatten: nach Frankreich zu mächtig aufgeworfen der dunkle
Vogesenwall, vor sich das Schweigen der Stromebene, in
der sich das Schicksal von morgen zusammenbraute – an
diesem wundervollen Abend kehrten sie noch einmal über
den Friedhof auf dem steilen Kirchberg zurück, saßen
noch einmal auf ihrer Bank aus rotem Sandstein, Charlotte
an Enghien gelehnt, und er fühlte, daß ihre Schulter bebte.

»Bist du traurig, daß der Tanz bald beginnt?«

Ja, schrie es in ihr, und ich bleibe mit meiner Angst um
dich wieder allein, aber sie schüttelte nur den Kopf, weil
sie spürte, wie sehr die Erwartung ihn trug. »Nein, nein,
dankbar für jede gemeinsame Stunde.«

In diesem Augenblick hörten sie es beide. Das ferne
Grummeln der Geschütze vom Straßburger ›Oktogon‹
schwoll plötzlich an. Abschuß und Einschlag folgten dicht
hintereinander. Das konnte nur bedeuten, Moreau wollte
am Morgen die Schanzen von Kehl angreifen, in denen
Soldaten des schwäbischen Kreises, Handwerker oder
Bauern, saßen, die wenig vom Sterben hielten.

»Es geht los!«, fuhr er hoch, »in dreiviertel Stunden bin
ich in Nonnenweiher. Thuméry hat genauen Befehl, bleibt
Zeit genug zum Alarm. Vor der Frühdämmerung können
sie nicht kommen.« Er drückte sie an sich, aber seine
Augen gingen bereits über sie fort. Dann hastete er die
Straße hinab bis dorthin, wo er den Burschen mit den
Pferden wußte. Charlotte winkte ihm nach, aber er blickte
sich nicht mehr um ...

An dieser Stelle freilich hält die Erzählung ein, um mit dem Bericht von jenem Mann fortzufahren, dessen Schatten inzwischen über halb Europa gewachsen war, ohne daß jemand ihn sonderlich kannte. Auch der neuerliche Kriegsausbruch hatte mit ihm zu tun. Einem Mann, der für zahllose Menschen Schicksal bedeutete, für Enghien vor allem, wiewohl er ihn nie zu Gesicht bekam. Er hieß Napoleon Bonaparte ...

5.

Das Paris jener Jahre. Zwar wirkte die Stadt für ein flüchtiges Auge unzerstört, aber Not, Angst und Verzweiflung der Schreckensjahre schienen im Grau abbröckelnder Fassaden für immer festgefressen. Oft genug zeigten sich Haustüren mit Brettern verschalt, Mauern von Einschüssen genarbt; noch lange diente die Sainte-Chapelle auf der Ile de la Cité als Mehlspeicher und aus den Fenstern des in Wohnungen verwandelten Louvre starrten die Ofenrohre der Mieter.

Boulevards und Straßen belebten sich hingegen von Tag zu Tag mehr. Die Bevölkerung kroch wieder aus den Hinterhöfen hervor und gab sich der Lust des Flanierens oder gar einem wahren Rausch des Vergnügens hin. In Guinguettes, Buden oder selbst Zelten, im ganzen nicht weniger als sechshundert neuen Ballokalen, drehte und wiegte sich jung wie alt, manch einer, der Angehörige auf dem Schafott verloren hatte, mit einem roten Band um den Hals, zu Walzerklängen, die trotz der Kriegshändel quer durch die Fronten von Wien nach Westen vorgedrungen waren. Brot indessen gab es wenig, und arme Schlukker, die weder über Beziehungen noch Geld verfügten, starben gelegentlich den einfachsten aller Tode, den des

175

Hungers, indem sie entkräftet umfielen und tot liegen-
blieben. Das alles vollzog sich gewissermaßen in völliger
Ordnung. Ein Direktorium aus fünf Mitgliedern lenkte
neuerdings die Geschicke, wenn es auch die Spannungen
zwischen den Parteien – Jakobinern, will sagen, Revolutionären im Sinne Robespierres, Thermidoriens, die den Tribun aus Arras zu Fall gebracht hatten, Kommunarden
oder Gefolgsleuten Babeufs und endlich Royalisten – nicht
schlichten konnte.

Gewiß machten in den Straßen noch immer Angehörige
der ›goldenen Jugend‹ – ›Muscadins‹ oder ›Incroyables‹
genannt –, ultrakonservative Stutzer mit Knaufstock, lächerlich hochgeschlungener Halsbinde und wehenden
Frackschößen, Jagd auf Jakobiner oder zerschlugen die
Gipsbüsten der Revolutionsheroen von gestern, während
in den Galerien des Palais Royal oder anderen Treffpunk-
ten die Grisetten in der Mode der ›Merveilleuses‹ mit
hochgegürteter Tunika und offenherzigem Mieder ihre
jungen Reize feilboten. Aber warum das Volk anklagen?
In den Salons der Nutznießer dieser Gesellschaft, vom
Heereslieferanten über den Politiker bis zum verknitterten
Aristokraten, der Anschluß gefunden hatte, ging es keineswegs gesitteter zu.

Einer der berühmtesten, in dem hohe Politik gemacht
wurde, war der des Vicomte Paul de Barras, des einfluß-
reichsten aller Direktoren im Palais Luxembourg, in dem
man den schönsten oder wenigstens begehrtesten Frauen
von Paris, wie Thérèse Tallien, geborener Gräfin Cabar-
rus, der Vicomtesse Marie-Rose de Beauharnais, Witwe
eines hingerichteten Revolutionsgenerals, endlich Madame Chateaurenard, begegnete. Wahrscheinlich galten

sie zu Unrecht als Mätressen des zu Ausschweifungen neigenden Direktors. Die Fama ist nie verstummt, er habe sich der drei Schönheiten nur bedient, um seine Homosexualität zu bemänteln.

Seit neuestem erschien in diesem Kreis gelegentlich ein schmächtiger junger Offizier mit griechisch-römischem Gesichtsschnitt, olivfarbenem Teint und schulterlangem Haar, einer ›Hundeohren‹ genannten Frisur. Er hieß Napoleon Bonaparte, stammte aus Korsika und hatte am 19. Dezember 1793 als vierundzwanzigjähriger Artillerist vor Toulon durch geniale Umsicht, entschlossenes Handeln und persönliche Bravour die englische Flotte zum Abzug gezwungen. Sein Eintagsruhm welkte rasch. Nach Robespierres Sturz, mit dessen jüngerem Bruder er sympathisierte, brachte er kurze Zeit in Nizza und Antibes im Gefängnis zu, war dann hungrig wie jedermann und schäbig gekleidet durch die Pariser Straßen gestrichen, bis er bei halbem Sold eine Stelle als Leiter der kartographischen Abteilung der Armee fand. Dort übertrug man ihm die Ausarbeitung eines neues Feldzugsplanes für Piemont und die Lombardei, wo gegenwärtig ein elsässischer Reisläufer, Barthélemy Scherer, recht unglücklich gegen Österreicher und Sarden operierte. Die dabei erworbenen Kenntnisse kamen Bonaparte bald zugute. Was freilich den Salon von Barras betraf, suchte er dort nicht nur nach einem Neubeginn seiner Karriere, sondern voll korsischen Familiensinnes auch nach einer geeigneten Partie, möglichst mit einem jener für ihn unerreichbaren Wesen, die er gelegentlich mit dem Hunger ungewollter Askese in den Straßen vorüberfahren sah. Er fand sie. Es war Marie-Rose de Beauharnais und er nannte sie seit dem Morgen nach ihrer ersten Nacht, die sie gemeinsam verbrachten, nur noch Joséphine. Vielleicht im Gedanken an seinen ältesten Bruder Joseph, nach dem frühen Tode des Vaters das Familienoberhaupt der zahlreichen Geschwister. Doch gleich von ihr.

Im Augenblick wog es schwerer, daß der mächtige Barras auf ihn aufmerksam wurde. Seit dem Beginn des Oktobers 1795 fungierte er an Stelle des unfähigen Menou gleichzeitig als Kommandierender General der Armee des Inneren, um der aufständischen Royalisten der Sektion Le Pelletier Herr zu werden. Von militärischen Dingen verstand er wenig, aber er begriff, daß es dazu vor allem der Artillerie unter einem energischen Offizier bedurfte und schlug Bonaparte vor, das Kommando in seinem Auftrag durchzuführen. Gewiß ließen sich kaum größere Gegensätze denken als der redselige, eitle Provenzale und der wortkarge Berufsoffizier, aber sie besaßen etwas gemeinsam, ihren Rigorismus. Der Korse ergriff die Gelegenheit mit Begier, auch wenn er bei knapp fünftausend Soldaten mit einer vierfachen Übermacht der Insurgenten rechnen mußte, zu denen noch vierzig Geschütze im Lager von Sablon kamen.

Als die Revolte in der Stadt vom 3. auf den 4. Oktober des Jahres ausbrach, fand sie Bonaparte vorbereitet; er ließ die Kanonen durch Joachim Murat mit dreihundert Mann im Galopp heranschaffen und brachte sie bis sechs Uhr morgens in Stellung. Als die Hauptmacht der Royalisten heranmarschierte und die Stufen der Kirche Saint-Roch besetzte, kartätschte er sie so rücksichtlos nieder, wie er einst in Toulon die Geschütze herumgerissen und die Briten von der Pointe de l'Eguilette vertrieben hatte. Wenigstens schrieb die Presse so; in Wahrheit kam es auch am Pont Neuf und am Théâtre Français zu Kämpfen, aber nach zwölf Stunden war alles getan; außer an den Brennpunkten hatte Paris von dem Aufstand nicht viel gemerkt. Immerhin war die Rettung der Republik ihres Lohnes wert und, wenn auch mit einigem Widerstreben, ernannte Barras Bonaparte doch zum zweiten Kommandanten der Inlandsarmee; er mußte es bald sogar hinnehmen, daß der junge Offizier ihm als alleiniger Oberbefehlshaber im Rang eines Divisionsgenerals folgte. Seither gebot er souverän über vierzigtausend Mann und hieß bei der Bevölkerung ›Général Vendémiaire‹ nach dem Weinmonat revolutionärer Zeitrechnung, in dem sich sein spektakulärer Sieg ereignet hatte.

Die neue Aufgabe, welche die Sicherung von Paris einschloß, glich eher der eines Polizeigewaltigen als eines Soldaten. Wenn Bonaparte morgens vor seinem Hôtel in der Rue Neuve-des-Capucines ausritt – Barras hat ihn später mit dieser Schilderung in seinen gehässigen Memoiren lächerlich zu machen versucht – auf einem hohen Zelter sitzend, umgeben von einem Stab schnauzbärtiger Offiziere, den riesigen Hut mit dem dreifarbigen Federbusch auf dem Kopf und an der Seite einen Schleppsäbel, der »größer war als er selbst«, begann das Arbeitspensum eines neuen Sisyphus. Der Parteienhader schwelte fort, überhöhte Steuern, Preissteigerungen, Mangel an Brennstoff, Brot und anderen Viktualien schürten ihn, bis es zu offenen Plünderungen und Attentaten kam. Bettelei und Prostitution wuchsen sich zur Stadtplage aus; am zügellosesten ging es im Faubourg Saint-Marceau zu. Dazu kam die Wühlarbeit der Agenten von rechts und links, nicht nur gegen die Mitglieder des Direktoriums, sondern auch gegen seine Person. Die Royalisten trieben eine besonders delikate Konspiration; wer die Theater besuchte, entdeckte unter dem Publikum Gestalten, welche die Sache der Revolution in der Person eines Autors, in der politischen Vergangenheit eines Schauspielers offen diffamierten oder die kleinste Tirade, die auf Kritik am neuen Geist hindeutete, mit rauschendem Beifall bejubelten. Die Polizei, ohnehin schlecht diszipliniert, zeigte sich bestechlich, wo sich Gelegenheit bot.

Kurz, er hatte sich mit tausend Widerwärtigkeiten herumzuschlagen, aber er lernte darüber das höchst verwirrende Erscheinungsbild der ewig aufsässigen Hauptstadt kennen wie kein anderer, die wechselnde Stimmung in den verschiedenen Quartieren, ihre Nöte, ihre Neigung zur Gewalttätigkeit, ihre geheimen Anführer. Doch es prägte ihn auch innerlich, denn er begriff die Bedeutung des persönlichen Auftretens, des treffenden Wortes im richtigen Augenblick und verstand die Wesensart der breiten Bevölkerung bald besser als ein gebürtiger Pariser, der aus seinem Quartier meist nicht herauskam, vor allem, als je ein Bourbone. Es war eine unvergleichliche Schulung.

Historiker haben die Frage aufgeworfen, warum er nicht schon damals zu einem Staatsstreich ausholte wie zwei Jahre später. Offenbar fühlte er sich noch nicht so weit. Was stellte seine Person trotz seiner Schlüsselstellung dar? Noch war er nicht als triumphierender Sieger aus Italien heimgekehrt, noch schließlich stand Joséphine nicht neben ihm ... Wie? Verwirrendes Seelenlabyrinth eines jungen Offiziers! Sie übte auf ihn eine magisch zu nennende Wirkung aus, derzeit fast identisch mit dem

Willen zur Macht, die in der Tat für ihn zeitlebens erotische Anziehungskraft behielt.

Es kam bald eine Stunde, in der sich solche Hintergründe seines Wesens zu einem elektrischen Kraftfeld zu-
sammenschlossen und Energien entluden, die man gern
ins Gebiet des Genialen verweist, wo sie auch angesiedelt
waren, wenngleich mit klar unterscheidbaren Quellen. Ob
»ihrer außergewöhnlichen Anmut und ihrem unwiderstehlichen süßen Wesen« heiratete er am 7. März 1795
Marie-Rose de Beauharnais, geborene Tascher de la Page-
rie aus Martinique, kreolischer Abkunft und Mutter
zweier Kinder, Eugène und Hortense. Sieben Tage zuvor
hatte ihn das Direktorium zum Befehlshaber der Italienarmee ernannt.

Alles sprach dagegen, daß er mehr Glück als sein Vor-
gänger Barthélemy Scherer fand. Experten taten seinen
Feldzugsplan aus der kartographischen Abteilung, dem er
haargenau folgen sollte, sogar als Verrücktheit ab, wenn
er mit einer Mannschaft von dreißigtausend zerlumpten
Marodeuren die disziplinierten Österreicher und Piemontesen, doppelt so stark an Zahl, trennen und einzeln schlagen wollte. Aber schon sein Anmarsch wurde zu einem
Fanal für ganz Europa. Sie stiegen aus den Bergen in die
blühende Lombardei als Sendboten einer neuen Mensch-
heitshoffnung hinab. »Die Leute lachten und sangen den
ganzen Tag«, berichtet Stendhal, der dabei war, und Bonaparte erinnerte sich noch in den letzten Lebensjahren
auf Sankt Helena, welch unerhörter Schwung ihn ergriffen
hatte: »Die Welt entglitt unter mir, als flöge ich durch die
Luft«. An Joséphine daheim schrieb er zugleich Briefe, die
vor Leidenschaft glühten: »Alle meine wachen Gedanken

181

gehören dir ... süße und unvergleichliche Joséphine, welchen erstaunlichen Einfluß hast du auf mein Herz ... mio dolce amor, ich sende dir tausend Küsse, doch gib mir keinen zurück, denn sie entflammen mein Blut.« Seine ureigensten Anlagen brachen durch. Gelegentlich verlor er sich in mehr als erotische Phantasien: »Welches Glück, dich bei der Toilette zu sehen, die kleine, weiße, elastische und so feste Brust ... tu sais bien la petite forêt noire. Je lui donne mille baisers et j'attend avec impatience le moment d'y être.« Aber er konnte, wenn er dergleichen niederschrieb, zugleich Befehle von einer Treffsicherheit geben, die selbst im Dienst ergraute Offiziere verblüfften. Die ersten Begegnungen mit dem Feind verwandelte er in brillante Erfolge; in fünf Tagen vier Siege, Voltri, Montenotte, Dego, Millesimo. Schon rollte er die piemontesische Armee unter Colli auf, zwang sie zum Frieden, wandte sich dann gegen die Österreicher. Was ihm an Mannschaft fehlte, ersetzte er durch Geschwindigkeit. Am 9. Mai warf er sich auf den Adda-Übergang von Lodi, wo ihm schweres Kartätschenfeuer entgegenschlug. Er ließ die vorderste Kolonne den Fluß im Schutz der Brückenpfeiler durchwaten und am anderen Ufer ausschwärmen, während er selbst den Hauptstoß über die Brücke gegen den dichtbesetzten Ortsrand führte.

Der Weg nach Mailand lag frei. Nachdem er dort durch eine stürmisch jubelnde Menschenmenge, die sich vom österreichischen Joch befreit sah, eingezogen war, schrieb er einen bemerkenswerten Satz nieder: »An jenem Abend von Lodi habe ich mich zum ersten Mal als Mensch höherer Ordnung empfunden.« Paris jubelte; es feierte Joséphine als Notre Dame des Victoires und nannte die Rue

Chantereine, in der die Bonapartes wohnten, in Rue de la Victoire um. Die Revolution hatte Flügel bekommen, und bald dachte niemand mehr an den Verruf, in den die Schreckenszeit sie gebracht hatte. Seither blieb sie eng mit dem Namen Bonaparte und einer Armee verbunden, die seit 1794 eine erstaunliche Wandlung durchgemacht hatte, deren Urheber im Grunde Carnot in seiner Forderung nach Schnelligkeit, massiertem Angriff und Kühnheit war. Bonaparte entsprach haargenau dem Typus des neuen Offiziers voll Sendungsbewußtsein, den er sogar in extremis verkörperte, Eigenschaften, die seine Truppe bewogen, ihm den Ehrentitel ›le petit caporal‹ zu verleihen. Das war mehr als die Anerkennung, einer der ihren zu sein, vielmehr ein Wechsel auf die Zukunft. »Damals entbrannte der erste Funke eines großen Ehrgeizes in mir«, sollte Bonaparte schreiben.

Es blieb nicht bei Einzeltaten. Er rollte ganz Italien auf, als er im November vor Vicenza nach Westen zurück mußte, aber in kühner Süd- dann erneuter Ostschwenkung die Etsch überschritt, um nicht von seinem Ziel abgelenkt zu werden. Nur die von Kroaten besetzte Brücke von Arcole lag noch im Weg; drei Tage dauerte der Angriff in mörderischem Feuer. Schon weigerten sich die Soldaten vorzugehen, als er selber die Fahne ergriff und, während seine Offiziere neben ihm zu Boden sanken, den sicheren Tod vor Augen, allen voranstürmte. Nach zweiundsiebzig Kampfstunden hatte er gesiegt. Der österreichische Feldherr Alvincy räumte betroffen seine für uneinnehmbar geltenden Stellungen.

Am Ende dieses einzigartigen Siegeslaufes, der ein Triumph jugendlicher Genialität über ein verkrustetes System ausgeklügelter Schachzüge war, kam der Tag von Rivoli, abseits des Gardasees, wo seinem Brigadegeneral Joubert die Umklammerung drohte. Als er bei Nacht von Verona heraneilte, genügte ihm ein Blick auf die fernen Wachtfeuer des zur Kesselschlacht entschlossenen Gegners ringsum am Horizont, um ihn die wahre Lage erkennen zu lassen. Er kannte jeden Fußbreit Bodens von der Karte, wußte sofort, zu welcher Stunde die feindlichen Kolonnen der Österreicher eintreffen mußten und brachte das aussichtslos scheinende Kunststück fertig, sie einzeln abzufangen und den Gegner endlich durch eine Kehrtwendung in voll entbrannter Schlacht in die Incanale-Schlucht zu werfen. Der Tag war damit nicht zu Ende. Noch während des Kampfes traf die Meldung ein, ein österreichisches Detachement marschiere auf Mantua, das er schon gewonnen glaubte. ›Nach Mantua, Soldaten, nach Mantua!‹ erging Befehl. Dreißig Meilen stürmten sie während der Nacht und des folgenden Tages fort, um sich, erschöpft angekommen, in einen neuen Kampf gegen dreifache Übermacht zu stürzen und bei La Favorite zu siegen.

Aber auch der Besitz von Oberitalien genügte ihm nicht, ehe er nicht in Leoben am 18. April 1797 einen Vorfrieden unterzeichnet hatte, der Frankreich alles zusicherte, was es von Österreich wollte; die Rheingrenze vor allem. Einen Unterhändler des Direktoriums hatte er gar nicht abgewartet, sondern selbst unterschrieben. Es mutet symbolhaft an. Tatsächlich geschah seither in Europa nichts oder nur noch wenig ohne oder gegen seinen Willen, und der Tag war nicht fern, an dem er zum Ersten Konsul aufstieg, die Republik sich in eine Diktatur verwandelte und der Freiheitsheld von gestern nach der Kaiserkrone griff.

184

Nicht nur Paris, sondern auch Wien hatte dem Sieges-
lauf, der Europas Schicksal von Grund aus verwandelte,
atemlos zugeschaut und die Hofburg eiligst jene Divisio-
nen von der Rheinfront nach Süden abgezogen, die zum
Einmarsch ins Elsaß bereitstanden. Das Direktorium
nutzte den Augenblick der österreichischen Schwäche am
Oberrhein und ließ Moreau bei Kehl zur Entlastung der
Italienarmee zum flankierenden Stoß über den Strom
nach Osten antreten.

Es war die Entscheidung, auf die Enghien wartete.

6.

Was Enghien auf seinem Ritt von Ettenheim über Kappel
nach Nonnenweiher bewegte, war nicht der blutrote Himmel über Straßburg, über den es noch immer hingrollte;
er dachte auch nicht daran, daß der apokalyptische Wi-
derschein ihm vielleicht die eigene Abschiedsstunde an-
kündigte, sondern nach zuversichtlicher Soldatenart allenfalls, daß er in die ersehnte Entscheidung hineinritt, die
ihm möglicherweise und irgendwann die Parktore von
Chantilly öffnete. Seit er mit Charlotte vertrauter stand,
durchgeisterten wunderliche Vorstellungen sein Gehirn: er
sah sie neben sich durch den Nonette-Grund reiten oder
gemeinsam zum Teich von Gomelles hinausfahren, und
manchmal mischten sich sogar ein, zwei kleine Kinderköpfchen in die anmutige Vision. Ja, wollte er sie denn
heiraten? Eine unterschwellige Phantasie schien solchen
und anderen Wunschträumen zuvorgekommen.

War es aber im Augenblick nicht angeraten, sich ernst-
haftere Gedanken zu machen? Pah, es blieb ihm genügend
Zeit; der Erfahrung des Marquis de Thuméry konnte er
vertrauen. Offenbar hatte er sich jedoch zu sehr darauf

versteift, vor Morgen könne kein Sansculotte auf rechtsrheinischem Boden erscheinen. Kaum war er an der letzten Deichkurve, wo der Weg nach Nonnenweiher ans Rheinufer stieß, angelangt, als aus dem Schilf ein grelles Feuer brach und etwas an seinem Kopf vorüberzischte. »Teufel, sind sie schon hier?«, fuhr er aus seinen Träumereien auf, »es wird ernst« und gab seinem Gaul die Sporen.

In der Tat stand es schlimmer als erwartet. Seine Truppe wartete schon alarmiert, und Thuméry begrüßte ihn mit ernstem Gesicht. Die Vorhutdivision Desaix überschritt auf noch gar nicht fertiger Pontonbrücke bereits den Strom, natürlich nur Fantassins ohne alles Gerät, zweitausend Mann zur Stunde vielleicht; das Schlimmere aber blieb das Bombardement. Die Befestigungen von Kehl lagen in Trümmer; es sollte dort übel stehen, der ganze Uferwald voller Opfer, die vergeblich versucht hatten, dem Inferno zu entkommen, während sich die Patrioten drüben daran machten, noch fehlende Pontons einzuschwimmen, um auch Geschütze und Munition auf die andere Seite zu schaffen.

Enghien erkannte die Lage sofort. »Wäre das nicht die Gelegenheit zu einem Handstreich?«

»Monseigneur«, erwiderte Thuméry, »haben das Kommando. Ich ließe mir die Gelegenheit nicht entgehen. Die ersten Stunden sind immer entscheidend.«

Worauf Enghien mit der ›Reiterei der Krone‹ unverzüglich antrabte. Sie fielen nach kurzer Zeit in Galopp, mußten aber ob der Dunkelheit in langsamere Gangart zurück und brauchten daher bis Goldscheuer, wo der Weg nach Offenburg abbog, anderthalb Stunden.

»Es ist noch immer zu schaffen«, rief Enghien Thuméry

zu, doch nun sah er sich unvermittelt angehalten. Der österreichische Abschnittskommandant Graf Starray stand mit seinem Stab auf der Kreuzung. »Da kommen Sie endlich«, rief er ihnen ungeduldig entgegen.

»Bis zur Stunde haben wir noch nicht einmal Meldung erhalten«, merkte Thuméry an.

»Haben Sie keine Ohren? Was los ist, sagt Ihnen doch der Instinkt.« Der Graf war aufgeregt und erwartete dringend Verstärkung. Nein, von einem Handstreich wollte er nichts, aber auch gar nichts wissen, sondern eine Verteidigungsstellung aufbauen; eine Auffanglinie war das Gebot des Augenblicks ...

»Und wenn ich das Unternehmen auf meine Kappe wage?« machte Enghien einen letzten Versuch.

»Sie bringen jede geordnete Bewegung durcheinander. Ich verbiete es Ihnen!« rief der Graf erbittert. In dieser Sekunde traf die Nachricht ein, erste Kolonnen des Feindes zögen singend auf Offenburg zu. »Singend? Inmitten der Nacht, das denn wohl doch nicht!«, und ein lächerlicher Disput mit dem Melder hob an, ob dies zutreffen könne. Worauf sich Enghien, dem Starray ohnehin nichts zu sagen hatte, kurzentschlossen französisch empfahl und auf breitgewordener Straße angaloppieren ließ. Offenburg! Der Feind zielte auf das Kinzigtal; er mußte ihm wenigstens an der Flußbrücke der Stadt zuvorkommen.

Auf diese Weise ging es zu, daß der entscheidende Augenblick vertan wurde, die Armee Moreaus erst mit zwanzigtausend Mann, dann mit weiteren fünfzigtausend auf mittlerweile vollendeter Pontonbrücke über den Strom gehen konnte, Gäule, Kanonen, Ambulanzen, Fouragen einbegriffen, bis sich tagelang ein ungeheurer Strom von

187

Militär in das Kinzigtal wälzte, weil Enghien die Brücke nicht halten konnte und schließlich zerstören ließ. Von nun an attackierte er, von der Bewegung mitgespült, die Tête des Feindes in den engen Schluchten des Schwarzwaldes auf flinken Gäulen gleichsam umtanzend, dann wieder griff er an, wie es ging – ein Hornissenschwarm, den die Sansculotten nicht loswurden, so verbissen sie auch mit gefälltem Bajonett vormarschierten, um nach bonapartischem Vorbild Österreich auch nördlich der Alpen zu werfen. Gleichzeitig war ja Jourdan im Norden nach Böhmen aufgebrochen, um die französische Italienarmee zu entlasten und dem Aufstieg des Adlers aus der lombardischen Ebene einen Höhenflug zu verleihen, der ihm die ganze Welt zu Füßen legte. Doch genug davon. Ein entscheidender Erfolg blieb weder Jourdan noch Moreau beschieden, bis Jourdan gar von dem genialen jungen Erzherzog Karl eine überraschende Niederlage bei Würzburg einstecken mußte, die auch Moreau zum Rückzug zwang.

Es war für beide Seiten kein Feldzug von Glanz oder Größe, wieviel Erwartung Enghien an ihn auch geknüpft hatte. Wieder einmal mußten die Condés als Schild der Österreicher herhalten und obendrein die Sticheleien oder das Ho und Hué balkanischer Hilfstruppen am Weg hinnehmen, wenn sie abgehetzt in einem entlegenen Quartier eintrafen, und notabene auch die Aufsässigkeit der Einheimischen, die mit den anrückenden Republikanern ihre Stunde gekommen sahen. Es gab bald nur einen Parteigänger, mit dem sie über die Linien hinweg ein geheimes Einverständnis verband, die heranmarschierenden Kompatrioten der anderen Seite, wiewohl sie den Condés im Handgemenge nichts schenkten, aber ihre Contreattacken doch mit Vorliebe auf österreichische Stellungen richteten. Oder war das bereits Respekt?

Enghien erwarb sich damals im Handumdrehen einen Ruhm, der wie der ganze Feldzug zwar nicht in die Geschichte einging, aber bald ins Legendäre wuchs.

Er trug eine heitere Gelassenheit zur Schau, die selbst die puritanischsten Republikaner entwaffnete, für die der Krieg eine Gesinnungsfrage blieb. Verlieh ihm die Gewißheit von Charlottes Liebe seine spielerische Selbstsicherheit oder offenbarte sich darin bereits ein Vorzeichen von Resignation? Klein, von gewandter Statur, wie er war, hat der Graf von Puymaigre den Enghien dieser Tage geschildert, einen Heros, der blitzschnell mit seiner Truppe auftauchte, um ebenso unvermutet im Nichts zu verschwinden, bei aller Schärfe des Säbels und nonchalanten Distanz stets etwas lausbubenhaft, was der gallischen Mentalität seiner Landsleute entgegenkam und Zuneigung erweckte, etwas Bedenkenloses, was ihn selbst betraf, wie fürsorglich für die Seinen und sogar für den Gegner er sich auch zeigte. Ließ er jemals einen Blessierten gleich welcher Couleur am Wege liegen? Es kam vor, daß man ihm bei einem kurzen Waffenstillstand oder an einem neutralen Ort begegnete, wie er unbefangen zwischen Freund und Feind umherging. Stets bildete sich sogleich ein achtungsvoller Kreis um ihn, und fragte ihn einer, ob er nicht für seine Sicherheit fürchte, lachte er meist kurz auf. War's nicht genug, sich im Kampf den Kopf einzuschlagen? Er konnte einen Burschen aus der Picardie, einen Korporal der Auvergne nach ihren Blessuren und ihrem Daheim ausfragen, daß jeder Sansculotte sich hochgeehrt fühlte, weil ein veritabler Prinz an ihm Anteil nahm, und niemand ahnte, daß sich darin im Grunde seine Sehnsucht nach Frankreich verriet. Selbst der berüchtigte Doppelagent Montgaillard, nach einigen Zusammenstößen mit dem alten Prinzen weiß Gott kein Freund der Condés, berichtete dem Direktorium in Paris von ihm, als wüchse da ein royalistischer Bonaparte heran. Er besaß Genie, und mochte man es Fraternisieren nennen, was er da trieb, auch in den anderen Emigranten rumorte die Frankreichsehnsucht, denn nichts anderes war es. Einmal gewährte das Regiment Mirabeau seinem Gegenüber freien Abzug, weil es sah, daß den Patrioten die Kartuschen ausgegangen waren, wofür diese sich mit präsentiertem Gewehr bedankten, und es blieb nicht das einzige Beispiel.

Die Österreicher sahen dergleichen nicht gern und protestierten. Am 12. August langte sogar ein Brief des Oberkommandierenden Erzherzog Karl bei Condé an, in dem dürren Tones zu lesen stand, die Armee des Prinzen lasse es an Eifer fehlen und habe den Republikanern die Tür nach Tirol weit geöffnet. Das allerdings war bare Infamie, eingeblasen von einer Offizierskamarilla, die selbst dem Feuer gern aus dem Wege ging. Der alte Löwe von Chantilly nahm die Zurechtweisung sogar von des Kaisers Bruder nicht hin. »Mag er reden, was er will; er soll uns nicht zu Memmen degradieren«, schnaubte er aufgebracht, grübelte nach und beschloß, den Österreichern eine Lektion an royalistischem Heldentum zu erteilen, leider indem er den Teufel mit Beelzebub austrieb.

Heldentum? In der Tat, das Wort besaß auch damals für einen Feldsoldaten entweder einen kindischen oder senilen Beiklang. Ganz nebenbei stand es zur Stunde nicht zum Besten zwischen Enkel und Großvater, der viel nörgelte, weil ihn die Jahre bei Kampfhandlungen meist in die Kutsche verbannten. Sie lagerten derzeit um Mindelheim und Condé logierte im ›Hecht‹, wo er alsbald einen Kriegsrat zusammentrommelte, um die ›Ehre‹ seiner Armee, wie er es sah, zu retten. Etliche Kilometer entfernt kantonierte die republikanische Division Ferino; Condé hatte sich ausgedacht, bei Dunkelheit mit zweitausend Mann über ihre Vorhut in Oberkammlach unter dem jungen General Abbatucci herzufallen – immerhin eine vierfache Übermacht. Enghien sah betroffen drein. Aber konnte gerade er, der Enkel, seine Stimme gegen solchen Wahnsinn erheben, der trotz mancher Zustimmung allzu sehr den Stempel von Condés Halsstarrigkeit und eines Ehrbegriffes aus den Tagen des Siebenjährigen Krieges trug? Die Räder der Kanonen mit Stroh umwickelt, griffen sie in schwarzer Gewitternacht an, überrumpelten die Vorposten, stürmten auf schmaler, bald hoch mit Toten bedeckter Brücke über den tief eingeschnittenen Kammelbach, stürmten weiter und weiter – bis beim vollen Morgenlicht denn doch die bittere Wende kam. Kaum, daß sie in letzter Minute der fast geschlossenen Falle entrannen. Enghien auf dem Flügel nach Niederkammlach wie immer der Letzte am Feind.

Was war das? Todesverachtung? Ein Viertel der gesamten Truppenstärke lag tot oder verwundet am Boden, unter ihnen auch Virieu, der alte Gefährte aus Chantilly. Gewiß, die Zeit sah vor allem die Bravour darin, der Condés wie jener des Feindes, und auch Enghien mußte von ihnen eingestehn »Das sind die Franzosen von 93 nicht mehr; sie kämpfen wie Götter.« Aber ebenso gewiß würde er den Bauern von Oberkammlach beigepflichtet haben, die an einer Gedenkkapelle, die heute noch steht, die Inschrift anbrachten, hier hätten sich am 13. August 1797 mehrere tausend Franzosen umgebracht und keiner verstehe warum. Er verzieh es dem Großvater nie.

In der Tat war es ein sinn- und ergebnisloses Opfer, das den Charakter des Selbstmordes trug, wenn auch die Österreicher seither schwiegen und ein englischer Minister auf eine Parlamentsanfrage hin, warum London so kleine Kontingente mit Geld unterstütze, enthusiasmiert äußerte, man möge hingehn und die große österreichische Armee befragen, wie oft sie durch die Condés vor einer völligen Niederlage bewahrt geblieben sei. Was in dieser Fassung nicht zutraf. Enghien, dem letzten aufrechten Fels in tragischer Flucht, schlug sogar unverhohlene Bewunderung entgegen. Als die Vorhuten wenige Tage nach dem Desaster, das es im Grunde doch war, hoch auf dem Münchner Gasteig dem nämlichen Abbatucci am Isartor gegenüber lagerten, zwischen sich und dem Feind nur den Fluß, erschien ein Parlamentär mit weißer Fahne auf der Brücke, der republikanische General bäte Enghien um eine Begegnung. Sie muß in der Woche vom 2. bis 7. September auf dem ostwärtigen Rampenteil stattgefunden haben, wobei Abbatucci artig den Zweispitz mit der dreifarbigen Panache lüftete und Enghien höflich »Monseigneur« anredete: »Sie hätten es nicht nötig gehabt, als Prinz auf die Welt zu kommen, um berühmt zu werden. Bei Ihrem militärischen Talent würden Sie in der republikanischen Armee auch als Sohn eines Köhlers die Avantgarde kommandieren ...«

Das war ritterlich gedacht und nicht ganz ohne verstecktes Eigenlob gesagt, aber es enthielt für Enghien doch eine Spitze, weil er an die Toten von Oberkammlach

192

dachte; er schämte sich dieser Opfer und dies doppelt, weil man ihn offenbar für den Urheber des Gemetzels hielt. Was allerdings schlimmer war, ihn bedrängten seither Zweifel an Condé. Konnte sich ein Feldherr dahin verlieren, daß ihn gekränkte Eitelkeit so weit trieb, und stellte das wiederum nicht den gesamten Sinn ihres Kampfes in Frage? Er versuchte den Gedanken lange zurückzudrängen, aber der Glaube an den Großvater hatte einen Riß bekommen, der sich bald mehr und mehr vertiefte.

Vielleicht rührte es aus dieser Enttäuschung her, daß bereits am 8. September erneut die Haubitzgranaten über die Isar flogen und entgegen den Klagen der ›Münchner-Zeitung‹ über die Treffunsicherheit von Enghiens Artillerie den Roten Turm am Brückenansatz über den Stadtgraben in Brand setzten, wie ein zeitgenössisches Bild noch zeigt. Sollte es ein Abschiedsgruß an den hochgemuten Feind sein oder ein ›Hols der Teufel!‹ auf den sinnlosen Krieg? Nachdem Erzherzog Karl Jourdan am 3. September geschlagen hatte, zogen sich die Republikaner unter fortwährenden Rückzugskämpfen bis in den letzten Winkel deutschen Bodens zurück; und auch der Feldzug verkroch sich, nämlich in den letzten Winkel des Jahres. Noch einmal traten die Condés in Steinstadt am Rhein unter dem Platzen der Haubitzgranaten zum Straßenkampf an und kampierten mit leeren Mägen in Eis und Schnee. Enghien machte seinem Unmut Luft wie damals in Chantilly, als er gegen Millot aufbegehrte, aber diesmal meinte er vielleicht auch Condé: »Man schlägt sich wie Dämonen, bricht sich die Knochen, verliert, was man besitzt, und bekommt am Ende nicht einmal ein Stück trockenes Brot, um es zwischen die Zähne zu schieben ...«

In Ettenheim fand er wieder zu sich und lebte auf, wenn Charlotte am Cembalo saß und die kleine Gesellschaft mit ihren Piècen unterhielt, unter denen sich immer häufiger Stücke eines vor kurzen Jahren verstorbenen Wolfgang Amadeus Mozart fanden, in deren sehnsüchtig lockender Anmut er sich selber wie im Zauberspiegel erkannte. Es gab allerdings auch Augenblicke, in denen er ins Leere starrte und auf das vergangene Jahr zurücksah. O nie vernarbende Wunde von Oberkammlach! Dann konnte er aller Welt, die Freundin eingeschlossen, grollen und in hartes Lachen ausbrechen, wenn er an sein Leben dachte. In solcher Stimmung über die Ausweglosigkeit des eigenen Daseins mochte er mit dem Diamanten seines Fingerringes die Zeilen eines langen Gedichtes in die Glasscheiben des Besuchszimmers geritzt haben, gewiß teils launig, teils aber auch um sich schlagend, gallig und frivol:

> *»Belle Charlotte*
> *votre nom est gravé*
> *dans mon cœur*
> *comme mon cul dans*
> *mes culottes«*

Gottlob konnte dieses Gekritzel niemand entziffern, das erst später beim Einschwärzen des Glases ans Licht kam. Es gibt auch kaum den wahren Enghien wieder, sondern nur die Selbstironie einer verlorenen Stunde. Plötzlich aber setzte auch in ihm wieder das Tauwetter ein. Der Vorfriede von Leoben, mit dem Bonaparte seinen Sieges-lauf beschloß, machte allen Feindseligkeiten ein Ende; wieder einmal drohte die Auflösung der Armee Condé. Sie ließ Enghien diesmal gleichgültig. Immer wieder suchte

194

er Zuflucht in Ettenheim bei Charlotte, wanderte mit ihr durch das aufblühende Land, sprach über Dinge, die er lange verschüttet glaubte, und natürlich tanzten sie auch. Dann kam der Adel der Nachbarschaft herüber, die Türckheims aus ihrer ehemaligen Wasserburg in Altdorf, die Böcklins von Schmieheim; manchmal erschien auch der Marquis de Thuméry von Müllheim auf Urlaub, eine anima candidans, den dabei das Schlucken überkam, wenn er an sein verlorenes Zuhause, seine verlorene Familie und ähnliche Geselligkeit dachte. In seltenen Fällen gab es auch etwas Besonderes: dann las der Abbé Weinborn, ein Kenner der klassischen Literatur und Generalvikar des Kardinalbischofs, aus dem, was ihnen einst die Welt bedeutet hatte. Mit Vorliebe Corneille natürlich, aus dem Pompejus etwa, in dem der Abbé als Ptolemäus sagen mußte:

>»Seigneur, montez au trône et commandez icy«*

Worauf Enghien in der Rolle des Cäsars antwortete:

>»Connoissez-vous César de luy parlez ainsi?*
>*Que m'offriroit de pis la Fortune ennemie,*
>*A moy qui tiens le trône égal à l'infamie?«*

— Sentenzen voller Anspielung mithin, wogegen Charlotte einen Dialog aus der ›Comtesse d'Orgueil‹ beisteuerte und die Mamsell, ihre Sprachschülerin, als Olympia fragen ließ:

>»Le chagrin d'absence est cruel quand on aime,*
>*Cousine je te plains.«*

Damit sie, Charlotte, in der Rolle der Lukrezia antworten konnte:

>>*Il doit si-tost cesser,*
Que je n'auray pas trop le loisir d'y penser.<<

Was eindeutig auf Enghien zielte. Der Herzog fühlte, wie Charlottes Lebenskreis ihn wärmte und ihm aufhalf. Weilte er im Lager von Müllheim, hielt er es keinen Tag aus, ohne an sie zu schreiben und manchmal fand sich darin ein Geständnis, das Charlotte trotz aller Widerstände Condés hoffen ließ: >>O liebe Freundin, warum kann nicht mein ganzes Leben Ihnen gewidmet sein? Warum diese Pflichten meiner Stellung, meines Ranges, der Herkunft, die mich so oft zwingen, den entzückenden Ort, an dem Sie leben, zu verlassen, und wo ich so oft an Ihren Knien den Kummer und die Bedrängnis meines schwierigen Daseins vergesse ...<<

Dann aber, nachdem es wahrhaft Frühling geworden war, erfüllte er sich einen Wunsch, der ihn an Jugendtage erinnerte, die er so fern wie eine andere Welt in sich trug. Wieviel lag dazwischen! Er bat Condé um einen Urlaub mit Kameraden für die Schweiz, und der Großvater erfüllte ihn nur zu gern, um ihn von Ettenheim fortzubringen. Mit Serrent, Cheffontaine, Joinville und Mellet, dazu einer Kutsche, einem Diener und dem Handpferd für den Mantelsack machten sie sich auf den Weg. Geld besaßen sie wenig und auffallen wollten sie keineswegs. Enghien war von dem Gedanken, nach Phantasie und Laune frei zu wandern, entzückt. Die Uniform hatte er natürlich mit einem Reisekostüm vertauscht. >>Stellen Sie sich den Herzog von Enghien vor<<, schrieb er dem Vater nach

196

London, »im grauen Reisefrack mit rundem Hut, englischen Stiefeln, die Haare vorn über die Augen gekämmt,
das Übrige dementsprechend ...«

Glücklich wie ein Kind wanderte er mit den Gefährten
über Bern, Zürich, Luzern auf der Straße der Flucht nach
Turin. Sie bestiegen die Gletscher, klommen Berghänge
empor, und der Herzog gestand sich ein, daß ihm manchmal ganze eigene, befremdliche Ideen über das menschliche Glück durch den Kopf zogen, die mit dem ›honneur‹
des Großvaters wenig zu tun hatten. Die kleinen Unbe-
quemlichkeiten störten ihn keineswegs, selbst wenn man
in einfachsten Herbergen kampieren mußte. Es amüsierte
ihn, als einfacher Reisender von unverschämten Wirtsleu-
ten übers Ohr gehauen zu werden, und er lachte aus
vollem Herzen, als sich Joinville über die Verrücktheit
empörte, daß er als Prinz incognito durchs Land zog und
sich wie ein Troßbube behandeln ließ.

Er lachte auch, als sie auf Wunsch der Kameraden in
Zürich Lavater besuchten und der große Physiognomiker
den Herzog forschend anblickte, um festzustellen, unzweifelhaft befinde sich eine bedeutsame Persönlichkeit unter
ihnen. Die Bourbonennase stach ihm ins Auge und vielleicht auch irgendetwas Erwähltes in seiner Erscheinung.
Eine bedeutende Persönlichkeit! Enghien wurde nachdenklich. Ja, welcher Art, welcher Destination denn ... o
Zukunft, wann offenbarst du mir dein wahres Gesicht!

Er ahnte nicht, daß der Großvater bereits wieder die
Parze seines Schicksals spielte.

IV. KAPITEL

Die verkaufte Armee

I.

Der Zar von Rußland an den Prinzen Condé:

Mein Herr Vetter,
unterrichtet von der schwierigen Lage, in der sich Eure Hoheit befinden,
erlaube ich mir, Sie bei solchem Stande der Dinge zu mir einzuladen. Euer
Hoheit sollen eine Ihrer würdige Bleibe vorfinden und dürfen ebenso gewiß
sein, daß es mir ein hohes Vergnügen gewährt, mich um Ihr Wohlergehen
zu kümmern. In voraufgegangenen Briefen haben Sie bereits ähnliche
Versicherungen empfangen; ich füge nur hinzu, daß ich nicht aufhöre, mit
besonderer Zuneigung zu verbleiben

Eurer Hoheit ergebenster Vetter

Petersburg, den 17. Juli 1797   *Paul I.*

Stand es abermals so schlimm um die Condés, daß sie so
eilig Hilfe brauchten? Der Brief befand sich laut einigen
Quellen bereits am 20. des Monats, was doch bei der
ungeheuren Entfernung kaum sein konnte, in der Hand
des Prinzen, der damals mit seinem Hauptquartier in
Überlingen am Bodensee lag, während die Armee in Müllheim kampierte. Wieder einmal kam die Rettung in letzter
Stunde, und wie beunruhigt die Stimmung der Truppe
gewesen sein dürfte, zeigt, daß Condé den Brief samt etlichen verlockenden Einzelheiten aus den Vorverhandlun-
gen des Grafen Saint-Priest unverzüglich allen Angehörigen vom Generalleutnant bis zum letzten Soldaten be-

198

kanntgab. Vor allem, daß sie ab 1. Oktober auf die Fortzahlung von Sold und Löhnung rechnen konnten und daß
dem Adel die gleichen Rechte zustanden wie ... wie dem
russischen eben. Denn das blieb des Pudels Kern; mit
dem großherzigen Angebot verband sich der Exodus nach
Rußland, und wer die Dinge beim Namen zu nennen
beliebte, konnte mit Recht sagen, Condé habe seine Armee, die zur Rettung des Königtumes angetreten war,
verkauft.

Was den nunmehr dreiundvierzigjährigen und seit einem Jahr regierenden Zaren in seiner erzkonservativen
Denk-, gleichzeitig bizarren Wesensart bewegte, eine
fremde Truppe in Sold zu nehmen und in sein ausländi-
schem Einfluß sorgfältigst verschlossenes Reich zu verlegen, Gott mag es wissen. Was sollte sie dort? Überdauern,
wie einst Zarin Katharina vorgeschlagen, bis man ihrer
wieder bedurfte? Gedachte Zar Paul damit in generöser
Laune eine Dankesschuld für den überwältigenden Empfang abzustatten, den Condé dem »Comte du Nord« und
seiner Frau vor fünfzehn Jahren in Chantilly bereitet
hatte, als zweitausend Fackeln am Vertugadin flammten,
die graziösesten Tänzer und Balletteusen von Paris über
die Rasenflächen wirbelten und er, der jetzige Herr aller
Russen, in goldener Gondel über die Teiche von Chantilly
geglitten war? Gewiß kam nach Condés schweren Schick-
salen und glänzenden Waffentaten noch etwas hinzu, die
Bewunderung für sein heroisches Durchhalten vor allem,
und schließlich schaute auch eine posthume Huldigung
für die schon ins Grab gesunkene Kultiviertheit des Ancien
Régime heraus, als deren erlesenste Blüte dem Zaren Enghien galt. Er wäre bestürzt gewesen, zu erfahren, daß der

Cherubino, der er in seinen Augen geblieben war, sich nicht das Geringste daraus machte, dem Comte du Nord, den er zuletzt vor dem Affenkäfig der Menagerie sein tierisches Gegenüber mit unverhehlbarer physiognomischer Ähnlichkeit hatte anstarren sehen, erneut zu begegnen. Der Zar hingegen hatte sich immer wieder nach Enghien, nach seinem gegenwärtigen Aussehen, seinen militärischen Erfolgen erkundigt, und tatsächlich geisterte das einstige Kind, nunmehr umwoben von der Aura der Bravour, als Idealvorstellung fürstlicher Lebensart durch die Gedanken und Wunschträume eines Mannes, den das Schicksal mit niederer Kalmückenstirn, aufgestülpter Nase und, was er dumpf fühlen mochte, tückischer Gemütsart bedacht hatte. Mag sein, daß bei seinem Entschluß sogar der Gedanke mitspielte, im soeben durch die jüngste polnische Teilung neu erworbenen Wolhynien durch Stationierung eines französischen Kontingentes beim einheimischen Adel Sympathie zu erwecken.

Was hingegen Condé zu seinen Verhandlungen veranlaßt hatte, die dem Ukas des Zaren vorangegangen waren – denn als kaiserlicher Erlaß galt das Schreiben – mutete kaum minder vielschichtig an. Der Friede von Campoformio ließ sich voraussehen; mit ihm würde die ›Condeich‹ aufhören, als Bestandteil der österreichischen Armee zu gelten und auch England seine Subsidien sparen. Welch hartem Schicksal, welcher Not gingen seine im Kampf ergrauten Getreuen entgegen, die oft genug Familie oder Anhang mitschleppten, wo sollten sie Zuflucht finden, nachdem das Direktorium zu Paris soeben schärfere Bedingungen für die Rückkehr der Emigranten erlassen hatte? Und dennoch, Rußland, mußte es Rußland sein, wie die Veteranen in den Müllheimer Quartieren beim Wein voll Erbitterung polterten? Der Prinz überging solche Einwürfe freilich mit grandseigneuraler Gebärde; je mehr er alterte, und er war jetzt gute sechzig, desto selbstherrlicher und rücksichtsloser verfuhr er in seinen Entschlüssen. Nicht zuletzt gegen den Enkel. Seit sich die Heirat mit Karoline von Baden zerschlagen hatte, suchte er, Pläne schmiedend wie immer, nach einer neuen Partie und wechselte über die Verheiratung Enghiens sogar Briefe mit Bourbon. Es wurde Zeit, er wollte sein Haus bestellen, den Bestand seiner Familie gesichert sehen, Urenkel auf seinen Knien reiten lassen! Gewiß besaß der Markgraf von Baden noch weitere Töchter, aber Rußland – mein Gott, bedeutete eine Verbindung mit dem Zarenhaus für einen exilierten Fürstensproß nicht eine triumphale Rückkehr auf die Höhen des menschlichen Daseins? Aber auch das war nicht alles.

— Braungebrannt war Enghien aus der Schweiz zurückgekehrt. Die Tage der Wanderschaft, die Freiheit auf Bergeshöhen hatten ihm den inneren Abstand zu den Tagessorgen zurückgegeben, der anfangs so belächelte Wahrspruch des kraushaarigen Physiognomikers sogar eine ferne Verheißung zurückgelassen, es möge, Krieg hin und her, mit seiner Zukunft noch nicht aller Tage Abend sein. Was endlich die Rückkehr in den Bannkreis Charlottes betraf, für die er ein von seinen letzten Groschen erstandenes, allerliebstes Kuhhorndöschen für irgendwelchen Krimskrams in der Tasche trug, löste sie ein wärmendes Glücksgefühl aus, das er schon lange nicht mehr kannte. Was auch kam, er kehrte nach Hause zurück, und er hätte nicht Enghien mit seinem Familiensinn und seiner

Neigung zum Sentimentalen sein müssen, um sich nicht beschwingt zu fühlen.

Condés Ankündigung des Exodus traf ihn wie ein Keulenschlag. Er starrte entsetzt auf das Papier und fühlte sofort heraus, was das bedeutete, und noch mehr, was es bedeuten sollte. Rußland? Dahinter versteckte sich doch nicht nur der Wunsch, ihn mit einer Großfürstin zu verheiraten, sondern viel mehr, ihn von Charlotte zu entfernen und in entlegenen, Sibirien ähnlichen Gefilden gleich der beiseitegelegten Figur eines Schachspieles, die man durch geschickten Austauschzug wieder einwechseln konnte, auf Vorrat zu halten, bis die Stunde der großväterlichen, durchaus wohlgemeinten Kabale gekommen war, die Condé als allmächtiger Herr seines Schicksales mit völliger Bedenkenlosigkeit gegenüber ihm, dem Enkel, durchführen würde.

Er begehrte auf. Nein, dies nicht, seine Gehorsamspflicht eines Nachgeborenen besaß Grenzen, auch wenn es der Fortbestand der Familie verlangte! Warum hatte der Großvater nicht beizeiten Bourbon ein solches Ansinnen gestellt? Warum sagte er Nein zu Charlotte, wenn er selbst eine Rohan geheiratet hatte; war es zudem mit dem Abblitzen am Badischen Hof nicht genug? Warum sollte er, Enghien, das Opfer neuer Chimären werden und nun, da das Ansehen der Condés mit den Ereignissen in Frankreich mehr und mehr verblich, ihrem Wappen durch eine ihn hochstaplerisch anmutende Verbindung neue Farben verleihen? Der würgende Kloß stieg wieder in seiner Kehle auf, wie damals bei der Affäre von Oberkammlach, wo der Alte der Ehre des Namens Condé bedenkenlos, wenn auch mit erschlichener Zustimmung – wer konnte sich

202

dem Appell an die Bravour schon entziehen? – die Besten seiner Truppen geopfert hatte. Dies in einer Epoche, welche die Menschenwürde und die Gleichheit aller zum Sittengesetz erhob.

Nein, sagte er in der ersten Aufwallung, nein und griff schon zur Feder. Aber er warf sie bald wieder hin: nicht in Rage! Er beschloß das Stundenglas auf dem Tisch einmal ausrinnen zu lassen, während er in der Hoffnung, ruhiger zu werden, auf knarrenden Dielen hin und her schritt. Endlich glaubte er sich so weit und begann in selbstbeherrschten Schriftzügen, respektvollsten Tones eine Ablehnung des ganzen Planes zu Papier zu bringen, deren Grundstimmung gleichwohl so rigoros wie nur möglich klang.

Er bekam sehr schnell Antwort, bestimmt und im Befehlston: er, Enghien, hatte die Condeich nach Rußland zu führen und niemand anders. Immerhin lag neben der Peitsche das Zuckerbrot. Ob er denn nicht einsehe, daß die ehrenvolle Berufung durch einen Zaren, der an strikte Befolgung seiner Wünsche gewohnt sei – hier kräuselte Enghien höhnisch die Lippen, was kümmerte ihn der Kalmück? –, einem Herrscher, der durch den Prinzen Gortschakow ausdrücklich Enghiens Teilnahme gefordert hatte, ihm das Kommando über eine große Armee, ›une grande armée‹, eröffne? Was das genau hieß, mochten die Götter wissen; meinte der Prinz damit seine ausgeblutete Truppe, die nur noch einem Skelett glich, oder ein Kommando im russischen Heer, dessen Sprache er nicht einmal beherrschte? Enghien möge doch, fügte Condé weiter hinzu, der Person, die sein Vertrauen genieße, die Frage vorlegen, ob sie seinem Wohl und Wehe, ja seiner ganzen

Zukunft im Weg stehen wollte oder ihm, wie er gewiß sei, nicht vielmehr zuraten werde? Da war es also am Tag, was er in Wirklichkeit forderte; Charlotte hatte zurückzutreten, weil Condé es verlangte.

Nun, das war Infamie und diesmal besann sich Enghien bei allem Respekt nicht lange auf eine ablehnende Antwort, um alsbald, postwendend sozusagen, eine wahrhaft erstaunliche Replik zu erhalten, in welcher der alte Fuchs ganz neue Register zog, die des Gefühles. Er wußte, wo er den Enkel zu fassen vermochte: die von Enghien ihm gegenüber zugesicherte Ergebenheit und Liebe glaube er wohl, doch gerade dies treibe ihm die Tränen in die Augen und erfülle ihn mit Verzweiflung. Vergeblich habe er, Condé, den Zaren gebeten – wann nur? – von seinem Vorhaben abzustehen. Was sei denn zu tun, wenn davon ihrer aller Existenz abhänge? Gewürzt mit vielen Achs und Ohs beschwor er Enghiens Aufwachsen und Vergangenheit, deutete auch an, wieviel Fürsorge und Gedanken er, Condé, dem Enkel zeitlebens gewidmet habe. Ja, der Herzog hörte förmlich wieder den Kies auf der Terrasse von Chantilly knirschen, wenn der Großvater ihn ehedem in abendlicher Verlassenheit aufgesucht hatte. Die Misere seiner Kindheit stieg vor ihm auf, in der Louis-Joseph sein einziger Halt gewesen war. Wie sollte er auf dieses erpresserische Schriftstück eines selbst in seiner Zuneigung herrschsüchtigen alten Mannes, ebenso larmoyant wie wahr, gefühlvoll wie berechnend, ein Meisterwerk der Familiendiplomatie des Ancien Régime, zudem noch mit einer Aufforderung gekrönt, den Weg der Pflicht zu gehen, damit er mit beruhigtem Gewissen schlafen könne – wie sollte er anders als mit der Einsicht darauf reagieren, daß er zahlen mußte und der Gefangene einer vergangenen Welt blieb, die längst keine Daseinsberechtigung mehr besaß? Hinderte diese Bindung ihn nicht obendrein an einem Aufstieg ähnlich dem des Großen Condé? Ganz zu schweigen von dem Weg des nur drei Jahre älteren Korsen im fernen Italien, zu dem seine Gedanken neuerdings ebenso bewundernd wie irritiert hinüberflogen – das zweite, weil er nicht daran zweifelte, daß der Heros der Republik in die eigene Tasche wirtschaftete und ihm das Wort Frankreich nur ein Mittel zum Zweck war. Allein, das Genie der Jugend, die Selbsterfüllung, alles, was eine Seele Anfang der Zwanziger bewegte, eingeschlossen das Recht auf das Ungestüm des Herzens, war Bonaparte unleugbar zuteil geworden!

Ihm, Enghien, der doch gleichfalls eine Berufung in sich fühlte, wenn er sich auch nicht vergleichen wollte, blieb nichts als Ergebung in eine Herkunft, an der bleischwer die Gewichte der Vergeblichkeit hingen; jeder Geschichtsschreiber würde mit bedauerndem Achselzucken darüber hinweggehen oder noch besser, der Moniteur eine Karikatur veröffentlichen: Der Wachhund der französischen Monarchie in der Sicherheit der russischen Steppe! Nach einer Nacht der Ratlosigkeit, in der er vergebens nach einer Lösung suchte und doch immer wieder den müde gewordenen Condé vor sich sah – hinter ihm eine Armee Verzweifelter –, der ebenso vergebens Ausschau hielt, setzte er sich endlich resigniert an den Sekretär. Er wußte, daß er für immer dem Recht auf ein eigenes Leben entsagte, wenn er nachgab und Charlotte verließ, und daß diese Ergebung in den Willen des Älteren für ihn der Anbeginn einer endlosen Reihe von Selbstdemütigungen sein würde.

Noch einmal stand er von dem Schreibpult auf und sah, die Kerze in der Hand, in den Spiegel. Eine kleine Falte hatte sich neben dem rechten Mundwinkel eingenistet. Er nickte grimmig: das Kainszeichen. Dann setzte er sich hin und schrieb an Condé: »J'obéis, mais c'est avec une amère douleur – ich gehorche, aber mit Bitterkeit.«

Das mochte als Selbstverleugnung, gar Edelmut gelten, und es fehlte darin doch an menschlicher Ausgewogenheit. Konnte man aber von der eben erst im Blatt stehenden Rebe schon die Reife der Frucht erwarten? War denn damit der Kelch für ihn geleert? Enghien mochte insgeheim gehofft haben, daß ihm Charlotte mit einem verstehenden, oder wenigstens beschwichtigenden Wort zu Hilfe kam, aber daß sie es wie einen Verrat nahm, als er ihr seinen Entschluß, nach Rußland zu gehen, mitteilte, hatte er nicht erwartet. Sie starrte ihn immer ungläubiger, immer verwirrter an, aber sie begriff, noch ehe er selbst davon sprach, daß dies eine Loslösung für immer bedeutete und der Alte von Chantilly, der ihrem heimlichen Spiel so lange zugeschaut, nun zum vernichtenden Schlage ausholte.

Sie hatte alles hingenommen, hatte auf Heirat verzichtet und wußte natürlich, daß ihr Verhältnis mit Enghien längst Tagesgespräch war, sowohl an den Residenzen wie in Ettenheim, und selbst den Onkel in schadenfrohen Verruf brachte, weil er dergleichen bei sich geduldet hatte: was stand von dem Kardinal der Halsbandaffäre anderes zu erwarten? In einer hastigen tour d'horizon durchschweifte ihre Phantasie sogar noch entlegenere Bereiche. Da war ein portugiesischer Grande, den sie vorgeblich nicht gewollt hatte; es paßte gut dazu, daß Enghien sie nun fallen ließ ... was blieb ihr übrig, als sich, halb eine

Adultera, in einem Stift zu verkriechen? Aber auch damit nicht genug, was viel schlimmer wog, sie hatte ihm blind vertraut in jener einen Nacht und fühlte sich nun beiseite geworfen.

»Und bleibt es bei deinem Entschluß?« hörte sie sich fragen.

»Kann ich denn anders?« antwortete er nun schon störrisch wie alle jungen Männer, wenn sie das schlechte Gewissen plagt.

»Und alles andere zwischen uns?« konnte sie nicht unterdrücken. »Bin ich denn aussätzig, daß es mir verboten ist, dich zu lieben, und warum appelliert Monseigneur an mich, um mir das Schicksal von einigen tausend Emigranten aufzubürden, für die einzig er Verantwortung trägt? Und du selbst ... kannst du mich von einer Stunde zur anderen aus deinem Herzen vertreiben?«

Er schwieg, aber ›Judas‹ tönte es in ihm und wieder ›Judas‹!

»Bis ans Ende der Welt, bis zu den Irokesen und Eskimos wäre ich dir gefolgt, als Mätresse oder was du wolltest.« Nur ihre sonst so volle, jetzt tonlose Stimme verriet, wie es um sie stand. »Du weißt, was du zu tun hast. Geh also, wenn du gehen mußt. Ja, geh.«

Sie hörte noch, wie sich unten der Hufschlag eines Pferdes langsam, sehr langsam von ihrem Hause entfernte, dem sein Reiter offenbar völlig die Zügel ließ, denn einmal stolperte es auf dem Pflaster. Dann brach sie über ihrem kleinen Sofa, auf dem sie so oft beieinander gesessen hatten, zusammen und brauchte Stunden, um sich aus ihrer Erstarrung zu lösen. Es war tiefe Nacht. Das Abendbrot, das ihr die ungarische Mamsell auf den Tisch geschoben hatte, stand unberührt, als sie sich endlich aufraffte, eine neue Kerze in den Halter steckte und zum Sekretär ging. ›Es soll seine Ordnung haben, hier drinnen in meiner Brust, aber auch ihm gegenüber, ehe er nach Rußland geht‹, dachte sie. Dabei fiel ihr ein, daß sie nicht einmal den Termin seiner Abreise kannte. Sie nahm die Feder und wunderte sich selbst, wie ruhig ihre Hand über das Papier eines Briefes fuhr, der ihr vorkam wie eines jener Schreiben, die ihre Verwandten am Vorabend des Schafotts geschrieben hatten.

»Ich bitte um Verzeihung«, begann sie das denkwürdige Dokument, »wenn ich nicht früher begriff, welche Selbstverleugnung Sie unsere Verbindung gekostet haben muß. Es mag schwer sein, sich auszudrücken, wenn man nicht mehr empfindet. Aber ich danke Ihnen für Ihr Feingefühl, einen Irrtum ertragen zu haben, in den mich das Bewußtsein des Glückes so lange gewiegt hat ... Anderen Sinnes werden ist ein Unheil, eine Selbsttäuschung wäre schlimmer, und Ihre Aufrichtigkeit, wie sehr sie mich auch zerreißt, verdient meine Achtung. Sie war wohl nötig. Die versteckten Bemerkungen, all die grausamen Hinweise auf Sie, die man mir glaubte zustecken zu müssen« – unzweifelhaft bezog sich das auf Enghiens Ruf als Schürzenjäger, den er allerdings kaum verdiente – »haben mir nicht den geringsten Eindruck gemacht ... Dieser Brief an Sie wird mein letzter sein um den Preis, daß ich die Ihren bewahren darf; es ist das Einzige, das ich noch besitze. Wenn Sie indessen wünschen, werde ich auch sie opfern ... Vergessen Sie mich nicht ganz und mögen Sie wissen, daß mein Herz immer das nämliche bleibt ... Adieu und werden Sie, der Sie es noch sein können, glücklich ... Adieu, adieu. Wie

208

das Wort weh tut! Ist es möglich, daß es mein letztes sein soll?«

Es war der Abschied einer standhaften Seele und doch das letzte Wort nicht.

2.

Anfangs nahm sich der Plan, mitten in den russischen Winter hinein zu marschieren, durchaus nicht bedenklich aus. Zwar, die Truppe war unausgerüstet und nicht an das Klima gewöhnt. Dafür konnte, während Kavallerie und schwere Waffen auf bequemen Uferstraßen einhergezogen, das Fußvolk auf Booten und Flößen die Donau hinabschwimmen. In Wien, wo das wiedervereinigte Heer nordostwärts nach Wolhynien in den Raum Dubno abschwenken sollte, würde man weitersehen. Diplomatische Schwierigkeiten beim Grenzübergang hatte ein zaristischer Emissär, Fürst Gortschakow, auszuräumen, der gleich Enghien der Beweglichkeit halber in eigener Kutsche neben den Marschkolonnen herrollte. Meist allerdings hockten die beiden, Freunde der ersten Stunde, beisammen.

Seit dem 4. Oktober waren sie nun unterwegs im Landmarsch bis Ulm, gewiß nicht leichten, dennoch erleichterten Herzens. »Es schien mir«, schrieb Monsieur de Cèsac, »als sagten wir Frankreich für immer Adieu!«; der Abschiedsbrief des österreichischen Kaisers an die ehemaligen Bundesgenossen war indessen so dürftig ausgefallen, daß Enghien ihn, maliziös wie er sein konnte, unter den Stabsoffizieren herumzeigen ließ. Besonders den Satz, es sei Majestät eine Genugtuung, daß so tapfere Soldaten eine so ehrenvolle Zuflucht fänden, empfand er als blanken Hohn, und der einschlägig begabte Marquis de Bouthillier verfaßte denn auch sofort das erste einer endlosen Reihe von Stegreifcouplets, die bald tagein, tagaus durch die Kolonne hallten:

>>*Ihr habt mir gut gedient, Cousin,*
wie sehr tut Ihr mir leid.
Doch alles schließt mit dem Refrain,
Mon Cousin,
daß ihr zu teuer seid ...<<

oder ähnlich. >>Dabei haben wir ihm seine Kastanien für einen Hundelohn aus dem Feuer geholt<<, grollte der Duc va de bon cœur, während Gortschakow über die österreichische Misere schmunzelte. Eine lange Nacht mußten sie an den noch unfertigen Flößen zimmern, als sie endlich am 19. des Monats das Donau-Ufer erreichten, und stapften am kommenden Morgen, beladen wie Sackträger, bei munterem Hörnerklang über die morastigen Ufer an Bord.

Die Bewohner des oberen Donau-Tales erlebten ein ungewöhnliches Schauspiel. Aus dem Dunst des Stromes tauchten schwere, von gleichmäßigem Ruderschlag bewegte Boote, die mächtige Flöße mit einem Hüttchen inmitten zogen; auf schützender Steinunterlage brannte sogar ein Feuer, über dem Fische rösteten. Schlauköpfe, die noch an Land eine biegsame Gerte ergattert hatten, warfen von den Borden ihre Angelschnüre hinaus und sorgten für Nachschub. Die meisten Leute hockten indessen beim Kartendreschen, ihrem geliebten Macao, ähnlich dem Vingt-et-un, und manche sangen sogar, wenn auch mehr aus Galgenhumor als guter Laune.

Doch mit einem ersten solcher Konvois nicht genug; schon schwamm ein zweiter, ein dritter, endlich gar der vierte heran. Wo es Brücken gab, mußte sorgfältig aufgepaßt werden, um die ›colonnes d'eau‹ ohne Kollision unter den Bögen hinweg zu bugsieren wie zu Regensburg. Dann erscholl rechtzeitig der Alarmruf der bayrischen Floßmeister, und jedermann stellte sich mit langer Stange bereit, um die nur locker gezimmerten Gefährte von den Steinpfeilern fernzuhalten; ebenso an Sandbänken, Klippen und Stromschnellen wie bei Kelheim oder endlich Passau, wo die Flotillen ob der andrängenden Zuströme von Ilz und Inn abzudriften drohten.

Eine Armee zu Wasser, das hatte es noch nicht gegeben! Aber während die Leute der Dörfer noch gaffend am Ufer standen und dem schemenhaften Geisterzug zuwinkten, vernahmen sie hinter sich Hufegetrappel. Eine endlose Reiterkette trabte heran, dann rumpelnde Artillerie, Fourage-Wagen, hochbeladen mit Zelten, Gepäck, Heubündeln, Futtersäcken, die fünfte Kolonne oder ›colonne de terre‹, alles in allem schier unüberschaubar, wenn auch an Kopfzahl nur noch viertausend Mann, deren abendliche Zeltlager am Ufer bald der erste Reif weiß färben sollte.

Enghien war der ›maître de tout‹ und eilte trotz der unablässig auf und ab jagenden Adjutanten selbst unermüdlich umher. Es galt für Nahrung, Vorbereitung der Nachtlager, Fourage und tausend Einzelheiten bis zum letzten Salzkorn zu sorgen, mit zeternden Bauern und widersetzlichen Bürgermeistern über einen Durchgang zu verhandeln, und einmal mußte er auch einen halben Nachmittag lang, durch Zuruf per Boot vom Ufer herbeigeholt, am Sterbelager des Sieur de Bettancourt auf dem letzten der Flöße hocken und ihm endlich die Augenlider zudrücken, weil es zu lange dauerte, bis der Feldkaplan vom ersten Konvoi mit Stola und Patene eintraf. Der Herzog wirkte abgespannt. ›Du hast es gut‹, dachte er, ›und bist die Plackerei los‹; aber es ist einzugestehen, daß er in Wahrheit an den eigenen Kummer dachte, der ihm inzwischen noch weitere Sorgenfalten eingekerbt hatte. Selbst in Wien, wo er am Hofball teilnehmen und Madame Royale, Marie-Thérèse de France, der einzig Üerlebenden der Pariser Königstragödie aus dem Temple, die inzwischen ausgetauscht war, Reverenz erweisen mußte – selbst hier ließ ihn der Gedanke an Charlotte nicht los, wenn er die Begegnung auch mit lächelnder Courtoisie hinter sich brachte.

Nur einmal, als er Gelegenheit fand, allein mit Gortschakow durchs Land zu streifen, weil die Armee noch mit der Ablieferung ihrer Waffen an die Österreicher und dem Umladen des Gepäcks beschäftigt war, und er in Dürnstein die Eisenringe sah, in denen König Richard Löwenherz 1192 auf der Rückkehr von seinem Kreuzzug in Ketten gelegen, fiel die Maske von seinem Gesicht. Das Erschauern packte ihn: »Lieber tot, als so angeschmiedet hinvegetieren«, murmelte er düster. Angeschmiedet! Er empfand seine Lage als ähnlich, denn er fühlte sich nicht nur durch den erzwungenen Abschied von Ettenheim bedrückt; der wachsende Unmut über die Selbstherrlichkeit, mit der Condé über ihn verfügte, entzündete sich an allem. Gortschakow lächelte ihn an: »Die Ketten lernen lernt sich; ich habe mir dabei sogar die Tonpfeife gestopft, wenn auch mit Hilfe eines bestochenen Wächters.«

Endlich kam freilich die bittere Stunde der Wahrheit; es ging in einen Winter hinaus, der zu den schwersten des Jahrhunderts gehörte. Graupelschauern folgten Schnee-

212

stürme, in denen die ganze Welt ertrank, während sie auf Mährisch-Ostrau zu marschierten und Austerlitz querten, den Schauplatz künftiger Triumphe Bonapartes. Tagelang ließ sich an Waschen oder Rasur nicht denken; anfangs konnten sie beim Anblick des Nebenmannes darüber noch lachen, dann wurde das Eis in Stoppel und Wimper zur Plage. Dörfer lagen selten am Weg, Wälder, die Brennholz liefern konnten, fehlten; längst waren ihre von Nässe durchtränkten Uniformen und Gamaschen brettsteif gefroren, die Füße wund gerieben, und immer wieder mußten sie ihre Schultern unter die Speichen im Schnee steckengebliebener Wagen stemmen.

Die Eintönigkeit dieses Marsches der Verdammten unterbrach nur die Einkehr in Wieliczka bei Krakau, wo es eine acht Stockwerke tiefe Salzgrube, ein Weltwunder jener Tage mit unterirdischen Straßen, Plätzen und Gängen gab, und auf der untersten Sohle eine halb vergessene Kapelle für die Knappen. Enghien legte einen Rasttag für Pferd und Mann ein und stieg selbst seinen Getreuen voran hinab in die Märchenwelt der glitzernden Kristalle, wo Sturm und Kälte fehlten. Er klomm auf gefährlichem Steig sogar noch weiter hinab, als es den andern genug war, und Gortschakow beobachtete ihn dabei, wie er in der einsamen Schwärze der Kapelle drunten ein Kerzlein aufsteckte. Er machte sich seine Gedanken. Als er ihn am kommenden Tag beim Weitermarsch dabei erblickte, wie er in seiner Wagenecke gedankenverloren ein kleines Amulett in der Hand wog, sprache er ihn an. »Ich wette, der Herzog von Enghien ist verliebt.«

»O, ein Mann von Scharfsinn! Hat Sie die Kerze darauf gebracht? Ich habe Sie in der Grube wohl bemerkt!«

»Es gibt eine ausgezeichnete Postlinie über Magdeburg und Warschau nach Dubno, die den Damen jede Bequemlichkeit bietet. Sie verstehen?«, brummte Gortschakow nur.

Der Herzog merkte auf, Charlotte nachkommen lassen? Einen Augenblick durchzuckte ihn der Gedanke, und er drängte ihn doch sofort als unzulässige Torheit zurück. Eine Antwort gab er nicht ...

Darüber kam der Tag von Ahubiszar an der Grenze Galiziens, wo das Wolkengetümmel endlich aufriß. Als Enghien morgens in seinem Quartier erwachte, lag ein kleiner, zugefrorener See im Sonnenschein vor dem halb mit Papierstreifen verklebten Fenster. Eine jähe Lust überfiel ihn, seinem Innern Luft zu machen und trotz aller Abmahnung durch eine zeternde Wirtsfrau, die er nicht verstand, auf Schlittschuhen hinaus zu jagen, was er sofort in die Tat umsetzte, bis – ja, bis das Eis splitterte und er, schon in Bewußtlosigkeit versinkend, nur noch spürte, wie eine Hand seine Haare ergriff und ihn aus der grünen Tiefe zurückholte. Ein jüngst angeworbener Diener namens Canone, Sohn royalistischer Eltern aus Paris, war sofort nachgesprungen und hatte ihn, selbst halb erstarrt, ans Ufer geschleppt. »Welche Geschichten, Altesse«, eilte Gortschakow herbei, als er von dem Unfall erfuhr und Enghien eben zu sich kam, um fast tonlos von noch benommenen Lippen zu hören: »Wenn es schlimm steht, soll man Charlotte Rohan unterrichten.«

»Ach, Sie Gotteskind, daran stirbt man nicht. Wir werden Sie gründlich mit Schnee abreiben.«

— Es war gut gegangen. Eine Stunde später saß Enghien in Decken gehüllt wieder auf, trank glühend heißen

Tee und fühlte, wie die Erstarrung aus seinen Knochen wich.

»Charlotte Rohan heißt sie also«, lächelte Gortschakow.

»Verwandt mit dem Kardinal aus der Halsbandaffäre; das möchten Sie doch wissen, nicht wahr?« antwortete der Herzog auf seinen fragenden Blick.

»Jetzt verstehe ich manches«, murmelte der Fürst, »Condé und der angebliche Verführer der Königin, das geht nicht zusammen. Lieber Himmel, eure französischen Geschichten! Auch beim Zaren darf man den Namen nicht nennen; er hängt ihm die ganze Revolution an.«

Enghien begriff sofort. Und welch ein Mann war dieser Zar? Der Ruf des Launischen lief ihm voraus. Doch nun schwieg Gortschakow, und es war seither, als läge ein leichter Schatten zwischen den beiden.

Ungeachtet des glücklichen Ausgangs von Ahubiszar, die Truppe litt. Durch Schneewehen schleppten die Emigranten sich, einer den andern stützend, voran bis zum Bug; es war Weihnachten, das Eis längst fest geworden. Eine schwere Stunde stand ihnen bevor.

Als sie am 1.Januar den Grenzfluß querten, wartete drüben hinter aufgebautem Altar ein Pope in vollem Ornat. Die Condeich mußte im offenen Viereck antreten und die Schwurhand heben, während ein russischer Offizier die Eidesformel auf den Zaren verlas. Nach anderen Quellen hatten die Edelleute mit erhobener Hand vorbei zu passieren, was schließlich auf dasselbe hinausläuft. Dann legten sie die weiße Kokarde ab, unter der sie so lange gekämpft hatten, und steckten die russische auf. Die Tränen standen ihnen in den Augen, aber nicht von dem Schnee, der ihnen wieder entgegenblies. Von nun an fühlten sie sich als

Fremde auf Erden, eine Söldnertruppe unter russischem Gesetz.

Enghien krampfte sich das Herz zusammen, als sie wenige Tage später Luzk erreichten, wo Post und ein Kurier auf ihn warteten; er hatte auf Weisung des ungeduldigen Großvaters unverzüglich tausend Kilometer Luftlinie nach Sankt Petersburg hinter sich zu bringen, weil der Zar ihn zu sehen verlangte. Der Augenblick, als er, der ein Teil von ihnen geworden war, seine Getreuen, auf die Zahl von dreitausendfünfhundert Mann abgesunken, über den Styr nach Osten, nach Dubno hinauswandern sah, fiel ihm schwer.

Den Brief Condés nahm er übrigens mit wachsendem Verdruß zur Kenntnis. Der Prinz präsentierte sich wieder einmal mit erhobenem Zeigefinger – eine Pedanterie, die Enghien nie ganz begriff –, er solle um Gotteswillen nicht mit strähnigem, nach englischem Brauch in die Stirn gekämmtem Haar, sondern hübsch gekampelt und coiffiert bei Hofe erscheinen; auch möge er weder lange Pantalons noch die weite, bequeme Culotte, sondern die höfische, anliegende Kniehose tragen; endlich habe er sich die grobe Lagersprache abzugewöhnen und sich gewählter, courtoiser Worte zu bedienen und sich keinerlei Blöße zu geben, lauter Dinge, die sich in Sankt Petersburg besser hätten besprechen lassen. Er fühlte sich gedemütigt und als exotisches Tier behandelt, das man zur Schau stellen will.

Außer kleinster Eskorte nahm er nur Canone mit und fand bereits unterwegs in den Sümpfen und Wäldern von Minsk Gelegenheit, sich über seine Treffsicherheit zu freuen, wenn die Wölfe sich allzu nahe an die Pferde wagten. Zwei Tage früher als berechnet – man schrieb den

7. Februar – langte er, wohl frisiert durch Canone, der sich darauf verstand, zur Audienzstunde im Winterpalais an und schritt, eine zierliche, gleichwohl gestraffte Gestalt zwischen einem Spalier von Schranzen auf den Zarenthron zu. Condé nahe beim Herrscher postiert, sah es voll Stolz und empfand doch einen Stich in der Brust. Hatte er bereits sein Erbe angetreten? Enghien war ein anderer als jener, der vor drei Monaten von Müllheim ausgezogen, gewiß ein Fürstensproß nach den Maximen des Chevalier d'Arc, aber zugleich ein Mann, der die Gegensätze der Zeit wie der eigenen Person in sich auszutragen verstand. Der kahlköpfige Monarch sah ihm neugierig entgegen, der nunmehr mit unvergleichlicher Grandezza meldete, die Garde der französischen Monarchie befinde sich wie befohlen auf russischem Boden.

Enghien selbst empfand die Szene ein wenig anders; vor sich in einem Halbkreis zwischen servilen Perückenköpfen etwas wilde Gesichter mit Tataren- und Knebelbärten, in ihrer Mitte ein Mann mit kahlem Schädel, dessen erwartungsvolle Miene ihn eher wie eine Grimasse anmutete. War das der von Condé brieflich so hoch gepriesene Messias der legitimen Welt, aller Royalisten Stütze und Rückgrat? Ihm erschien er als das Urbild eines Despoten.

3.

Je länger Enghien in Petersburg weilte, desto mehr zweifelte er an dem Zaren. Dies trotz der Lobreden Condés auf die Generosität eines Herrschers, in dessen goldener Karosse er sechsspännig über den breiten Newski-Prospekt kutschierte. Gewiß, auch Enghien blendete der Glanz der Residenz, und als spendabel hatte sich der Zar bereits bei Condés Anreise in Riga erwiesen, als er ihm einen

kostbaren Zobelpelz überreichen ließ. Vollends aber bei
der Ankunft des Prinzen in Sankt Petersburg Anfang Dezember 1797, wo er ihm als Wohnsitz den Tauriden-Palast,
einen der schönsten Bauten der Residenz zur Verfügung
stellte. Er hatte sogar überraschendes Zartgefühl bekun-
det, als er den Interimssitz des heimatlos gewordenen Ga-
stes mit der Aufschrift »Hôtel de Condé« versehen ließ.
Daß er dem Prinzen die höchste Auszeichnung, den An-
dreas-Orden, verliehen, glänzende Feste im Sankt Georgs-
Saal des Winterpalastes veranstaltet, bei denen zwölfhun-
dert Kerzen die Flucht der Throngemächer erhellten, und
was sonst nicht alles getan hatte ... für Enghien legitimierte ihn das nicht. Die winterliche Luft in Sankt Petersburg wehte nicht nur vom finnischen Meerbusen her eisig.
Denn was der Nachfahre der bei allen Schwächen großen
Katharina aus seinem geheiligten Amte machte, schien
ihm eher ein Possenspiel.

Die Launenhaftigkeit, wenn nicht Tücke des Zaren, die
Vielzahl von Verboten – sogar das Walzertanzen blieb
bei Hof untersagt und selbstverständlich die Lektüre von
Voltaire oder Rousseau – bezeugten auch im Privaten eine
krankhafte, zwischen Argwohn und Geltungsbedürfnis
schwankende Mentalität. Rechnete man seine sinistre
Strenge, die erniedrigende Strafjustiz im Heere hinzu, dies
in einem Augenblick, in dem Bonaparte seinen Truppen
beim Aufbruch nach Ägypten sein stolzes ›Soldaten, die
Augen der Welt blicken auf euch‹ zurief, konnte sein Verhalten nur verwirren. Vollends machten ihn seine militärischen Spielereien zum Popanz für einen Feldsoldaten,
wenn er allmorgendlich die Garde exerzieren ließ, wobei
er in läppischer Originalitätssucht trotz fünfzehn bis zwan-

218

zig Grad Frost mit geschorenem Kahlschädel erschien und seinen Rohrstock unter unaufhörlichen ›Ras-dwa‹-Rufen auf und ab stieß, sobald sie im Stechschritt mit wehenden Fahnen vorüberzog. Da versuchte jemand einen Alten Fritz nachzuäffen, den es so nie gegeben hatte.

Wiewohl anfangs mit eifersüchtiger Auszeichnung behandelt, fühlte sich Enghien bald abgestoßen. Er begann sich vorsichtig von seinem Bewunderer zurückzuziehen, Umgang mit andern Mitgliedern des Hofes zu suchen und fand ihn. Da waren die hübschen Großfürstinnen, die sich um ihn als Tänzer wie Kamerad bei den abendlichen Musik-, Spiel- und Unterhaltungsstunden rissen. Mit dem damals schon sechzigjährigen General Suworow verband ihn trotz des Altersunterschiedes eine herzliche Kameraderie, mochte sich auch der Feldherr, vielleicht mit Vorbedacht, ein wenig verrückt aufführen. Man erzählte sich, daß er im Feldlager seine Truppen gelegentlich im Hemd unter Hahnenkrähen aufweckte, in den Kirchen das Weihwasser austrank oder nackt in seinem Garten Purzelbäume schlug. Mit dem jetzt zwanzigjährigen Zarewitsch Alexander, der noch von der Großmutter im Geist französischer Ideale erzogen war, kam es sogar zu einer echten Freundschaft. Enghien empfand die Anhänglichkeit des Jüngeren um so mehr als wärmend, je einsamer er sich fühlte.

Doch gerade darin lag die Gefahr. Der Zar sah die Vertrautheit der jungen Leute mit dem scheelen Seitenblick des Maniaken; er war eifersüchtig. Enghien blieb seine ureigenste Entdeckung, sein seelisches Eigentum, mochte er an ihm nun etwas Männlich-Heroisches oder Anmutiges, gepaart mit Politesse und geistiger Wendigkeit bewundern, lauter Eigenschaften jedenfalls, die er selbst nicht besaß. Schließlich begann auf so ungünstig vorbereitetem Boden ein gefährlicher Argwohn zu wuchern, durch den Herzog verbreite sich am russischen Hof eine westliche Denkweise, ein Verdacht, den der Zar neuerdings auch Condé entgegenbrachte. Kurz, sechs Wochen Aufenthaltes in Sankt Petersburg genügten, und das Verhältnis zwischen dem Herrscher und seinen Gästen kühlte sich merklich ab, was der alte Prinz mit Sorge erkannte. Daher beschlossen die Condés endlich, sich möglichst bald zu ihrer Truppe nach Dubno zu begeben, die inzwischen der irische General Wall betreute.

Allein, auch die gemeinsame Abreise hob Enghiens Stimmung kaum; seine Beziehungen zu dem Großvater hatten sich ernsthaft getrübt. Nicht nur, weil Condé den jetzt sechsundzwanzigjährigen Enkel mit zunehmendem Alter immer selbstherrlicher reglementierte, sondern wegen seines ewigen Nörgelns über den Leichtsinn, die Verantwortungslosigkeit und Sprunghaftigkeit des Herzogs, bare Erfindungen übrigens, wie Enghien brieflich beim Vater in London aufbegehrte. Die wahre Ursache der Verärgerung des Alten lag jedoch anderwärts, im Mißlingen der Eheprojekte für den Enkel, von denen sich keines erfüllte, selbstverständlich erst recht nicht der Traum, Enghien mit einer der Großfürstinnen zu verheiraten, und hier bleibt denn doch ein Verschulden des Herzogs einzugestehen. Er wollte ganz offenbar nicht, und es mag sein, daß er Condés Pläne bewußt hintertrieb. Ein etwas rätselhaft formuliertes Schreiben an den Vater aus jenen Tagen läßt das erkennen.

Mehr als einmal habe er Bourbon davon gesprochen,

hieß es darin, es gebe in seinem Leben einen ›quelqu'un‹, den der Vater wohl kenne, liebenswürdiger und in seiner Lebensart liebenswerter als jedes andere Wesen, dazu in jeder Hinsicht zärtlich und standhaft zugleich, und dieser ›quelqu'un‹, mit dem niemand anders als Charlotte Rohan gemeint war, habe sein Herz erobert. Er liebe sie nicht als Mätresse, sondern als Freundin, und er glaube sich nach fünf Jahren eines solchen Bundes, nachdem jede Illusion entschwunden, jeder Sinnenrausch – »toute ivresse des sens« – vorüber sei, unverbrüchlich sicher, daß sie bis zum Tode miteinander durch das Band des Vertrauens und der Freundschaft verbunden blieben.

War dies gewiß eines der schönsten Bekenntnisse, die man einer Liebe zollen konnte, verstärkte er es durch einen Satz, der ihm den Wert einer Entscheidung für immer verlieh: Charlotte Rohan und er seien überein gekommen, sich – »weder der eine noch die andere« – mit niemand zu verbinden, was man auch über sie rede, als bis zu seiner, Enghiens Heirat. Ein dunkles Wort? Ein sehr deutliches vielmehr, dessen Erklärung in der einfachen Konsequenz des Gedankens lag: so lange der alte Prinz Einspruch gegen Enghiens Heirat mit Charlotte erhob, würde der Herzog, künftiger Erbe des Hauses Condé, überhaupt keine Ehe schließen. Gegen die Partnerin einer ›simple amourette‹ konnte Condé um so weniger Vorbehalte erheben, als er selbst mit Madame de Monaco in einem solchen Verhältnis lebte, bei dem der weibliche Teil im Sprachgebrauch der Epoche die Bezeichnung einer ›femme de campagne‹ trug.

Wie schwer die beiden Liebenden von Ettenheim sich zu dieser Entscheidung, die ihnen Kinderlosigkeit auferlegte, durchgerungen haben mochten, Condé war damit auf die einfachste Weise mattgesetzt, und er dürfte es mit dem Zorn der Ohnmacht erkannt haben. An ein Nachgeben dachte er dennoch nicht, sondern hoffte bei geeigneter Partie auf die Gehorsamspflicht des Enkels. Selbst das briefliche Zureden seiner Kinder, Henri Bourbon und Louise Condé – sie weilte jetzt bei den Benediktinerinnen in Warschau – der Vater möge sich angesichts der Verhältnisse, in denen sie alle lebten, sein chimärisches Bestehen auf Gleichheit des Ranges aus dem Kopfe schlagen – selbst dieses Zureden fruchtete nichts. Indessen vermochte der Prinz ernstlich nichts einzuwenden, sofern Charlotte Rohan ungebunden im Kreise der Condés erschien; er verlor sein Gesicht nicht. Es war ein Pyrrhussieg Enghiens über den Großvater, gleichwohl sein tapferster, aus dem er, noch in Petersburg, entschlossen die ersten Konsequenzen zog. Vor ihm lag nach der Mühsal des Exodus und seiner Enttäuschungen am Zarenhof eine Verbannung in den finstersten Winkel Polens, abseits des Weltgeschehens und in scheinbar sinnloser Lage. Noch im Tauriden-Palast setzte er sich an den Sekretär und schrieb.

Dem Inhalt nach war es sehr wenig: Komm, hieß es, und da er wußte, daß Charlotte wie ihr Vater außer geringen Zuwendungen durch den selbst arm gewordenen Kardinal nur über Schulden verfügten, tat er in seinem Überschwang des Guten zuviel und merkte verheißend an, er hoffe beim Zaren eine Pension für Charlottes Vater zu erwirken. Was diesen Punkt anlangte, dachte Paul I. vorerst freilich nicht daran, einem verabschiedeten General aus dem Siebenjährigen Krieg ein Ruhegeld auszusetzen. Erst als sich Enghien an den Vater in London wandte, der den Zaren, in solchen Affären wendig wie immer, bei der Ehre packte, sollte er nachgeben und Rohan tausend Gulden im Jahr bewilligen. Allein, das blieb im Augenblick noch Zukunftsmusik.

Enghiens Brief löste in Ettenheim einen Sturm der Gefühle aus. Nichts mehr von der Bitterkeit seines Abschieds! Charlotte hörte nur das eine heraus: er brauchte, er rief sie. Vergessen die Traurigkeit, mit der sie aus ihrem Dachfenster in den Herbstregen gestarrt hatte, vergessen die einsamen Spaziergänge an Gutwettertagen, an denen sie von der Höhe des Friedhofs sehnsüchtig zu den Bergen von Schmieheim oder Münchweiher im Osten hinausgeblickt, hinter denen irgendwo in unendlicher Ferne der Freund weilte. Eine Entschlossenheit und Tatkraft kam über sie, die sie längst in sich begraben glaubte. Sie schrieb stehenden Fußes an den Vater, der halb verborgen in Straßburg bei einer Madame Freitag wohnte, einer alten Angestellten der erzbischöflichen Kurie, und er kam sogleich mit fertigem Reisebündel zu ihr; er begriff wohl, daß die Aufforderung kein Säumen duldete, oder lockte ihn die verheißne Pension? Jedenfalls kratzten sie die letzten Pfennige zusammen, den Rest steuerte der Kardinal bei, und so fuhren sie denn bei allererster Gelegenheit mit der ordinären Post und fragten nicht nach Winter und Wetter. Sie nachteten in Gasthöfen der einfachsten Sorte und begnügten sich oft genug mit einem Stück Brot statt einer warmen Mahlzeit, um die Kosten niedrig zu halten. Nach Wochen langten sie endlich dort an, wo für Charlotte das Paradies lag.

Wann ist nicht genau bekannt, einige Quellen sprechen davon, es sei schon im März geschehen, und es ist auch nicht sicher, ob Enghien, von Petersburg unterwegs, be-

reits zur Stelle war. Jedenfalls fanden sich die beiden Liebenden »mitten in Polen« wieder und, wie sich annehmen
läßt, vertraute sich Charlotte zuerst dem Bade an und ließ
sich, selber Gesang im Herzen, von singenden Mägden im
Zuber den Staub von den Gliedern spülen. Dubno war in
den Zeiten der polnischen Könige, deren letzter in Grodno
gegenwärtig in goldener Verbannung saß, ein Treffpunkt
des Adels, der Kaufleute gewesen; etwas verstaubte Gasthäuser gab es daher genug, sogar ein Schloß mit Wall
und Graben des Fürsten Lubominsky, das nun Condé mit
seinem Stabe behauste. Irgendwo waren sie, Vater und
Tochter Rohan, abgestiegen und kamen sich wie Hochstapler vor, denn sie verfügten über keinen Pfennig mehr.
Charlotte ließ es gleichgültig. Die Armut hatte sie sorglos
gemacht, und sie war sogar stolz darauf. An irgendeinem
Tage oder Abend mag endlich auch Enghien erschienen
sein. Oder wartete er bereits? Sicher ist nur, daß sie einander in die Arme sanken und ganz gewiß ebenfalls, daß
Charlotte, als der Vater abends in seinem Parterrezimmer
längst schlief, ein wenig ängstlich in ihrem Bett lag und
horchte, bis sie das Knarren der Dielen im Flur ihrer Etage
hörte, weil er, Enghien, nun kam und sie, eine Leuchte in
der Hand, mit brennenden Augen ansah, womit eine jener
Nächte begann, die Charlotte noch in spätesten Jahren
nicht vergaß.

Wenn uns auch einige Historiker belehren wollen, sie sei
ein Ausbund an Tugend gewesen und wie eine ätherische
Seele durchs Leben geschwebt – dafür war sie denn doch
zu normal und ihr Körper verlangte durchaus, was ihre
Seele begehrte. Wäre sie um eines schwärmerischen Bei-
einandersitzens willen auf so endlosen Wegen gekommen?

Wohl aber ist, wenn die Phantasie sich schon mit der Tatsache des Wiederfindens nicht bescheiden mag, anzunehmen, daß es ein unendlich behutsames Annähern, vermengt mit dem Staunen über die greifbare Wirklichkeit dieser Wiederbegegnung im Schein einer einfachen Talgkerze auf ihrem Somno war, und daß das Blau ihrer Vergißmeinnichtaugen brunnentief und der Ton ihrer Stimme in seinen Ohren ein bebender Glockenklang war, ja, daß ihrem Beisammensein etwas Frommes innewohnte, das Charlotte bereit machte, zu vollenden, was sie hierher getrieben hatte, denn beide fühlten, dies sei im Grunde keine Sache der Sinne mehr, sondern eine Bestimmung.

Damit begann eine Reihe hochgemuter Tage, die sie über die Erbärmlichkeit ihrer Umgebung und Lage hinwegtrugen. Die Armee Condé, durch Neuankömmlinge von daheim, zuzüglich eines unterstellten russischen Kontingentes, auf neuntausend Mann angewachsen, lag auf Dörfer und Weiler verteilt in den armseligsten Quartieren. Manch einer hatte in den Hütten der Leibeigenen unterkriechen müssen, und ein Offizier, Monsieur de la Ferronnays, mußte sich gar mit einem Backofen als Schlafstätte begnügen. Die Langeweile quälte die Truppe und Enghien, Führer eines der vier Regimenter, in die das Corps unterteilt war, hatte viel mit Exerzieren à la russe zu tun, das er so sehr verabscheute, um seine Leute in Zucht zu halten, aber sich nebenbei auch mit dem Erfinden von Ablenkungen zu beschäftigen, läppischen Spielereien, um sie über die Trostlosigkeit jener Tage in einer Landschaft zu bringen, die ein Inbegriff von Dürftigkeit blieb. Die Unzufriedenheit wuchs dennoch. Enghien schüttete dem Vater in London, der trotz aller Beschwörungen nach

Polen zu kommen, weniger denn je daran dachte und diplomatische Aufgaben vorschützte, sein Herz aus, was einigermaßen gefährlich war, denn jeder Brief wurde geöffnet. So lange es Sommer blieb, mochte der Zustand hingehen; dann konnte der Herzog mit Charlotte wenigstens Ausflüge in die Umgebung machen, Basare besuchen, mit ihr an einem Bachufer lagern, und einmal brachten sie von einer solchen Tour auch einen kleinen, braunen Doggenbastard mit, der plötzlich zu Charlottes Füßen gewinselt hatte, als sich weit und breit kein Mensch zeigte. »Nehmen wir ihn mit zum Gernhaben?« fragte Charlotte gerührt. Enghien stimmte lächelnd zu, und sie ahnten beide nicht, daß sie damit seinen letzten Gefährten zu sich luden, der ihn bis zum Tod begleiten sollte. Nach dem Dorf, wo sie ihn gefunden hatten, nannten sie ihn Mohiloff.

Als freilich die Krähen schweren Fluges über den Himmel torkelten und die Herbstregen, dann die Schneestürme des Winters 1798 auf 99 begannen, die Weg und Steg unpassierbar machten, wuchs trotz aller Versuche zur Aufheiterung durch Charlotte in Enghien wiederum eine dumpfe Verzweiflung, die alle sogenannten Bälle, von denen so oft in den Quellen die Rede geht, meist einfache Tanzveranstaltungen beim heimischen Adel, die ein wenig Abwechslung in das Einerlei brachten, nicht zurückdrängen konnten. Dazu zeigte sich der Zar neuerdings von drakonischer Härte, selbst bei kleinsten Verfehlungen. Charlottes junger Bruder Henri, der im Corps diente, war in eine Affäre wegen Majestätsbeleidigung hineingezogen, weil er mit Kameraden über die Despotie des Herrschers gemurrt hatte; es gelang nur durch Vermittlung Condés, ihn vor einem Verfahren zu bewahren, das ihm den Tod

226

oder Sibirien hätte einbringen können. Ein anderer Soldat aber mußte wirklich den schweren Weg antreten, ein dritter, den ein russisches Tribunal des Kameradendiebstahls überführte, erhielt einhundert Knutenhiebe, worauf man ihm die Nasenflügel ausriß.

Da er nicht seiner Einheit angehörte, erfuhr Enghien nur durch Zufall und erst nach vierzehn Tagen davon; er hastete sofort zum Quartier des Unglücklichen, um bald mit verstörten Augen heimzukehren. Charlotte erschrak über seinen verzweifelten Ausdruck.

»Was ist dir, Louis?«

»Er hat sich den Lauf seiner Flinte unter das Kinn gesetzt und abgedrückt, weil er nicht mit dem entstellenden Schandmal nach Hause zurückkehren wollte – ein braver Schäfer aus dem Aveyron, der Schulden beim Juden hatte und nicht mehr aus noch ein wußte. Er war schon in Oberkammlach dabei ...«

Er berichtete es fast tonlos, dann brach es aus ihm heraus: »In welche Zeit sind wir hineingeboren, Charlotte. Jetzt frißt auch unsere Sache die eigenen Kinder. Da steht der Herzog von Enghien dafür im Feld, daß er die Frau, die er liebt, nicht heiraten darf, und der pauvre Jacques aus dem Aveyron, daß man ihn für ein paar aus Not gestohlene Kopeken brandmarkt und in den Tod treibt. Das hätte der Wohlfahrtsausschuß in Paris nicht besser gemacht.«

Wenige Stunden später entschuldigt er sich bei Charlotte für seinen Ausbruch. »Darum liebe ich dich doch, du Dummer, daß dir alles so unter die Haut geht«, antwortete sie.

Ein paar Wochen schleppte er die Sache mit sich herum

und ganz verwand er sie nie, aber dann gab es neuen Verdruß. Der Duc de Berry, Artois' zweiter Sohn, der als einer der nächsten Thronfolger galt, tauchte wieder bei ihnen auf, hinter dessen Arroganz sich nur schlecht verbarg, daß er von militärischen Dingen nichts verstand. Er verlangte ob seines Ranges sofort die Führung der von Enghien befehligten Kavallerie. Diesmal wurde es selbst Condé zuviel, und er speiste ihn mit einem nebensächlichen Kommando ab. Enghien bewog es jedoch, den Zaren um seine Entlassung zu bitten; er wollte sein Glück in Österreich versuchen. Es trug ihm lediglich einen Rüffel durch den Großvater ein, und er blieb ein Gefangener seiner untergeordneten Lage, der zusehen mußte, daß Gleichaltrige bei den Republikanern, die als Stallburschen begonnen hatten, bereits ganze Armeen kommandierten, garnicht zu reden von Bonaparte in Ägypten. Es lohnte sich nicht mehr ein Prinz zu sein. Was seinen eigenen Weg, seine Zukunft anlangte, mußte er schwer für die Haut büßen, die er vom Mutterleibe an trug.

Etliche Lichtblicke gab es natürlich in dieser Zeit, so das Auswählen der Remonten mit dem Lasso, als die Riesenpulks halb wilder Tatarenpferde vom Don durch Kosaken endlich herangetrieben wurden, eine harte Arbeit für viele Tage, bei der sich besonders Canone hervortat, und endlich das Zureiten bei klirrender Kälte. Selbstverständlich hatte er Berry, der davon noch weniger verstand, nach Kräften übers Ohr gehauen. Oder doch, auch die Briefe vom Vater aus London gehörten dazu, mochte darin auch meist zu lesen stehen, wie gut er bis fünf Uhr früh getafelt und gebechert hatte, oder abermals doch: aus einem erfuhr er, daß er eine Halbschwester namens Adèle de Bourbon besaß, die Tochter von Mademoiselle Mimi, die Vater Henri soeben mit einem Monsieur de Rully, einem ehemaligen Adjutanten von Artois verheiratet hatte. Aber mußte er dem Sohn im armseligsten Ostpolen so ausführlich berichten, wie opulent es dabei zugegangen?

Als darüber Virieu, der alte Präzeptor aus Chantilly in Dubno starb, einfach hingewelkt an den Blessuren von Oberkammlach und nie mehr recht auf die Beine gekommen, konnte ihn beim Anblick des schmalen Erdhügels auch der Trost allen Trostes, Charlotte, nicht darüber hinweghelfen, daß wieder ein Stück Vergangenheit, sein einziges wahres Besitztum, ins Leere weggebrochen war. Der Feldkaplan sah seine Trauer und strich ihm begütigend über den Arm. Enghien entwortete hart: »Ich habe meine Kindheit zu Grabe getragen. Es gibt Dinge, mit denen muß ein Mann allein fertig werden.«

Plötzlich aber drang eine Nachricht in ihre verlassene Öde, die auch ihn elektrisierte.

Geschah es, um von Schwierigkeiten im Lande abzulenken? Am 12. März 1799 erklärte Frankreich an Rußland und Österreich den Krieg, wiewohl in Paris alles drunter und drüber ging. Die Stunde der Herausforderung schien dem Zaren günstiger denn je, der Republik einen wahren Todesstoß zu versetzen; Bonaparte saß noch durch die englische Blockade abgeschnitten in Ägypten. Schon marschierten achtzigtausend Russen an den Grenzen Litauens und Wolhyniens auf, strömten durch Dubno unablässig die Kolonnen nach Österreich für einen Angriff auf Oberitalien. Im Anblick dieser Menschenmengen, zu denen sich noch die Bundesgenossen gesellen würden, überkam die Condeich eine ungeduldige Hoffnung auf Heimkehr.

Ach, diese endlosen Stunden des Wartens! Es konnte dem gestern noch so niedergeschlagenen Enghien gar nicht schnell genug gehen, bis sie endlich bereit waren. Den ganzen Tag strich er, umsprungen von Mohiloff, in den Unterkünften der Hufschmiede, Sattler, Degenschleifer und Büchsenmacher umher. Erst am 2. Juli überschritt Condé auf provisorischer Brücke den Bug als Nachhut der russischen Armee. Hinter ihm folgte Enghien an der Spitze eines voll aufgefüllten Dragonerregimentes in sorgfältig gewahrtem Abstand, damit ihm der Großvater nicht in alles dreinreden konnte. Berry sollte die noch nicht marschfähigen Teile des Corps nachführen. Wieder einmal sah Charlotte den Mann ihres Herzens ins Ferne ziehen, aber vielleicht war es gut für ihn, damit er sich wiederfand. Im Vertrauen auf die große Wende der Dinge machte auch sie sich mit Vater Florent auf den Weg, diesmal nach Ungarn, wo der Name Rohan aus der Gesandtenzeit des Kardinals hoch in Ansehen stand, und fand Bleibe auf einem weitläufigen Gut, das dem Onkel gehörte, während die verkaufte Armee singend nach Westen zog.

So schien sich alles zum Besten zu wenden, hätte man nicht abermals eine Rechnung ohne den Wirt gemacht.

4.

Überall zogen im letzten Jahr des sterbenden Jahrhunderts singende Kolonnen durch Europa, sogar in Frankreich, war auch dort der Notenschlüssel der Lieder ein anderer; vielerorts knieten die Menschen in Bittgottesdiensten, Feldmessen und Aussegnungen nebeneinander, und über dem ganzen Erdteil lag, einer Dunstglocke gleich, eine drückende Ungewißheit, sich hier als Angst, dort als Siegeshoffnung und manchmal beides niederschlagend.

Selbst im fernen Wolhynien war dies so; daher zogen also auch die Condés singend einher, vermutlich vergnügter als andere Kolonnen, weil es westwärts ging und ihnen obendrein jede Veränderung willkommen war, die sie von den Mückenschwärmen der Sümpfe, den süßlichen Latrinengerüchen um die Hütten, dem Ungeziefer und endlich dem russischen Reglement erlöste. Ihr Zug bestand aus fünf Abteilungen, deren zweite Condé führte. Hinter dem Prinzen schleppten sich in großer Zahl hochbeladene Kaleschen und Droschken, darin meist ältere, von der Hitze rotgesichtige Damen mit kunstvoll getürmten Kopfbedeckungen und Sonnenschirmen, eskortiert von ihren Ehemännern, alt gewordenen Offizieren hoch zu Roß. Um wenigstens den militärischen Anschein zu wahren, hatte der Prinz angeordnet, daß jeder Uniformierte, gleich welchen Ranges, zu Pferd oder Fuß marschierte – ihn selbst ausgenommen, aber er litt tatsächlich an Gicht und konnte keinen Gaul besteigen. Danach kam eine Art wandernde Ehrenhalle: ein Detachement, bestehend aus den Trupps der Fahnenträger des bunt gemischten Heeres, und dies keineswegs ohne martialischen Schutz. Denn nunmehr kündeten wabernde Staubschleier das Nahen einer geschlossenen Formation an, die in breiten Viererkolonnen reitenden Dragoner Enghiens, die sich beim Umgehen von Tümpeln oder Buschgruppen allemal in dünne Fäden oder ›Reihen zu einem‹ aufdröseln mußten, weil die Straße nur aus einer schmalen, mit Schlaglöchern durchsetzten Wagenspur bestand.

Begleitet wurde dieser Teil der Armee von Schwärmen unaufhörlich attackierender Bremsen, soviel die Reiter auch mit der flachen Hand auf dem Hals ihrer Gäule zur

Strecke brachten. Der Singsang war hier im Gegensatz zu der ganz vorn marschierenden Infanterie am dünnsten und bestand eigentlich nur aus einem Geträller von Einzelnen, da es sich zu Pferde, vollends im Chor nicht gut singen läßt, aber es blieb bei demselben dümmlichen:

»Nous partons conduits par Enghien,
il aime l'amour et le vin«

nach der damals geläufigen Melodie aus dem ›Déserteur‹ des Montanciel, die den ganzen Zug wie eine Reisekrankheit befallen hatte. Enghien an der Spitze ertrug den albernen Text mit reizbarer Ungeduld. ›Liebe‹ gut, aber soff er denn? Er hockte übrigens etwas schlaff auf seinem Grauschimmel, dem wie allen Tatarengäulen noch im hohen Sommer das Winterfell nicht ganz ausging, denn er fühlte sich schlecht und wirbelig im Kopf. Trotzdem hatte ihm Monseigneur wie auch Berry, der von Osten, noch jenseits des Horizontes mit den unausgerüsteten Abteilungen heranzog, eine Kutsche statt des Pferdes versagt, ihm dafür aber im Tagesbefehl eine schmeichelhafte Auszeichnung zukommen lassen und ihn für den Fall eigenen Ablebens zum Nachfolger im Kommando der Armee Condé ernannt. Das schien freundlich gemeint, bürdete aber dem Herzog nur Plackereien auf.

Ihm war in diesen Tagen noch eine andere, kaum weniger fragwürdige Bestätigung zuteil geworden, die ihn ernsthaft beschäftigte und Überlegungen weckte, wie er sie sonst nicht anstellte. Virieu hatte ihm auf dem letzten Lager von einem Brief seines Bruders, des Vicomte Virieu, berichtet, es gebe daheim eine starke Fraktion Royalisten, die den Herzog statt der Söhne von Artois zum Thronprä-

tendenten eines zum Königtum zurückgekehrten Frankreichs erheben wollten. O diese törichten Sektierer, die ein
bißchen Draufgängertum nebst einem gewissen Instinkt
für die Lage als Berufung ansahen! Er besaß eine hohe
Auffassung von Royauté, die er keineswegs mit der Legitimität der Aufklärer verwechselte, und ließ sogar ihre my-
stische Herkunft gelten. Aber fühlte er sich einem Amt
gewachsen, das in anderen Menschen innere Stärke, Zusammengehörigkeit bis zum Tode und sogar Glauben wek-
ken sollte? Wo ließ sich in solcher halb priesterlichen, halb
utopischen Aufgabe Charlotte unterbringen? Nein, sie am
ehesten, aber war er, er selber denn solch ein Auserwählter
wie sein Vorfahr aus grauer Vergangenheit, Saint Louis,
Ludwig ix., der nach der Legende durch Handauflegen
Skrofeln hatte verschwinden lassen, wenn das auch vermutlich nur bildlich gemeint war?

Blasphemien! Dergleichen vermochte er nicht, wollte er
nicht einmal, wenn das Königtum auch als Idee nicht
untergehen durfte, gleichgültig, daß die gegenwärtigen
Anwärter auf den Thron, eingeschlossen Angoulême oder
Berry, für eine Krone wenig geeignet schienen. Für die
eigene Person, die am Rande auch zu diesem Kreise gehörte, hielt er es lieber mit der schon in Kindertagen
erwählten Devise ›Das Seine tun‹, wie der Große Condé,
der keinen Augenblick daran gedacht hatte, sich bei aller
Begabung über sich selbst zu erheben. Wohl aber war
Enghien bereit, sich noch einmal für die Krone zu schlagen, notfalls wie ein Berserker, widerstrebend zwar nur
unter Condés Fuchtel und für einen König von eigenen
Gnaden, Ludwig xviii., aber für die Sache immer. Es
mußte im Regiment über die Menschen etwas Höheres,

Unverbrüchliches beteiligt sein. Was einmal aus ihm selber wurde, dürfte sich finden. Er ahnte nicht, daß ihn außer Monsieur Lavater manch einer in dieser Epoche einer besonderen Rolle für fähig hielt, darunter sogar der widerwillig bewunderte Bonaparte, wie der Korse später auf Sankt Helena eingestand.

Doch welche Gedanken am hellen Tag unter sengender Sonne! Er bemerkte plötzlich, daß das ›Nous partons conduits par Enghien‹ völlig versiegt war, die Leute ob der Mittagsglut die Köpfe hängen ließen, während ihn selber trotz der Hitze fröstelte. Da hatte ihn offenbar dieses epidemische Unwohlsein wieder gepackt, das ›wolhynische Fieber‹, wie Docteur Allouet es nannte, und ihn regelrecht delirieren lassen, das ihn am Ende der Tage von Dubno noch erwischt hatte und seither in Intervallen wiederkehrte – als Gedankentumult samt Schwindel und bleierner Gliederschwere, die stundenlang anhielt. Er nahm sich zusammen, so gut er vermochte; er konnte das jetzt nicht brauchen, weil er der allgemeinen Siegesstimmung mißtraute und auch an der triumphalen Heimkehr nach Paris zweifelte, seit Charlotte wieder davon war. Gottlob schien der Taumel im Kopf zu weichen; er würde sich laut Allouet bald endgültig verlieren, hoffentlich vor der letzten Abrechnung. Denn daß etwas Ähnliches vor ihnen lag, bezweifelte er nicht. Suworow hin und her, er traute Bonaparte alles zu, wiewohl er noch in Ägypten saß, sogar, daß er wie ein Drache durch die Luft geflogen kam oder in einer Montgolfiere über Nelsons Flotte hinweg von Afrika zurückkehrte oder ihnen irgendwelche Helfershelfer auf den Hals schickte. – Aber offenbar hatte ihn das Fieber wieder in seinen Klauen ...

234

Auf diese Weise begleitet von den sich endlich klärenden Unheilsgedanken Enghiens, der tatsächlich mit neuen Kämpfen rechnete, kamen sie schließlich nach Prag, wo es ihm besser ging und sich sogar die allgemeine Siegeszuversicht zu erfüllen schien. Suworow hatte in großartigem Aufräumen Italien mit der Lombardei zurückerobert; eben traf die Nachricht ein, die Franzosen seien bei Novi geschlagen, Joubert, der Verteidiger von Rivoli, dabei gefallen. Jetzt wurden die Condés, deren Schicksal ohnehin Legende war, der Prinz voran, begrüßt, als seien sie die eigentlichen Sieger.

Condé hatte die Fußsoldaten durch Galizien und Moravien auf Fahrzeugen transportieren lassen. Im Anblick der böhmischen Hauptstadt mit ihrer königlichen Silhouette, die für sie ein Stück wiedergefundenes Europa bedeutete, saßen sie ab, formierten sich und zogen unter Kanonensalut sowie feierlichem Glockenklang, voraus eine Avantgarde von Ulanen mit bewimpelten Lanzen, ins Zentrum von Prag ein, wo sie der österreichische General Apponcourt an Stelle des im Feld stehenden Erzherzogs Karl empfing.

Da kamen sie nun, in Reihen zu vieren, die stummen Heroen der standhaften Armee, die in fast zehn Jahren ergrauten, manchmal schon etwas steifbeinigen Emigranten, die Rang und Besitz hinter sich gelassen hatten, um als einfache Soldaten auf verlorenem Posten für ihren König zu kämpfen: aufrecht und in der ›edlen Haltung‹ von Zinnsoldaten, auf dem Rücken den Tornister, das Gewehr auf der Schulter, auf der Brust vielfach den Sankt Ludwigs-, den Malta-, den Sankt Lazarus-Orden marschierten sie durch die Straßen. Ganz Prag erscholl von Vivat-Rufen.

Überall spielten Musikbanden, überall lud man sie zu Tisch, Condé, Enghien und Berry gar beim ›Grand Burgrave‹, und selbst der Herzog hielt es in diesem Augenblick nicht mehr für ganz unmöglich, daß sie bald in Frankreich einziehen würden.

Überall, wo sie weitermarschierten, gab es zu ihren Ehren Bälle und Redouten. Von Wien war die Fürstin Lubominska herbeigeeilt, in deren Schloß in Dubno die Prinzen gelegen hatten, um ihre persönlich nie gesehenen Gäste wenigstens unterwegs zu begrüßen, und richtete ein feierliches Bankett in Landshut aus. In Regensburg empfing sie der dorthin ausgewichene Kardinal Rohan. Sie querten auch Mindelheim und Oberkammlach, wo mancher, der dabei gewesen, scheu zum Friedhof hinübersah. Aus nicht ganz erfindlichen Gründen schien eine Änderung der Marschordnung angebracht. Rechnete die Führung mit der Möglichkeit eines feindlichen Angriffs von der Seite oder vom Rücken her? Jedenfalls setzte sich Enghien mit seinen Dragonern an den Schluß. Mit einer wachsenden Gefahr stimmte es in der Tat, wenn auch anders als angenommen, denn als sie der Schweizer Grenze, hinter der Österreicher und Russen gemeinsam operierten, näher kamen, erfuhren sie am 28. September in Waldersee etwas Unfaßbares, das sie aus allen Siegesträumen riß.

Die Russen, von den Österreichern im Stich gelassen, waren drei Tage zuvor bei Zürich durch Masséna, das ›enfant chéri de la victoire‹, demselben, der schon bei Rivoli für Bonaparte die Kastanien aus dem Feuer geholt hatte, vernichtend geschlagen worden. Der Marschall Suworow, der mit einem anderen Teil der russischen Armee soeben, auch er schwer in Bedrängnis geraten, von Italien über den Gotthard und durch das Reußtal herabkam, mußte sich mit dem Rest seiner Truppen nach Bayern salvieren, die Österreicher gleichfalls zurück. Die Condés kamen zu unglücklicher, aber grade noch zu letzter Stunde, um auf Weisung des Erzherzogs Karl eines der Nadelöhre, welche die weichenden Armeen passieren sollten, den Weg von Zürich über Winterthur und die Brücke von Konstanz frei zu halten. Der Prinz marschierte in Eile über Stockach heran, schickte das Regiment Durand unter Enghien über den Rhein und setzte sich selbst in Petershausen gegenüber Konstanz fest.

Das Unternehmen war von vornherein zum Scheitern verurteilt, die gegnerische Überlegenheit zu groß. Mit Ungestüm rückte der Feind unter dem General Gazau heran, begann sofort mit einer heftigen Kanonade und warf sich, nach einem Scheinmanöver gegen die Rheinbrücke, auf das von Enghien besetzte Kressingen. Es zeigte sich, daß sich der Herzog zuvor nicht grundlos beklagt hatte, seine Truppe sei an Zahl zu gering und zu wenig vorbereitet auf einen Kampf. Trotz hartnäckigen Widerstandes mußte er schließlich zurückgehen, fand aber die Republikaner bereits in Konstanz und das Züricher Tor verschlossen. Nur unter großen Mühen gelang es, die Holzflügel mit Hacken einzuschlagen und in eine Stadt einzudringen, die bereits zu Dreivierteln vom Feinde besetzt war. Erst als Condé einen Entlastungsstoß von der Rheinbrücke her befahl, den der alte General Salgues mit blankem Bajonett vortrug, vermochte sich Enghien in nächtlichem Straßenkampf von Haus zu Haus zur umkämpften Rheinbrücke durchzuschlagen, an der Condé zu Pferde, das blaue Band des Ordens vom Heiligen Geist über der Brust, noch einmal in der Attitüde eines Feldherrn Wache hielt und versuchte, das Feuer auf sich zu lenken. Kaltblütig genug war er. Tatsächlich kam das Gros der Durands heil über die rettenden Planken. »Haltet durch, Kinder«, rief Condé den Verteidigern zu, »der Herzog von Enghien ist noch nicht zurück!« Endlich erschien er, abgerissen, den Säbel in der Hand und mit dem Gesicht zum Feind retirierend. »Werft die Bohlen hinter mir ab«, schrie er, als er über die Rampe stolperte. Drüben wollte Condé ihn umarmen, aber er trug noch die Erregung von anderthalb Kampftagen in sich und wehrte ab. »Sie machen sich blutig, Monseigneur.«

»Dank dem Himmel, daß wir Sie wiederhaben.« – Der Prinz hatte sich schwere Sorgen gemacht.

»Warum nicht gleich ›Vive Condé‹ schreien?« murmelte Enghien aufsässig.

Als er einen Becher Wein getrunken hatte und ein wenig zur Ruhe kam, brach das ganze Elend der vergangenen Stunden in abgerissenen Wortfetzen aus ihm heraus; offenbar mußte er es loswerden.

»Es war ein Zwanzigjähriger neben mir, den ein Lungenschuß traf«, begann er stockend, »der Vater, von kleinem Adel, geköpft ... in ihm schrie es nach Vergeltung, so kam er zu uns ... Herzog, fragte er mich, als ihm das Blut auf die Lippen trat, wer bezahlt uns den Sold? Das wüßte ich gern, wenn ich nach drüben gehe. Sterbe ich für die Russen oder die Österreicher?«

»Assez«, sagte Condé aufgebracht, »Sie vergessen sich.« Er begriff sofort, daß die Worte des Enkels herbe Kritik, wenn nicht gar versteckte Auflehnung bedeuteten.

238

»Wenn Gott uns anblickt, spricht keiner mehr von Ehre, Monseigneur«, sagte Enghien bitter. Aber dann war er bereits auf den Heubündeln der Artilleriegespanne, auf die er sich gelegt hatte, eingeschlafen. Der zurückgebliebene Fahnenträger des Regimentes hatte sich mit seinem Feldzeichen noch in den Fluß stürzen können und wurde herausgefischt, andere freilich ...

Es war eine schlimme Niederlage, wiewohl der Feind nicht weiterkam, aber wer abgeschnitten wurde, auch nicht. Insgesamt hatten sie einhundertsiebzig Mann an Toten, darunter den tapferen Salgues, Verwundeten und Gefangenen verloren, die beteiligten Russen zweihundertfünfzig, ein viel zu hoher Preis. »Wie hat man die Elite von Frankreich in diese Mausefalle schicken können!«, sollte Suworow einige Tage danach sagen, als er Condé in Lindau begegnete. In der Tat, Erzherzog Karl, der viel zu spät Befehl zu dem sinnlos gewordenen Unternehmen gegeben hatte, trug schwere Verantwortung; es war seine leidige Gepflogenheit, den Waffenbruder als Kanonenfutter ins Feuer zu schicken. Das blutige Abenteuer erregte sogar in England Aufsehen. Enghien galt wieder einmal als Held des Tages. Er hatte mitten im Geschoßhagel, immer als Letzter am Feind, ein Massaker verhindert. »Ohne seinen übermenschlichen Mut«, schrieb ein Augenzeuge, »wäre ein Teil unserer Infanterie draufgegangen.« Aber war es wirklich Bravour? Ihm selber schien es, als habe er nur sein Gelöbnis erfüllt.

Seine Befürchtungen hatten sich auf das Schlimmste bestätigt, der Feldzug der Russen ein fatales Ende genommen. Suworow ging nach Augsburg zurück; der Zar schäumte vor Zorn, Russen und Österreicher beschimpften sich gegenseitig, und mehr als einmal mußte der alte Prinz zwischen beiden schlichten. An die Condés, die sich noch in russischem Sold befanden, erging bald neuer Befehl. Sie sollten – es war Mitte November – in selbständiger Kolonne über München und Olmütz nach Dubno zurück marschieren. Die Nachricht löste Entsetzen aus. »Was mich betrifft«, schrieb Enghien am 19. Dezember, »wäre ich verzweifelt, wenn ich zurückkehren müßte. Bürgerlich wie militärisch gestorben, gestorben für den Rest Europas, das ist das Schicksal, das den Rückkehrer nach Rußland erwartet.« Er wollte nicht mehr.

Nachdem er beim Zaren um Entlassung gebeten hatte, wandte er sich an einen englischen Mittelsmann namens Wickham und bat zum Ausgleich für den russischen Sold um eine englische Pension, die lediglich für militärische Dienste und auf die Dauer des Krieges gezahlt werden sollte. Ausschließlich sein Wunsch, dagegen die »Rebellen« seines Vaterlandes zu kämpfen, lasse ihn darum bitten, und er merkte an, selbst wenn er als einfacher Freiwilliger im österreichischen Heer dienen müßte, würde er mit jedem Platz, den man ihm zuweise, zufrieden sein. Wohlverstanden war es nicht mehr der König, für den er sich einzusetzen gedachte; seine Gedanken suchten den Gegner, den wahren Feind, und bald sollte der Rebell, gegen den er sich wenden wollte, Bonaparte heißen. Eine Antwort auf sein Gesuch bekam er freilich nicht und so mußte er vorerst, ob er wollte oder nicht, am Rückzug teilnehmen. Indessen erreichte die Condeich nach vielen, mit mancherlei traurigen Zwischenfällen verbundenen Umwegen in diesem Jahr nur noch Steyr bei Linz an der Donau.

Während sie so die Zeit nutzlos vertaten, hatte sich, übrigens schon am 9. Oktober 1799, in Frankreich ein Ereignis zugetragen, das Enghiens Schicksal in eine endgültige Richtung lenkte.

5.

Die Ereignisse des 18. Brumaire oder 9. November 1799, die dem Geschick Frankreichs und Europas, mittelbar sogar Enghiens, eine so weitreichende Wende gaben, hatten ein Vorspiel.

Genau einen Monat zuvor machten die Küstenwachen von Fréjus eine Entdeckung, die sie in helle Aufregung versetzte. Fern auf der von Nelsons Flotte beherrschten See zeigten sich die Mastspitzen eines Schiffes, offenbar englischer Herkunft, anfangs im Fernrohr nur als drei haarfeine Striche erkennbar, das unter vollen Segeln auf die Küste zuhielt. Seit Monaten hatte sich außer Fischerbooten kein französisches Fahrzeug mehr über die Kimmung gewagt; aber auch der britische Kapitän mußte den Verstand verloren haben, wenn er sich in die Reichweite der Ufergeschütze begab.

Als sich das Phantombild genauer ausmachen ließ, stieg die Erregung, denn jäh überkam sie die Erkenntnis, eine französische Fregatte vor sich zu haben, die eben die Trikolore setzte, ein eigenes Schiff, das die englische Blockade durchbrochen hatte, mithin von Afrika, genauer von Ägypten, kam, in dem die ganze Expeditisonsarmee Bonapartes seit Nelsons Vernichtungsschlag gegen seine vor Abukir ankernde Transportflotte am 1. August des Vorjahres mit Mann und Maus in der Falle saß. Es hatte zwar den jetzt dreißigjährigen Feldherrn nicht gehindert, die Mameluckenarmeen »unter den Pyramiden« zu besiegen, nicht, die mit ihm ausgelaufenen Wissenschaftler, ihre Arbeit fortzusetzen und wiederum Bonaparte nicht, bei einem Ausbruchsversuch nach Syrien mit viertausend Mann die zehnfache Übermacht der Türken am Berge Tabor zu schlagen, ehe er sich vor Saint-Jean-d'Acre eine blutige Abfuhr holte, um rückkehrend als Triumphator in Kairo einzuziehen, was bare Augenwischerei blieb. Denn es gab selbst in besonnenen Köpfen daheim kaum Zweifel, daß sein von den Pariser Gazetten hochgespieltes Unternehmen als Fiasko zu enden drohte. Dies in einer Stunde, in der Frankreich keinen Mißerfolg brauchen konnte.

Bankrotte, Zwangsanleihen, Rivalitäten in der Regierung, das Wiederaufleben der politischen Clubs jeder Schattierung, der Jakobiner voran, Räuberunwesen im Lande hatten ein Chaos angerichtet, in dem die Republik sich selbst aufzulösen schien. Der großsprecherische Barras, der führende Kopf von gestern, erwies sich inzwischen gleicherweise verbraucht von undurchsichtigen Geschäften wie Ausschweifungen, der verschlagene Sieyès als zu kontaktarm, um bei den Parisern ein Echo zu wecken. Im Felde standen die Dinge trotz kleiner Erfolge schlecht; seit Suworow Italien wiedergenommen hatte, fehlte der innere Schwung, der die stärkste Waffe der Revolutionäre gewesen war, obwohl Generäle wie Truppe sich wacker hielten. An tägliche Erfolgsmeldungen gewöhnt, rief ganz Frankreich nach dem starken Mann. Jenem eben, der in Ägypten in halber Gefangenschaft saß, ein Opfer seines allzu phantasievollen Planes, England an der wichtigsten Zwischenstation seines Seeweges nach Indien zu treffen.

Doch da kam er nun selber auf der Fregatte ›Muiron‹, die eben im Hafen von Fréjus beidrehte, und der Kapitän fühlte sich bewogen, dem illustren Gast am Ende der gefährlichen Reise einige treffende Worte zu sagen; er tat es in der gespreizten Redeweise seiner Epoche mit ihrer Vorliebe für Vergleiche aus der Antike: »General, Sie erscheinen wie Äneas an den von den Göttern versprochenen Gestaden.«

Hochtrabend oder nicht, er spielte damit auf eine Vorsehung an, deren Walten jeder bei dieser Rückkehr empfand. Bonaparte hatte es auf Pariser Alarmnachrichten hin in gewohnter Kaltblütigkeit gewagt, mitten durch Nelsons Kordon zu segeln. Vom Schicksal der zurückgelassenen Armee ging künftig nur noch wenig die Rede.

Er hatte es eilig und traf schon am 16. des Monats in Paris ein, als ›Mann des Schicksals‹, wie Mallet du Pan ihn nannte, feierlich durch ein Bankett des Direktoriums im aufgelassenen Saint-Sulpice empfangen, um sich sodann in sein Haus zurückzuziehen, das er nur noch zu gelegentlichen Besuchen verließ. Was sich freilich hinter seinen vier Wänden zutrug, sprach um so eindeutiger für das, was ihn zurückgetrieben hatte: die Übernahme der Macht in Frankreich. Zuerst versammelte er einen kleinen Kreis von Ratgebern um sich, darunter den amtierenden Bevollmächtigten des Direktoriums, Réal, der als Steigbügelhalter dienen sollte, den in allen Sätteln gerechten Talleyrand, außerdem seine Brüder, Joseph und auch Lucien, der als gewandter Parlamentarier galt. Die Art dieser Auswahl ließ darauf schließen, daß seine Pläne bereits beschlossene Sache waren. Seine Frau Joséphine de Beauharnais hatte unterdessen allabendlich in ihrem Salon die Gäste zu empfangen, von denen man sich Nutzen versprach, Politiker, Generäle, Minister, Journalisten, alte

Jakobiner, selbst Aristokraten und sogar Barras; ihn allerdings, um ihn darüber zu täuschen, daß das Unternehmen auf seine Rechnung ging.

Alles in allem spann sich da eine vielschichtige Verschwörung nach korsischem Familienrezept an, zu der Bonaparte durch einige Konsultationen von Sieyès, früher Generalvikar von Chartres, dann graue Eminenz des Direktoriums, die Voraussetzung schuf. Seit Bonaparte wußte, daß er seines jugendlichen Alters willen nicht in das höchste Gremium des Landes gewählt werden konnte, drängte er auf die Bildung eines Dreierkonsulatates, dem neben ihm als erstem Mann Sieyès und der alte Jakobiner Roger Ducos aus Dax angehören sollten, eine bedeutungslose Figur, aber er hatte für den Tod des Königs gestimmt, was Bonapartes Plänen die gewünschte Färbung verlieh.

Am 18. Brumaire, der General hatte eben das Kommando der Pariser Garnison übernommen, war es so weit; es ging darum, daß sich der Senat und der Rat der Fünfhundert, beide aus Sicherheitsgründen nach Saint-Cloud, dem alten Schloß der Orléans außerhalb Paris, beordert, durch ihre Zustimmung zur neuen Verfassung selbst entmachteten, ein Unternehmen auf Biegen und Brechen, das sich dann auch keineswegs günstig anließ. Schien im Senat bereits etwas von Bonapartes Plänen durchgesickert, daß sich die erste Sitzung so endlos mit Prozedurfragen hinschleppte? Im Rat der Fünfhundert, der in der Orangerie tagte, stieß er jedenfalls auf eine entschlossene Minderheit, die jede Verfassungsänderung um so wütender ablehnte, als sie das Schloß von Truppen umstellt sah. Als es am 19. Brumaire vier Uhr nachmittags zur entscheidenden Abstimmung im Senat kommen sollte, machte Bonaparte seine Sache als Redner außerdem so schlecht, daß er den Faden verlor und endlich den gekränkten Heros hervorkehrte: »Erinnern Sie sich, daß ich begleitet vom Gotte des Glückes und dem des Todes marschiert bin!« Eine ungeschicktere Phrase, die zudem eine versteckte Drohung enthielt, hätte ihm garnicht einfallen können. Nervös geworden eilte er zur Orangerie herüber, wo ihn ein Wutgeheul empfing, weil man den Sinn seiner Pläne inzwischen erkannte. Einige Abgeordnete stürzten sich angeblich mit dem blanken Dolch auf ihn. Nur im Schutz seiner Leibwache vermochte er sich zu retten.

Seine Sache wäre verloren gewesen, hätte ihm Bruder Lucien, der an diesem Tage nicht zufällig als Präsident der Versammlung fungierte, nicht durch einen Theatercoup geholfen, indem er seine Toga abwarf und seinen Rücktritt erklärte, womit die Sitzung offiziell aufgehoben war. Es fruchtete anfangs wenig, der Tumult steigerte sich. Aber Luciens Appell an die Garden im Hof, man wolle »den Sieger von Italien ermorden«, fand bei der Truppe Beifall. Im Innern des Saales fiel die Entscheidung erst, als Joachim Murat, seit kurzem Brigadegeneral, eingriff. Schon zog er hinter einem Trommler, der den Generalmarsch schlug, und einem Zug Grenadiere bei noch gesteigerter Erregung ein und rief sein berühmtes: »Werft die ganze Bande nach draußen!« Bald stob der letzte der Deputierten Hals über Kopf durch die Fenster davon. Es brauchte lange, bis man einen Rest der Geflohenen, ganze hundert, aus ihren Verstecken wieder zusammenbrachte. Sie bewilligten nunmehr alles, was man von ihnen verlangte. Es blieb ein wild bewegter Militärputsch mit höchst dramatischem Szenenwechsel. Gewiß konnten sich

Royalisten wie Emigranten im Augenblick damit trösten, das neue Konsulat sei nur provisorisch und sitze noch keineswegs fest im Sattel. Das war auch dann nicht der Fall, als Bonaparte, der die Zügel sofort in die Hand nahm, sich die neue Verfassung durch eine zweifelhafte Volksabstimmung bescheinigen ließ ...

Zwar verrieten die Geschehnisse um den 18. Brumaire, daß es im Wesen Bonapartes brüchige Stellen gab, aber sie machten ihm nicht lange zu schaffen. War aus dem verschlossenen Schüler von Brienne der Feldherr von Arcole und Rivoli geworden, der über die Gabe des blitzartigen Erkennens der Lage verfügte, verwandelten ihn die Erfahrungen von Saint-Cloud in einen kühl berechnenden Taktiker von bedenkenloser Machtbesessenheit, der das Wort ›Ich verfüge über eine Rente von hunderttausend Mann‹ bald eine makabere Note verlieh.

Indessen war die französische Öffentlichkeit keineswegs gewillt, seine Selbsterhöhung ohne weiteres hinzunehmen. Auf wahre Gegenliebe stieß er anfangs nur bei den Haudegen der Armee, Karrierediplomaten wie Talleyrand und Schranzen, vielleicht auch bei jenen Mitläufern, die bereits das Wort Gloire um den Verstand brachte. Bonaparte begriff sehr wohl, daß er die Gesamtheit der Nation nur durch Erfolge und am Ende nur durch die Kraft seines Degens überzeugen konnte, damit sich eine erzwungene Zustimmung in geltendes Recht verwandelte.

Folgerichtig wandte er sich anfangs der Innenpolitik zu, schuf eine neue, vorbildliche Gesetzgebung und einen Verwaltungsapparat, in dem seine Anhänger das Sagen behielten. Er betrieb sie mit einer Meisterschaft, die ihn tatsächlich zum Retter Frankreichs machte. Es glückte

246

ihm, wenigstens äußerlich, sogar die Unterwerfung der ewig revoltierenden Vendée zu erreichen und durch ein Konkordat Frieden mit der Kirche zu schließen. aber er tat auch etwas, das die Hellhörigen mit Argwohn erfüllte. Er richtete sich mit Joséphine in den Tuilerien ein, deren Parkettböden noch die Blutflecken der untergegangenen Schweizer Garde verdunkelten. Bedeutete das eine neue Hofhaltung?

So bald wie möglich kehrte er sich mit aller Energie wieder der Außenpolitik zu, die für ihn Krieg hieß und vor allem in der Rückgewinnung Oberitaliens bestand. Die Vorbereitungen dafür liefen seit dem 17. März 1800. Unvermutet reiste er im Mai von einer Inspektion in Dijon zu seinen bereits südwärts marschierenden Truppen, die in vier Armeegruppen über Simplon, Sankt Gotthard, Mont Cenis und den Großen Sankt Bernhard Piemont erreichen sollten, um dem österreichischen Feldherrn Melas in den Rücken zu fallen, der Masséna eben Genua abgenommen hatte. Moreau war zur Entlastung des Unternehmens schon am 26. April über den Rhein und nach Bayern zu jenem flankierenden Angriff angetreten, der die Condeich zum letzten Mal auf den Plan rief – aber kann ihrer abbröckelnden Zahl angesichts so gewaltiger Aufmärsche überhaupt noch gedacht werden? Doch gleich davon.

Bonaparte hatte überwältigenden Erfolg. Die Anabasis über den Großen Sankt Bernhard, den Lannes mit der Vorhut am 15. und 16. Mai passierte, während er selber fünf Tage später folgte, schien nur Hannibals Alpenübergang vergleichbar. Je zwanzig Grenadiere schleppten in ausgehöhlten Baumstämmen die von den Lafetten montierten Kanonenrohre der Artillerie über Grate und Höhen und ebenso die zerlegten Fahrzeuge; der General nahm in Kauf, daß manch ein auf Saumpfaden ausgleitendes Pferd seinen Führer mit in den Abgrund riß, wie es um ein Haar ihm selbst widerfahren wäre, oder daß er das österreichische Fort de Bard über dem Abgrund des Doire-Baches nahe Etroubles in tagelanger Kanonade zusammenschießen mußte. Nichts hielt ihn auf.

Zu Begegnungen mit den Österreichern kam es bald. Sie sahen sich nach etlichen Vorgefechten Mitte Juni ostwärts Alessandria konzentrisch angegriffen. Wiewohl es anfangs wenig günstig für die Franzosen stand, die Garde Consulaire ihre Stellungen um Villanova sogar räumen mußte, glückte es endlich dem von Süden erscheinenden Kellermann, aus der Flanke über den Feind herzufallen, dessen verwirrte Verbände sich auflösten und bis zur Bormida-Brücke vor Alessandria flohen.

Es ist nicht gewiß, ob Melas wirklich hätte aufgeben müssen, aber er überließ dem Gegner das Feld, und wieder hieß es ›Victoire, Victoire‹ in Paris; wieder wurde Bonaparte bejubelt, wenn er an der eigentlichen Schlacht auch weniger Anteil besaß als zu vermuten. Die fast aberwitzige Überquerung des Gebirges durch vier Armeen blieb indessen seine Konzeption. Die Bedeutung des zweiten Siegeslaufes in Italien, den Marengo, wie man die Schlacht nach einem kleinen Ort nennen sollte, eröffnet hatte, übertraf den des ersten beträchtlich; er endete nach der Einnahme aller großen Städte, darunter Mailands, erst vor den Toren von Wien. Erschreckt bat der österreichische Kaiser um Frieden, den man nach dem Waffenstillstand von Steyr am 7. Februar 1801 in Lunéville schließen sollte.

Das Kriegsglück steigerte das Selbstbewußtsein des Mannes, der von sich sagte »Die Revolution bin ich« bedenklich. Der Sieg von Marengo weckte nach eigenen Worten zum ersten Mal in ihm den Gedanken, sich des französischen Thrones zu bemächtigen. Die Zeit schien reif dafür. Wer sollte ihn ersetzen, wer ihm folgen, wenn ihn das Soldatenschicksal ereilte, und da er an seinen Stern glaubte, dachte er an eine Dynastie aus seinem Blute, um Frankreichs Stellung zu sichern. Wenigstens gab er dies später als Grund an.

Allein, das eigentliche Ergebnis von Marengo bestand wohl darin, daß niemand von den Mächtigen dieser Erde Bonaparte auf seinem weiteren Weg entgegenzutreten wagte, an dem für Enghien – um zu ihm zurückzukehren – eine tödliche Gefahr lauerte, wenn es auch weder er noch ein anderer zu jener Stunde ahnte.

6.

Krieg, immer Krieg! Gab das revolutionäre Frankreich selbst zur Jahrhundertwende keine Ruhe? Seit dreizehn Jahren nun stand Goethes Iphigenie, »das Land der Griechen mit der Seele suchend«, als Botin einer anderen Welt auf Deutschlands Bühnen. Schon klang die erste von Beethovens Symphonien auf, lag Friedrich Schillers ›Wallenstein‹ vollendet und beschwor – vorahnend, was noch in den Sternen stand – das Ende einer jener abenteuernden Gestalten, in denen Macht und Schicksal sich verflochten. Im Zeichen der Trikolore aber regierte immer noch und undurchschaubar, Begeisterung hier, dort Abscheu weckend, ein unbeugsamer Wille, dessen erste Früchte unerhörte Anstrengungen waren und der Tod. Da rötete sich der Himmel vom Brand der Dörfer und wallte

Pulverdampf gleich Nebelschwaden über ganze Länder.

Dennoch, der Frühling kündigte sich an. Es ging auf Ende März; soviel Verheißung lag schon in der Luft! Diesmal selbst für die heimatlose Condeich. Es war dem Prinz gelungen, sein Corps, derzeit runde siebentausend Mann, an England zu verdingen. Die Freude, daß sie nicht zurück nach Rußland mußten, kam einem Aufschrei der Erlösung gleich. In Linz wie Steyr ließ es sich leben, nicht zuletzt der hübschen Österreicherinnen willen, und mit dem Wandel ihrer Stimmung hob sich – ach, zum wievielten Mal! – auch ihre Zuversicht auf einen guten Ausgang ihrer Sache. Wer glaubt nicht gerne, was er hofft? Auf Bällen und Redouten drehten sich die Paare, oft bis in den hellen Morgen. Auch Enghien.

Allerdings aus einem anderen Grund; er brauchte Ablenkung. Ein tiefes Mißtrauen in die Zeit erfüllte ihn, selbst noch, als ihn sein vertrauter Umgangskreis, Lanans, die Adjutanten Cheffontaine und Jonville, gelinde darauf brachte, daß Schwarzseherei zu einem Duc va de bon cœur nicht paßte, wenn er gelegentlich und dann meist selbstvergessen von einer baldigen ›catastrophe finale‹ orakelte. Besaß er ein besonderes Gespür für nahes Unheil oder kam ihm mehr zu Ohren? Seit Konstanz war er so. Denn während andere befriedigt den Umbruch in Paris als erste Wende zur Legalität betrachteten, empfand er ihn als Menetekel. Er hatte die Geschehnisse des 18. Brumaire derzeit in Ettenheim, wo es bei Rohan stets einen Stapel neuester Gazetten gab, mit immer sorgenvollerem Gesicht studiert. Nicht die beim Umschwung an den Tag getretene Gewalt erschreckte ihn, vielmehr, daß in Frankreich nun ein Mann das Staatsschiff steuerte, der Sieger von Italien, ja, Bonaparte, dessen dämonische Ausstrahlung ihn gleicherweise fesselte wie abstieß, ihm vor allem aber sehr bedrohlich schien. Der gab das Ruder niemals wieder aus den Händen! Er wußte aus Gesprächen mit dem Kardinal, daß zur Zeit in Frankreich große Truppenkontingente südwärts zogen und Moreau im Elsaß, das Gesicht nach Osten, an der Grenze aufmarschierte. Da bahnte sich doch etwas an, und diesmal würde das Häuflein der Condés nicht widerstehen können, zumal sich im betroffenen Österreich kein Finger rührte, von Bayern ganz zu schweigen.

Deshalb nun tanzte er; um sich zu betäuben. Er tanzte schließlich, weil Charlotte – seit ihrer Einquartierung in den Nachbarstädten Linz und Steyr bei ihm – nach Ettenheim zurückgekehrt war und ihm fehlte. Seit kurzem trug sie Trauer. Ihr junger Bruder Henri de Rohan hatte sich aus Sehnsucht nach daheim von seiner Truppe fortgestohlen, die Grenze überquert und war, zufällig aufgegriffen, in Grenoble vor ein Tribunal gestellt und kurzerhand erschossen worden. Auch darum tanzte er, um zu vergessen, und ließ sich gelegentlich sogar den Kopf verdrehen. Ein Unschuldsengel war er nicht. Bis er zuletzt vor seinem Treiben floh und sich aufs Pferd warf, um Charlotte irgendwo zu treffen. Ein Brief genügte; sie war stets bereit.

Doch es bedrückte ihn noch anderes. Wohin mit ihnen? Es blieb ungewiß, was London plante. Gerüchte liefen um von einem Landeunternehmen, dann wieder hieß es, man werde sie ans Mittelmeer verfrachten, gar auf ein Eiland; von Menorca ging die Rede, wo sie erneut wie eingekerkert leben würden. Torheiten vermutlich. Doch daß in Bälde etwas auf ihn zukam, blieb gewiß und schürte noch den

Kummer über eine neue Trennung. Bis der Marschbefehl aus England, den sie so lang erwartet hatten, just in dem Augenblick eintraf, als er zu Charlotte unterwegs war.

— Der Herzog nicht zur Stelle? Condé schien außer sich, als er davon erfuhr. Als er indessen sah, daß Enghien drei Tage später wieder einritt, besann er sich. In Ruhezeiten war es das gute Recht des Herzogs, die Truppe für kurze Tage zu verlassen. Dennoch, der Vorwand juckte ihn; er hatte mit dem Enkel eine Rechnung zu begleichen.

Enghien war auf mancherlei gefaßt, als ihn die Ordonnanz bestellte, doch nicht darauf, daß ihn der Prinz gruß-los empfing und ruhig zu schreiben fortfuhr, als er das Allerheiligste, den Arbeitsraum Condés betrat, ein karg möbliertes Zimmer des Quartiers, darin ein Schreibtisch, Lehnstuhl, ein paar Taburetts, die er stets mit sich führte, nicht zu vergessen einen Stahlstich an der Wand, auf dem der große Heros seines Namens so gleichgültig aus seinem Rahmen sah, als kenne er dergleichen Milieu nur allzu gut; man roch die Strenge des Bewohners förmlich.

»Sie haben mir in Konstanz an der Brücke neulich ein Wort gesagt, das mir zu denken gab«, begann er endlich, »wenn Gott uns anblickt, spricht keiner mehr von Ehre – war es nicht so? Oh«, er hob die Hand, »ich verstehe das. Es lag viel hinter Ihnen, der Marsch von Rußland, dann der Kampf, nicht eine Stunde Ruhe und immerfort am Tod! Das war zuviel für Ihre jungen Jahre.«

Er machte eine Pause und der Herzog fragte sich, was kommen würde, als ihn Condé genau ins Auge faßte. »Eins bleibt freilich anzumerken, mon enfant, ein Herzog, ein Condé kann das nicht sagen.«

»Und warum nicht, wenn es die Wahrheit trifft?«

»Das macht es doch; es ist eine Sansculottenwahrheit, und was noch schwerer für mich wiegt, daß dieses Wort in einer Stunde der Erschöpfung fiel. Es brannte wohl zu stark in Ihrer Brust, als daß Sie es verschweigen konnten.« – Er schaute aus dem Fenster, als fehle ihm der richtige Ausdruck. »Nein, nein, nicht ›konnten‹, sondern weil Sie es nicht wollten. Der Augenblick schien zu verlockend, dem gestrengen Großpapa die Wahrheit, wie Sie es zu nennen lieben, ins Gesicht zu sagen. ›Wenn Gott uns anblickt‹, wenn's ans Sterben geht mit anderen Worten. Ich habe es nicht überhört. Es ist der Geist, der mich daran bestürzt, derselbe, der Sie nun bewegt, nach Lust und Laune Ihre Truppe zu verlassen.«

»Das ist ein lang geübter Brauch, wenn nicht gekämpft wird. Sie wissen, daß Lanans mein Aufenthalt bekannt war. Doch nennen wir's beim Namen, was Sie daran stört – daß ich bei Charlotte war.«

»Sie oder eine andere Maitresse, das kommt auf eins heraus.« Worauf Enghien nicht länger an sich hielt und aufstand. Die Absicht ihn zu kränken, war unüberhörbar. »Maitresse, Monseigneur?«

Condé erwiderte mit einer Handbewegung, die Ungeduld andeuten sollte. »Wir sind hier unter uns – daß Sie mit ihr auf einem anderen Fuße stehen, will ich nicht hoffen. Doch zur Sache. Es hat den Anschein, Sie mißbilligen diesen Feldzug. Wir führen ihn für Frankreich.«

Ach Gott, dachte Enghien, muß er mich immerfort in Harnisch bringen? »Für Frankreich, Monseigneur, und nicht für Ihre Ehre?« ›Wie bei Oberkammlach‹ hätte er gern hinzugefügt, das aber schien ihm doch zu stark.

»Ich fürchte, daß wir in zwei Sprachen reden; die meine

ist nicht so sophistisch. Für Frankreich, wiederhole ich, für das gestorben wird, wenn ich Ihr Wort vom ›Anblick Gottes‹ richtig deute, so lange ich der Herr im Hause bin und Sie der Enkel ...« Das kam mit Schärfe. Als er freilich sah, daß Enghiens Miene sich verhärtete und er die Lippen aufeinander preßte, hielt er für angeraten, eine andere Tonart anzuschlagen. »Was Sie betreiben, gibt kein Vorbild, cher enfant, es weckt nur Meuterei und Lust zur Desertion. Daran kann aller Schneid nichts ändern.« Er wollte sanft sein und schoß wie gewöhnlich bei Enghien weit übers Ziel.

»Ich werde Sie zufriedenstellen«, kam die Antwort, »bin ich jetzt entlassen, ist es nun genug?«

Wie hatte das Gespräch nur diese Wendung nehmen können, wie ging es zu, daß zwischen ihnen jedes Wort in eine offene Wunde stieß, wie nur, daß jeder Satz in Bitterkeit ausmündete? Ja, ja, Charlotte! Er hatte schon die Klinke in der Hand, als er noch einmal rückwärts schaute und, wie erwartet, sah, daß Condé in seinen Stuhl gesunken war, die Hände vor's Gesicht geschlagen. Die Aufregung bekam ihm nicht. ›Kein Mitleid diesmal‹, machte er sich selber Mut, ›das muß jetzt endlich ausgestanden sein.‹ Laut sagte er: »Erlauben Sie noch eine Frage, Monseigneur. Was, wenn der Krieg, für den wir sterben sollen, schon längst verloren ist? Jenseits des Rheines stehen Zehntausende bereit. In Ettenheim vergräbt der Mesner sein eben blank geputztes Kirchensilber wieder. Wäre es nicht an der Zeit, der Truppe, die den Strauß bestehen soll, mit einem Wort der Menschengüte Mut zu machen, damit sie weiß, wofür Gott sie bald anschauen wird – den Herzog, Ihren Enkel einbegriffen?«

254

»Es wird gestorben, wann und wo ich es befehle. Das gilt auch für Sie«, erscholl des Alten Stimme hart.

»Dies Wort verzeih Ihnen Gott!« Er ging ohne Gruß. Der Graben, der sich hätte schließen sollen, war nur tiefer.

»Wie war's, mon Duc?« fragte ihn Cheffontaine hinterher besorgt.

»Ach, gib mir einen Becher Wein.«

Dennoch blieb das Gespräch nicht ohne Wirkung. Der Herzog tat unwidersprochen, was man von ihm verlangte, und äußerlich schien alles beigelegt, als sie am 9. April des Jahres nach Venetien marschierten. Da es nicht weit war zur Lagunenstadt, wo derzeit Papst Pius VII., aus Rom geflohen, in San Giorgio residierte, bat Condé um eine Audienz. Gemeinsam setzten sie an einem golddurchwirkten Morgen über die Lagune, entstiegen, von der Schweizer Garde achtungsvoll empfangen, ihrer Gondel, beugten sodann gemeinsam, als stehe zwischen ihnen alles auf das Beste, das Knie, um seiner Heiligkeit den Fuß zu küssen. Sie durften beim Gespräch sogar auf ihren Sesseln sitzenbleiben. Der Prinz genoß es; von ihrem Streit war keine Rede mehr.

Nur einmal konnte es Condé bei ihrer Rückkehr nicht unterdrücken und fragte seinen Enkel lächelnd, wo sein Krieg denn bleibe, und ob ihm nicht geraten scheine, ein neues Angebot von London anzunehmen, mit Mann und Maus, sei es auf der Insel Wight oder sonstwo in Britannien, Quartier zu nehmen. Der Herzog spitzte seine Ohren. War das der neueste Versuch, ihn von Ettenheim fortzulocken? Worauf er mit dem gleichen Lächeln erklärte, er könne »un autre certain être, qui m'est bien cher aussi«, ein anderes Wesen, das ihm teuer sei, nicht im

Stiche lassen, und werde notfalls österreichische Dienste suchen, eine Antwort, die den Prinzen so schockierte, daß ihm die Sprache stockte. Denn konnte es nicht sein, daß nach restaurierter Monarchie ein Condé in habsburgischem Sold den Säbel gegen seinen eigenen König schwingen mußte? Nein, seine Stimme überschlug sich fast, das verbot er, untersagte er kraft seiner Autorität als Chef des Hauses! Jedoch ein Stachel blieb. Nie würde dieser renitente Enkel sich eine Frau nach seinen Wünschen nehmen. Wie war es denn mit dieser Großfürstin in Rußland ausgegangen, die er ihm angetragen hatte? »Beim Himmel, welche Plapperliese«, war der ganze Kommentar des Enkels gewesen ...

Doch bald erledigte sich das; eine neue Order befahl sie auf schnellstem Weg zurück. Wie Enghien vorausgesehen, war Moreau in Bayern eingefallen, stand schon in München. Als sie am 12. Juni Salzburg erreichten und Condé sein Allerheiligstes im Palais Colloredo aufschlug, gewährte ihnen ein Waffenstillstand, der von Parsberg, gottlob noch eine Gnadenfrist bis Wintersanfang. Sie bekamen Auftrag, Rosenheim am Inn um jeden Preis zu halten. Am 30. November griff der Feind von Aibling aus mit sieben oder acht Schwadronen an, dahinter eine ganze Division. Um jeden Preis? Es gab nichts mehr zu halten, wiewohl sich Enghien an der hart umkämpften Brücke, dem Brennpunkt, wie der Teufel schlug. Die Flinte in der Faust, gab er mit einer Handvoll Leute Feuerschutz, als Condés Pontoniers Brandsätze an den Balken zündeten, und wäre beinahe mit den letzten, schon aufgeflammten Planken ins eisige Wasser abgestürzt. Als alles heil zurück war, ging auch er, ging als letzter in eine Dunkelheit ohne Hoffnung.

Es kam genau so, wie vorausgesagt: vier Tage später schlug Moreau die Österreicher bei Hohenlinden, ungleich nachdrucksvoller als Bonaparte bei Marengo, und galt seither als ernsthafter Rivale des Korsen, und darüber fand Condé nicht mehr Gelegenheit, sein letztes, böses Wort aus ihrem Streitgespräch noch wahr zu machen, denn zu befehlen gab es wenig. Wer will, vermag sich höchstens vorzustellen, daß sich Enghien tief in den Wäldern hinter Steyr mit etlichen Versprengten von Baum zu Baum nach rückwärts durchzuschlagen suchte. Bei Rothmann traf er wieder auf Condé; die ganzen Trosse waren in der Hand des Feindes. Wenn jemand sich ergeben wollte, bekam er nur zu hören: »Ach was, lauft nur davon, wir schnappen euch doch alle.« Bis Leoben gelang die Flucht, dann mußte auch Condé bekennen: »Le moment fatal est arrivé!« Ja, es war aus, die ›catastrophe finale‹ gekommen.

Ein neuer Waffenstillstand vom Weihnachtstag rettete, was übrig war, wenigstens vor Eis und Schnee, ein neuer Frieden, der von Lunéville vom 9. Februar, besiegelte das Schicksal der Condeich, und diesmal kam kein Zar, kein englischer Minister mehr zu Hilfe. Sie wurden Ende Mai in Graz vollkommen sang- und klanglos aufgelöst, und doch, welch schwerer Augenblick! Einer nach dem andern traten die alten Kämpen vor, strichen ihr Handgeld, den Rest der Kasse, ein und nahmen Abschied von Condé; es ging nicht ohne Rührung ab; auf solche Szenen verstand der Alte sich. Als es vorbei war, zogen sie, wie uns Chateaubriand berichtet, nach allen Himmelsrichtungen davon, zerlumpt und abgerissen und »wußten nicht, wo sie den Kopf zur Ruhe betten sollten«. Ein großer Traum zerrann in Hoffnungslosigkeit. Rechnete man das erste Treffen von

Berstheim nicht, so hatten sie in zehn schweren Jahren nicht einen Sieg errungen. Enghien fühlte dennoch eine Zentnerlast von seinen Schultern fallen.

Für Condé und seinen Enkel blieb eine letzte Pflicht. Sie meldeten sich Anfang Juni beim Kaiser ab und wurden, wie es scheint, mit Herzlichkeit entlassen. Daß sie nun überflüssig waren, änderte es nicht. Zum letzten Male standen sie in Wien beisammen, der Großvater neben einem Reisewagen, in dem Madame de Monaco schon Platz genommen hatte, der sie nach Cuxhaven zum Schiff nach England bringen sollte, wo sie in Wanstead House bei Lord Essex unterkamen, der Enkel neben seinem Pferd, um nach Graz zurückzukehren, wo er in Maria Trost ein kleines Haus gemietet hatte. Sie hatten sich nicht viel zu sagen, und selbst die Aussicht, den geliebten Vater nach soviel Jahren aufzusuchen, bewegte Enghien nicht, Condé zu folgen. Obwohl sie später noch Briefe wechselten, sie sahen sich nicht wieder.

Warum der Herzog sich zu Condé so kalt und abweisend verhielt? Er hat den Grund selbst eingestanden; die Erbitterung saß zu tief. »Niemals ein Wort der Güte und der Zuneigung aus seinem Mund; was er an Erniedrigung und Unannehmlichkeit erdachte, um mich zu drangsalieren oder quälen, hat er mit einer wahren Wut ins Werk gesetzt. Mit anderen Worten, mit ihm zu leben ist unmöglich.« War es so? Die endlosen Plackereien, Sorgen, Nöte, mit denen sich der Alte von Chantilly herumgeschlagen hatte, um tausenden von Emigranten Hoffnung und vor allem Brot zu geben, würdigte der Herzog nicht.

Warum Condé ihn so unterdrückte, daß Enghien Bourbon in London immer wieder bestürmte, doch zurückzukommen und ihm beizustehen, wahrhafte Hilferufe, auf die der Vater nur mit Ausflüchten antwortete – war es das Recht eines Familienoberhauptes, den künftigen Erben seines Titels, seiner Pflichten, seiner Habe wie einen Sklaven nach seiner Vorstellung zu formen? War es Herrschsucht, war es gar Neid auf eine unbestreitbare Begabung im Militärischen, war es endlich Eifersucht auf die Prinzessin de Rohan? Unzweifelhaft hat der alte Prinz den Enkel doch geliebt, wenn auch auf eine Weise, die der Tyrannei sehr nahe kommt. Wer will die innere Wahrheit dieses Dramas noch ergründen?

Dennoch ist eine Antwort auf das unablässige Duell der Geister, das Großvater Condé und der Enkel durch ihren Mittelsmann Bourbon austrugen, in einem Briefe Enghiens zu finden. »Ich glaube«, schrieb er nach London, »daß mein Großvater in mir nur den Namensträger, den Erben seines Hauses gelten läßt, jedoch den Trost, ich sei ihm jemals angenehm gewesen, besitze ich nicht« – oh erschütternde Erkenntnis eines jungen Menschen, der bei aller männlichen Bravour ein Herz voll Zärtlichkeit besaß! – »Alles hat ihm an mir mißfallen: Charakter, Lebensführung, Gewohnheiten, Pläne, Umgang, alles war ein Gegenstand der Rüge. Wenn ich den Mund nur auftat, nur eine Gebärde machte, war ich gefaßt auf seinen Tadel. Niemals habe ich mich ihm anders als mit Furcht genähert.«

Es stellte wohl eine Quintessenz des Zwistes dar. Dem Erzaristokraten lag an der Erhaltung seines Hauses mehr als an der Entfaltung eines Hochbegabten, der ihm nur als Werkzeug diente. Condé hat das, freilich ungewollt, in seinen Briefen selbst bestätigt: da war der Widerstand des

Enkels gegen seine Heiratspläne, da war der Umgangston des Lagerlebens, der dem alten Höfling so mißfiel, da war Charlotte de Rohan, die seinem Ehrgeiz nicht genügte, da waren tausend andere Dinge mehr, an denen er sich bis zur Selbstanklage rieb, daß er mit seinem Enkel nicht streng genug verfahren sei. Dies inmitten eines Kampfes auf Leben und Tod, in dem Condés Epoche schließlich unterging wie ein leckgeschlagenes Schiff.

Ahnte er nicht, daß er damit den Enkel nur tiefer in Charlottes Arme trieb? Trug er nicht selber dazu bei, daß Enghien nach einer Zeit, die er in ihrer Gegenwart in Graz verbrachte – man sah ihn dort am Burgberg gelegentlich mit einem Buch im Grase liegen – beschloß, nach Ettenheim zu gehen, wo seine Seele sich zuhause fühlte?

Charlotte fuhr ihm übrigens voraus, und auch ein Teil der Freunde schied schon früher, Contye, Damas und Lévignac, vor allem auch sein Haushofmeister, ein ehemaliger Hauptmann der Legion Mirabeau, der später noch den Freiherrentitel eines Barons Surval erhielt, als Louis XVIII. wirklich auf dem Throne saß, der Chevalier Dominique Jacques mit anderen Worten, derzeit vierzig Jahre alt. Er sollte Enghien in Ettenheim ein Haus einrichten, mit Charlottes Beistand, wie sich das von selbst versteht. Der Herzog kam erst später mit weiterem Gefolge und den Pferden. Dem Anschein nach durchzogen sie das Gebirge, denn ein Brief vom 8. September ist aus Innsbruck abgesandt. Es kann sein, daß Mohiloff, der Doggenbastard aus Wolhynien, der in dem anderen, größeren Drama Enghiens noch eine Rolle spielen wird, lustig um die Kavalkade herumsprang. Ganz sicher aber scheint, daß Enghien auf dieser Route, wenn auch im Schatten einer

Niederlage, so frei und glücklich wie noch nie gewesen ist.

7.

Die Ankunft der Berittenen in dem Ort, der Enghien zum Schicksal werden sollte, trug sich eines stillen Nachmittags Ende September zu, und da Canone schon vorausgeeilt war, wurden sie erwartet.

Nach einem letzten Blick auf die Vogesen bogen sie gleich hinter Ringsheim von der Hauptstraße durch das Rheintal ostwärts nach Ettenheim hin ab. Enghien wollte es nicht durch das Haupttor, sondern auf einem Nebenweg betreten, um einen Auflauf zu vermeiden. Bereits kam der Rohansche Garten mit dem Pavillon in Sicht, zur Linken schwang der Halbbogen der Ringgasse sanft hinab; noch eine Wendung rechts, sie waren da. Vor ihnen lag im Kreis kleiner Häuser emporgestaffelt der Marktplatz mit dem Bärenbrunnen, bergwärts das Rathaus, darüber auf dem Kirchberg Sankt Bartholomäus, ein Anblick, der ihn diesmal mehr als sonst bewegte, wenn sein Ziel auch etwas anderes war: gleich rechterhand, weiß Gott eher ein braves Amtshaus als ein Schloß, das ›Palais Rohan‹ in spätsommerlichem Frieden.

Enghien atmete auf; er fühlte sich daheim, auch wenn er bald erfuhr, daß sein eigentliches Zuhause beim Baron Ichtratzheim, nur ein paar Schritte bergan, noch nicht ganz fertig war. Bis dahin kam er in der ›Sonne‹ unter. Am ›Schlößli‹ hielt übrigens jemand Ausschau, der Chevalier Jacques, auf dessen Ruf ›Da kommen sie!‹ die Szene sich belebte. Auf der Eingangstreppe erschien sogar Charlotte, just in dem Augenblick, als sie einritten in den Hof und Enghien, wie gewohnt, das rechte Bein über den Hals des Pferdes schlagend, aus dem Sattel glitt.

Das Myosotis-Blau in ihren Augen war niemals tiefer gewesen als jetzt, da sie, nur für den Angesprochenen hörbar, sagte: »Ach, daß du da bist, Louis« und »jetzt ist alles gut!« An eine Umarmung war vor diesem Kreis nicht zu denken; sie kam auch nicht dazu, denn nun schoß ein braunes Etwas zwischen den Pferdebeinen hervor, Mohiloff, der einen Freudentanz um sie vollführte und an ihr hochsprang. Sein Stummelschwänzchen geriet in heftigste Exaltation, und immer wieder drängte er sich nach Doggenart, das Hinterteil voran, den Kopf rückwärts und ihr zugewandt, mit Schnaufen, Niesen an sie, so daß Cheffontaine, der noch auf seinem Gaul saß, mit schallendem Lachen rief: ›Il fait son salut par le derrière.‹

Zur ›Sonne‹ war's nicht weit, wo sie einstweilen alle wohnten. Fünf Gäule fanden übrigens, wie Jacques meldete, noch in der bischöflichen Stallung Platz. »He, aber nur die Frommen!« rief Cheffontaine ihm zu; seit dem Anblick der Vogesen, Frankreichs also, war er übermütigster Laune. Der Kardinal, der vom Fenster der Ankunft zusah, schmunzelte. Er bat die Herren für den Abend zu Tisch. Hatten sie nicht auch für ihn im Feld gestanden? Ein willkommener Vorwand, sich der ihm auferlegten Würde in Gesellschaft junger Menschen einmal zu begeben. Ein wenig steifbeinig vom langen Tagesritt zogen sie mit ihren Ledertaschen unter Sporengeklirr davon, um sich pünktlich acht Uhr, weniger martialisch gekleidet, im Speisesaal der Rohans einzustellen, wo auf Geheiß des Kardinals Charlotte und der Herzog nebeneinander sitzen sollten, ein Fingerzeig, wie er sich den weiteren Fortgang der Verbindung dachte.

Man fühlte sich ein wenig eingeengt, denn auch die

262

Herren der Kurie waren gebeten, der Abbé Weinborn als Generalvikar voran. Doch was machte das? Schon hob Eminenz das Glas und hielt eine jener kleinen Reden, für die er berühmt war, wobei er diesmal das ›Benedictus qui venit in nomine Domini‹, auf Enghien anspielend, ins Weltliche paraphrasierte und dies so voll Esprit, daß selbst der strenge Rektor Guntz die kleine Ketzerei belächelte.

Ja, unbeschwert, heiter, geistreich, wiewohl die Mischung der Gesellschaft von Militär und Geistlichkeit fast demokratisch wirkte, ging es an diesem Abend zu in Ettenheim. Es war durchaus in Enghiens Sinn, und wie sehr er sich in diesen ›environs où Rose respire‹ – so sein Zitat aus einer Oper Monsignys – wohlfühlte, offenbarte sich zu später Stunde, als die Klerisei davon war und er bei einem letzten Glase Roten in das alte Rußlandcouplet vom Ausmarsch nach Wolhynien einfiel, das Cheffontaine mit von der Wand genommener Gitarre anstimmte:

>*Vous m'avez servi bien*
Mon cousin!
Très fort je vous regrette
Mais tout doit avoir fin
Mon cousin!
Puisque la paix est faite.«

»In die Quartiere«, sagte Enghien sodann, »tout doit avoir fin«, alles muß ein Ende haben, wenn das Wort für einen neuen Anfang auch kein gutes Omen bedeuten mochte, allein, ein schlechtes schien es auch nicht.

Nach kurzer Frist, die der Baron noch brauchte, den für den Herzog bestimmten ersten Stock zu richten, besaß er seine Bleibe im Ichtratzheimschen Haus, ein wenig abseits an der Gasse, die sich in kühner Kurve hoch zum

Kirchberg schwingt. Wenn auch nicht übermütig wirkend, war das Haus immerhin zwei Stockwerk hoch, fünf Fenster breit, behäuptet mit geräumigem Dachstuhl, in dem die Kammern für die Lakaien, Pierre Poulin, Féron und Joseph Canone lagen. Enghien behauste in der Beletage den Salon und ein Schlafgemach dahinter; durch einen kleinen Flur getrennt lag die bescheidene Kammer des ›pauvre Jacques‹, wie der Herzog ihn gern nannte, des Monsieur Dominique Jacques, vor der Revolution Jurist in königlichem Dienst und neuerdings herzoglicher Sekretär. Viel Raum für soviel Menschen war das nicht, wenn das behäbig hingelagerte Domizil nach Landesart auch Tiefe besaß. Denn noch zwei andere Zimmer waren von der Condeich belegt, den Adjutanten.

Wie sie es fertigbrachten, einander nicht auf die Nerven zu gehen, weiß es Gott. Vielleicht, weil ihnen der Baron im Erdgeschoß noch einen weiteren Salon, dazu Küche und Waschgemach, einräumte, ein Herr zurückgezogenen Wesens und zudem in Trauer wegen Frau und Kind, die unter tragischen Umständen ums Leben gekommen waren. So lag gewiß ein Schatten über diesem Haus, und dennoch sprang der Duc va de bon cœur die geschwungene Holztreppe im Vestibül, von dem es in den zwei Stockwerke tiefen Keller mit einem verborgenen Fluchtweg ins Freie ging, leichtfüßig hinab, auf der Mohiloff in seinem Eifer, dem Herrn zu folgen, so oft ins Rutschen kam. Denn unter Assistenz Canones zog Enghien in diesem leuchtenden Spätherbst fast täglich zur Jagd auf Reh und Hase oder auch das Wassergeflügel am Rhein, manchmal sogar auf Hirsche und Sauen im Schwarzwald.

Bildete das Wildbret anfangs nur eine willkommene

264

Zukost, so bald einen Hauptbestandteil ihrer Mahlzeit. Es stand nicht gut um die Finanzen. Zwar zahlte ihm die englische Subsidienkasse in London allmonatlich wie jedem exilierten Prinzen einhundertfünfzig Guineen, die Bezüge eines Generals im Ruhestand, doch wenn die Seinen ausgelöhnt, die Summe für den Haushalt abgezogen, die Mietrechnung beglichen waren, blieb dem pauvre Jacques nur wenig in der Kasse. Der Landwein, den sie bei Tische tranken und von dem es in dieser gesegneten Gegend gottlob reichlich gab, war vom billigsten, Charlottes gelegentlicher Beitrag aus dem bischöflichen Keller eine Labe. Was den Herzog, dem die ganze Geldmisere herzlich gleichgültig blieb, daran am meisten amüsierte, war, daß sie so leichten Herzens für ihn mopste, natürlich nicht persönlich, sondern durch ihre ungarische Kammerfrau Mrazek, die manchen Krug aus dem Burgunderfaß des Kardinals, manche abgezweigte Bouteille einer Tafelei in den Falten ihrer weiten Röcke herübertrug.

Ja, Charlotte, sie war der gute Geist in diesen Tagen; ihr Gesicht, das jetzt stets von Eifer ergriffen war, schien so durchleuchtet wie nie. Ihr hatte sich ein Lebenstraum erfüllt. Seit Enghien ihr gehörte, verging ihr jeder Tag zu schnell, war die Stunde allemal zu kurz, zu flüchtig die Minute. Nie hatte ihre Stimme so warmtönig geklungen, niemals war ihrem wachen Geist soviel eingefallen, wie zurückhaltend sie sich auch an jedem Gespräch beteiligte. Selbst dem erzgescheiten Weinborn bereitete es stets Vergnügen, ihr zuzuhören. Enghien fühlte sich von ihr mehr und mehr verzaubert. Und dennoch ... und dennoch schrieb er, weil es seine Sohnes- und Enkelpflicht gebot, seit die Korrespondenz mit Condé in London wieder aufgenommen war, jene Briefe, bei denen er sich selber niederträchtig vorkam? Denn war es Wahrheit, wenn er dem Alten von Chantilly auf seine nun schon mißtrauisch vorgebrachten Heiratsprojekte hin beteuerte, zwischen ihm und Charlotte bestünde keinerlei enge Beziehung? Schwindelte er vielleicht, um Ruhe vor diesem leidigen Thema zu finden? Zuzutrauen war's ihm; es blieb der bequemere Weg.

Einem Anderen gegenüber konnte er das nicht; auch Eminenz bestand auf Klärung der Verhältnisse. Es kränkte Rohan tief, daß Condé seine Nichte so hartnäckig ablehnte. Nur weil sie seinen Namen trug oder zu arm für einen Herzog schien? Lächerlich! Nach seinem Tod würde sie vermögend sein. Der Kardinal trug es auch Enghien nach. Warum nur zog er nicht die Konsequenzen, selbst wenn es eine Lösung von seiner eigenen Familie bedeutete? Hatte er nicht den Vater und die Tante im Kloster auf seiner Seite? Rohan übersah einen Umstand. Würde nicht Enghiens Ablehnung der Revolutionsideen unglaubwürdig, wenn er die eigene Standespflicht verletzte? Der Herzog bat, ohne Gründe zu nennen, um Aufschub. Vermutlich schien ihm der Konflikt erst nach dem Tod des Großvaters lösbar. Bedrückender blieb etwas ganz anderes.

Im April 1802 erließ Paris ein Edikt, das die Lage des Herzogs fast unmöglich machte. Es öffnete den Emigranten die Grenzen nach Frankreich, sofern sie unverzüglich zurückkehrten und nicht erst später; andernfalls blieben sie von nun an geächtet. Die Amnestie besaß noch einen Zusatz; sie galt nicht für die Prinzen des Hauses Bourbon. Doch darin lag es nicht einmal: was würde aus Charlotte, wenn sie bei ihm aushielt, und daran gab es für sie keinen

Zweifel, wenn auch ihr Vater Florent de Rohan zu einem anderen Ergebnis gelangte und zurück zu Frau und seiner jüngsten Tochter Clémentine wollte. Was Enghien betraf, fühlte er sich seither doppelt an Charlotte gebunden; es gab keine Ausflucht mehr, die insgeheim noch immer eine Rolle spielen mochte. Jede Trennung wäre jetzt Verrat gewesen. Was immer er auch tat, es manövrierte ihn in eine Falle. Als schließlich Cheffontaine und Jonville bei ihm erschienen und um Entlassung baten, weil auch sie für ihre Person keine andere Lösung wußten als der Vater Charlottes, begriff er erst, wie hoffnungslos der eigene Zwiespalt war, der ihn zu seiner Isolation verdammte. Betroffen fragte er die beiden nach den Gründen. Er hatte viel für sie getan. Wollten sie alles verleugnen, für das sie jahrelang im Feld gestanden hatten?

»Wissen Sie einen anderen Rat, wenn wir Franzosen bleiben wollen? Es hilft nichts, eine neue Zeit ist angebrochen, Monseigneur.«

Er empörte sich. Neu, neu, wann und auf wessen Geheiß war sie angebrochen, wenn er fragen durfte. Als man den König umgebracht hatte oder just in diesem Augenblick, wo die Pendule elf Uhr vormittags schlug? Blieb diese neue Zeit nicht eine Chimäre von Bonapartes Gnaden? Begriffen sie nicht, welche Perfidie hinter der Amnestie steckte, um sie auseinanderzubringen? Waren Parolen ein triftigerer Grund als ein Jahrtausend, das hinter ihrer Sache stand?

»Mais tout doit avoir fin, Monsieur«, Cheffontaine zuckte die Achseln; er sagte nicht mehr Monseigneur, und Enghien verstand, was es bedeutete. Er entließ sie mit einer Handbewegung.

In der Nacht, die darauf folgte, konnte er nicht schlafen. Aber im Hindämmern sah er immer wieder das nämliche Bild vor sich: er stand am Ufer eines Stromes, der unter ihm davonrann und auf seinem Rücken die Wracks eines ganzen Zeitalters mit sich führte; eines davon, auf dem der Kapitän noch an Bord stand, trug seinen Namen. Wie hieß dieser Kapitän? Er, er selber war es, den Blick starr auf eine undurchdringliche Nebelbank gerichtet, in der er langsam, ganz langsam verschwand.

Er wußte nicht, was ihn daran so beunruhigte, aber es ging etwas so Bestürzendes davon aus, daß er mit grauendem Morgenlicht aufstand und in den Garten hinabstieg, »ach was« sagte und zu graben begann. Bis dieses Bild, von dem er immer noch nicht wußte, was es eigentlich sagen wollte, und das ihn doch so sehr aufwühlte, endlich zerrann und er aufatmete, um sich die Stirn zu trocknen.

Das Gärtnern war seit neuestem seine Passion. Er hatte sich vom Baron Ichtratzheim die Zustimmung erwirkt und sogar von Seiner Eminenz am Pfaffengarten ein brachliegendes Stück Land mit einem doppelstöckigen Pavillon darauf zugepachtet, wo gejätet, umgegraben, das alte Buschwerk beschnitten werden mußte. Im Küchengarten gleich am Haus grünte es längst, das Basilikum ließ sich bereits gebrauchen, der Schnittlauch schon seit langem; Salat war angepflanzt, und gegen die Schnecken hatte er kleine Töpfe mit Bier aufgestellt. Am Pfaffengarten unten aber war sehr viel mehr zu tun; gegen die Verwilderung kamen nur die Heckenschere und das Messer an. Es war zwar nicht mehr die Zeit, weil der Saft schon im Holze stand, er schaffte dennoch Ordnung, während Canone den Hang am Ende in ein Stück englischer Parklandschaft en miniature verwandelte. Enghien hatte nicht umsonst dem Gärtner in der Cabotière daheim so oft bei der Arbeit zugeschaut. Die Mühe zahlte sich aus, die Stiefmütterchen, die er selbst im Kasten gesät und dann ausgesetzt hatte, blühten längst, die Nelken, die Campanula kamen, sogar das Fliegende Herz schob sich aus der Erde. Bald würde Charlotte, die das Gärtnern gleichfalls liebte, bunte Blumenbuketts im Haus verteilen können ...

Dennoch, als es auf die warmen Tage zuging, packte ihn wieder das innere Elend, wenn Nachrichten aus der großen Welt an seine Ohren drangen. Da hockte er wie auf dem Altenteil herum, zwar nicht untätig, aber ein Nichts. Was sollte aus seinem Leben werden? Anfangs versuchte er sich mit Briefen an seinen Vater oder an den Freund Marsan abzulenken. Aber was gab es noch zu schreiben? Er hatte von seinen Luftschlössern genug. An solchen Tagen lief er stundenlang durchs Land, manchmal mit Charlotte, die seine Unruhe mit Kummer sah, weil selbst am Abend, wenn sie das ewige Tric-trac, Bésigue und Macao leid waren, keine Gespräche mehr aufkamen. Bis sie ihm eines Tages eine Wanderung in die Schweiz vorschlug. Er nahm es mit Begeisterung auf. Die Abende waren seither angefüllt mit Reiseplänen, bei denen Charlotte trotz leiser Wehmut über die verblüffende Wirkung einer Anregung, bei der sie ausgeschlossen blieb, sich eifrig beteiligte.

Am Donnerstag, den 22. Juli 1802, machten sie sich auf den Weg, der Chevalier Jacques, außer sich vor Freude darüber, Canone und er unter dem Decknamen eines Comte de Saint-Maur. Es wurde, buchstäblich dank seines

269

Reisejournals, eine denkwürdige Fahrt, bei der ein bisher unbekannter Enghien zum Vorschein kam; er beschrieb die Landschaft nicht, die sie durchwanderten, seine Worte prägten sie, und er ging Wege, ganz anders als bisher gewohnt, auf denen er die Hintergründe seiner eigenen Vergangenheit, kurz sich selber suchte. Natürlich ist ihrer nur stichwörtlich zu gedenken. Über Schaffhausen ging es ins Tal des Oberrheins, manchmal zu Pferde, manchmal mit dem Wagen, meist zu Fuß bis Ragaz, wo man die Tamina-Schlucht nicht ausließ und sich in Pfeffers über den hoch im Fels verankerten Hängesteg unter Sprüh-schleiern von Wassern bis zur heißen Quelle wagte. Eng-hien fand des Reisens bestes Teil, das Staunen wieder. Niemals hatte er einen interessanteren, zugleich erschrek-kenderen Ort gesehen. Durchs Vorderrheintal gelangten sie, Ilanz, Disentis und den Oberalppaß querend, nach Urseren. Wieviel war hier seit der Fahrt mit Bourbon durch den Krieg verändert, auf der Gotthardhöhe das Hospiz niedergebrannt, der schlitzohrige Kapuziner nicht mehr da!

Auf beschwerlicher Hochtour – Jacques mußte wegen einer Fußverletzung nach Ilanz zurück – stiegen sie zum Furka und dann zum Hospiz am Grimselpaß. Ringsum ein Chaos von Fels, Eis und Schnee, dessen erhabene Wildheit und Ursprünglichkeit sie mit Kraft und unnennbarer Zu-versicht erfüllte. Maultierkolonnen auf dem Weg nach Domodossola querten die Route. Rückkehrend ging es in ewigem Hinauf und Hinab über den Gotthard nach Bi-asca, wo sie durch das Tal des Blinio nordwärts einbogen, um in Olivone paradiesische Täler mit Wein, Maronen- und Nußbäumen zu durchwandern, während zu ihren

Häupten der nackte Fels aufragte. Es war entsetzlich heiß, als sie Santa Maria erklommen, um sodann durch das kellerkühle Höllental Disentis und Ilanz zu erreichen, wo der genesene Jacques wartete.

Nun freilich ging die wahre Tour erst los. Auf einem Saumpfad erstiegen sie quer durchs Gebirge einen Weiler, den das Tagebuch Panix nennt. Den gleichen Weg hatte vor vier Jahren die Armee Suworows genommen; hier lag der wahre Grund für das Scheitern eines Feldzugs, der auch für die Condeich Unglück bedeutet hatte. Denn als sie unter dem aufragenden Vorabberg an Abgründen vorbeischnürten, gewahrten sie in der Tiefe gebleichte Knochen und Schädel von Mensch und Tier, dazu die Reste von Waffen in unvorstellbarer Menge. In einer gnadenlosen Nacht des Schneesturms war hier ein Großteil der russischen Verbände durch Absturz, Hunger und Erfrieren zugrundegegangen. Nach verlorenster Einöde kam endlich Elm; fern am Martinsloch hatten zwei Kosakenregimenter sämtliche Pferde eingebüßt. Doch dann öffnete das Tal sich wieder; mit dem Schiff erreichten sie bei Musikbegleitung, umgeben von eleganten Menschen, durch lachende Ufer, von deren Höhen Masséna mit seiner Artillerie Korsakow nach Konstanz zurückgetrieben hatte, Zürich. Ach das Elend der Kriege!

War es in dieser Stadt, daß sich seine Episode mit einer Pariserin von letztem Schick begab? Die Quellen berichten nur von einem Gasthof in den Bergen. Wo hätte sie freilich anders stattfinden können? Enghien stellte sich an der Réception gleich mit seinem richtigen Namen vor, als sie eintraf, geblendet von soviel Anmut und Eleganz. Es war Mademoiselle Mars, eine der reizvollsten Schauspielerinnen ihrer Zeit, die in der kommenden Nacht in seinen Armen einen anderen Liebhaber allzugern vergaß, einen trockenen, in gewisser Hinsicht recht derben Offizier, Bonaparte geheißen. Einen veritablen Prinzen und Herzog in das Verzeichnis ihrer Liebhaber aufzunehmen, bereitete ihr diebisches Vergnügen. Bei ihm war es die alte Tollheit, wenn er schönen Frauen begegnete. Am 20. August kehrte er mit neuerwachtem Lebensmut nach Ettenheim zurück; sein Naschen am Vorratskorb der Liebesgöttin hatte er seinem Tagebuch natürlich nicht anvertraut, auch tat es seiner Liebe zu Charlotte keinen Abbruch; dergleichen gehörte bei ihm einem anderen Bereich an.

Er fand Charlotte voll vorahnenden Kummers wieder, vollends seine Eminenz. Die Entschädigung der deutschen Landesfürsten für die im Frieden von Lunéville verfügte Abtretung des linken Rheinufers durch geistliche Besitzungen rechts des Stromes kündigte sich an. Wenn das Ereignis auch erst am 25. Februar 1803 eintreten sollte, es warf seine Schatten voraus. Rohan war nicht nur wegen des Verlustes von Ettenheim niedergeschlagen, er fürchtete, sein Haus verlassen zu müssen. Das freilich erlebte er nicht mehr. Am 17. Februar 1803 starb er nach neun Tagen Krankenlager an Lungenentzündung. Charlotte, die selbst an einem schweren Katarrh litt, der damals allenthalben epidemisch auftrat, wich nicht vom Kopfende seines Bettes. Er ging voll Sanftmut, Ergebung und sogar zufrieden hinüber. Zwei Tage später bekam er sein Grab in Sankt Bartholomäus. Trotz seiner Jugendtorheiten war er ob seiner Selbstlosigkeit beliebt gewesen.

Charlotte galt jetzt als reiche Erbin; der Kardinal hatte ihr und ihrer Schwester in Paris sein ganzes Vermögen hinterlassen. Waren die riesigen Liegenschaften auf Santo Domingo wegen des Aufstandes von Toussaint l'Ouverture auch nicht mehr verfügbar, gab es da noch das Gut in Ungarn, Barschaft und Obligationen in Fülle. Allerdings trat auch etwas anderes ein; sie mußte das Ettenheimsche Palais Rohan für den markgräflich-badischen Oberforstmeister Baron von Schilling räumen. Worauf sie Wohnung in einem stolzen Fachwerkbau am Nepomukbrunnen nahm, dem Vennemannschen Haus, in dem sie nun das oberste Geschoß bezog.

Ihr Verhältnis zu Enghien litt nicht darunter; sie hatte nur ein paar Schritte weiter als zuvor. Es ist sogar nicht unwahrscheinlich, daß es noch enger wurde. Denn manche Historiker und auch die örtliche Überlieferung behaupten, im November 1803 habe sie, durch den Abbé Weinborn eingesegnet, Enghien in geheimer Ehe geheiratet. Als Trauzeugen galten der Marquis de Thuméry und der Baron de Grünstein, seit dem Fortgang von Cheffontaine und Jonville einer der neuen Adjutanten des Herzogs. Ein Zeugnis dafür hat sich allerdings bis heute nicht finden lassen. Ein Brief, den Enghien darüber angeblich an Vater Bourbon schrieb und seinem Freunde Roesch zur Beförderung anvertraute, ist niemals angelangt und auch in dessen Nachlaß nicht ans Licht gekommen. Charlotte Rohan hat sich nie dazu geäußert, sich zwar nach der Verhaftung Enghiens in Straßburg vor der Polizei als seine Frau ausgegeben, doch 1816, als ihr Ludwig XVIII. den Titel einer Duchesse d'Enghien antrug, nur die rätselhafte Bemerkung getan, zu Lebzeiten des Herzogs habe er ihr den Namen verweigert, jetzt verlange sie nicht mehr danach. Doch will Claude Pasteur von einem Vorfahren, der ihr Anwalt war, laut Überlieferung wissen, die beiden seien nach geltendem Kirchenrecht vermählt gewesen.

Ist es im Grund wichtig? Die großen Liebespaare der Geschichte, zu denen sie wenigstens am Rand gehören, hat man nach einem Trauschein nie gefragt.

— Was Enghiens gelegentliche Eskapaden angeht, so läßt sich denken, daß er an einem Abend, als er ob einer schlechten Nachricht ohnehin sehr aufgewühlt war, abbittend sagte: »Ich muß dir etwas eingestehen, Charlotte ... von jener Reise in die Schweiz ...«

Worauf sie ihn ernsthaft anblickte und antwortete: »Vergiß es, Louis – nicht, daß ich mir nichts daraus machte. Ich habe es ohnehin gespürt. Gib mir nur eine Antwort, bist du gern bei mir?«

»Mein Gott«, er starrte sie fast verstört an, »gern, nur gern? – Was wäre ich ohne dich?«

»Das ist für eine Frau nicht eben viel«, erwiderte sie nachdenklich und strich über sein Haar.

»Doch«, fuhr er fort. »Du kannst nicht ermessen, was du für mich in diesem umgetriebenen Dasein bist. Es schwingt mehr als Liebe darin mit – eine Art von Glaube. Verstehst du, was ich meine?«

»Man muß nicht über alles reden«, begütigte sie.

Er ließ sich nicht beirren, sondern hing seinem Bekenntnis nach: »Das Wort bin ich dir schuldig. Der Lebensglaube, das Wenige, das in mir etwas wert sein mag ... eine Kraft zum Äußersten vielleicht, wenn sie mir abverlangt wird ...«

»Mir genügt es, mon papillon«, antwortete sie lächelnd, »wenn wir beisammen sind.« – Sie ahnte nicht, wie kurz die Frist noch war.

Wie es dann zuging, daß die Luft plötzlich von Gefahr vergiftet schien, daß in jedem Winkel ein Späher lauerte, Charlottes eben noch vom Karnevalsfest beim Baron von Schilling heiteres Gesicht in Angst erstarrte und nur einer scheinbar unberührt blieb, Enghien, bis – ja, bis ...

War es wirklich ein Duell der ›beiden Frankreich‹, des revolutionären und des royalistischen, wie manche meinen, das damals ausgetragen wurde, oder zuckte nicht ein Wetterstrahl aus den jäh gewachsenen Schlagschatten eines Mannes, der alles daransetzte, sich an die Macht zu bringen? Ungleicher Kampf mit ungleichen Mitteln! Wie konnte er für Enghien anders ausgehen als in seiner eigentlichen ›Catastrophe finale‹, jener in den Gräben von Vincennes, die sein Wort von der ›Kraft zum Äußersten‹ bereits vorausgeahnt zu haben schien?

Doch ist das ein weiterer Bericht von einem Menschen, dessen Größe sich erst in seinem Ende offenbarte.

V. KAPITEL

Wie spät ist es, Monsier Harel?

– Aus den Aufzeichnungen des Abbé Weinborn –

Ende November 1804

Da bin ich also aus meinem Pariser Gefängnis zurück, wohin man auch mich bei der Entführung des Herzogs verschleppt hat. Sieben Monate Einvernahmen, Gegenüberstellungen, Verhöre, bei denen ich nur im Zwielicht des Morgens oder Abends dazu kam, mein Brevier zu lesen.

Den Leuten von Ettenheim ist meine Gefangenschaft freilich nur aufgefallen, weil der Kaplan statt meiner zelebrierte. Sie rücken noch heute mürrisch an ihren Hüten, kaum, daß sie ›Guten Morgen, Abbé Weinborn‹ über die Lippen bringen. So grenzenlos ihre Bewunderung für die Wandlung der Dinge jenseits des Rheines ist, seit sich der badische Markgraf auf die Seite Bonapartes geschlagen hat, so hart geht man mit uns, der ›Bourbonenclique‹ von gestern ins Gericht. Die Hauptsache, die Bauern können wieder auf ihre Felder und Rheinwiesen jenseits des Stromes. Der Schmerz eines alten Mannes kümmert niemand: der fürstliche Freund aus dem Ichtratzheimschen Haus tot, verscharrt in den Festungsgräben von Vincennes! Kein Mensch erwähnt seinen Namen noch. Ich indessen, jenseits der Jahre, in denen man um sein Leben bangt, halte den Mund nicht mehr und werde die Untat wenigstens den Blättern vor mir anvertrauen.

276

Warum Enghien sterben mußte, ist mir in Paris bald deutlich geworden. Man hat Bonaparte heuer, am 18. Mai im Jahre unseres Herrn 1804, trotz aller Widerstände zum Kaiser ausgerufen. Er heißt jetzt Napoleon 1. Im Dezember wird man ihn krönen. Der Prinz war im Weg; es galt die Bourbonen und ihre Anhänger durch einen Vernichtungsschlag gegen ihren tatkräftigsten Vertreter zu lähmen. Der Gedanke, daß Enghien ohne jegliche Schuld, seiner bloßen Existenz willen hier, im Ausland, im Badischen, mit nachträglicher Billigung des Landesherrn in Karlsruhe, der ihm ausdrücklich Asyl gewährt hatte, durch französische Kommandos aufgehoben und umgebracht wurde, ist ungeheuerlich.

Ich will mit dem kleinen Erlebnis in Vincennes beginnen, das ich bald aufgesucht habe, als man mich am 10. dieses Monats endlich freiließ, magisch angezogen von dem großen Festungsgraben vor der Porte du Bois des Riesengemäuers. Dort, sagte ich mir, hat er sein Leben gelassen, dort muß er irgendwo ruhen! Lange suchte ich vergeblich. Kein Kreuz schmückt den Platz, nicht einmal ein Erdhügel ist da. Die Brückenwachen hatten mich bereits argwöhnisch aufs Korn genommen, als ich zum dritten Mal erschien, aber offenbar wehte ein anderer Wind. Man sprach davon, der Heilige Vater werde zur Krönung kommen. Da waren die Pfaffen plötzlich tabu.

Eines Abends freilich, als es schon dunkelte, vernahm ich hinter mir das Gemurmel eines Passanten: »Drehen Sie sich nicht um!« Als er auf meiner Höhe war, ließ er einen Handschuh fallen, und während er sich danach bückte, hörte ich ihn flüstern: »Drüben, vor dem Pavillon de la Reine, finden Sie, was Sie offenbar suchen.« Schon war er fort. Dort also ... ich weiß nicht mehr, wie ich daran vorübergekommen bin; ein trockenes Schluchzen schüttelte mich plötzlich. Unten im Festungsgraben, wo es geschehen sein muß, ein Haufen von Abfall, Strünken und Schutt am Fuß der zyklopischen Mauer. Meine Lippen formten die Worte ganz von selbst: »Dicit Dominus: Ego cogito cogitationes pacis ... spricht der Herr: Mich bewegen Gedanken des Friedens und nicht der Bedrückung. Ihr werdet mich rufen, ich werde euch erhören und aus der Gefangenschaft führen ...« Freilich, die Stelle mit dem Stift abzukonterfeien, habe ich denn doch nicht gewagt. Dafür wurde ich auf andere Weise entschädigt, wenn sich das so nennen läßt.

Eines hat sich in Paris und Vincennes nicht verändert: es ist teuer wie immer. Abends pflegte ich mein Stück Brot in einer kleinen Kneipe mit einem Schluck Wein hinunterzuspülen, mit der es, wie mir der örtliche Amtsbruder zuraunte, eine besondere Bewandtnis hat, es ist ein Treffpunkt gewisser Leute. Monsieur Harel, der Gendarmerie- und Festungskommandant, ein verabschiedeter Hauptmann und alter Jakobiner, erscheint hier allabendlich, der sich durch die Denunziation des am 31. Januar hingerichteten Ceracchi und seiner Mitverschworenen in Gunst zu bringen verstand, und Enghien zur Exekution geleitete. Ich wußte einiges mehr von ihm, und richtig!, er kam pünktlich, als die Ämter schlossen, in seiner Gendarmerieuniform mit gelber Culotte und rot ausgeschlagenem Schwarzrock; den Zweispitz höchst korrekt auf der Stirn. Aus der Westentasche baumelte ihm eine Berlocke, die ich kannte. Er setzte sich nahe dem Wirt, Monsieur Boniface, an einen Tisch, an dem bereits jemand Platz gefunden hatte; wie ich bald dem Gespräch entnahm, der Grobschmied Corporance, gleichfalls ein Relikt aus Jakobinertagen. Draußen ging ein monotoner Strichregen nieder, in dem ganz Frankreich ertrank. Die Gespräche der beiden waren genau so eintönig. Der Schmied mit den verschwimmenden Augen der Gewohnheitssäufer begann sein Palaver: »Noch immer das elende Wetter; Sie sollten die Straße nach Nogent sehen, Pfütze an Pfütze. Wie damals, Sie wissen schon, Kommandant.«

Darauf der lederne Harel mit der schnarrenden Stimme, ein warnender Unterton darin: »Lassen Sie das Datum aus dem Spiel, Corporance.« Aber der andere war nicht aus dem Konzept zu bringen. »Machen wir uns nichts vor. Wir leiden an der nämlichen Krankheit. Sie denken daran, so oft Sie in den Regen hinausschauen, den Regen vom 21. März, und ich an die meine, wenn ich auf die Hände starre.«

Darauf eine Antwort von drohender Schärfe. »Was mich betrifft, habe ich nur einen Befehl ausgeführt.«

Der abendliche Disput zwischen den beiden ist aufgeflammt. Aber Corporance läßt sich die düstere Kumpanei mit Harel nicht ausreden. Er wirft ein: »Das hat der blutige Maillard damals, vor zehn Jahren in der Terreur, auch gesagt: Geht hin, führt den Befehl des Volkes aus.«

Er fährt mit der Hand über die Augen, als versuche er die Erinnerung an die Tage von 1793 fortzuwischen, als man die Menschen grausamer als Vieh abschlachtete – den König, den Adel, die Priester des Carmelitergefängnisses ...

»Aber nichts befreit mich davon, daß allnächtlich die Gespenster bei mir erscheinen, und ich wieder als Posten an der Hoftür im Carmel stehe, um diese Kleriker, die ihren Loyalitätseid auf die Revolution nicht schwören wollten, zusammenzuschlagen. Meine Pranken, Monsieur, haben ihre dürren Pfaffenhälse geschüttelt wie Mohnköpfe ...« Er lacht bitter und klopft Harel vertraulich auf die Schulter. »Was wir für die Revolution getan haben, nimmt niemand uns ab.«

Harel, offenbar tiefer betroffen, als er sich eingesteht, doziert mit hochgezogenen Brauen: »Ein alter Soldat wie ich, Corporance, in Ehren ergraut, erlaubt sich keine Gefühle. ›Gelobt sei, was hart macht‹ ...« Sie können sich nicht mehr gegen ihre Vergangenheit wehren und haspeln ihr unerschöpfliches Thema herunter, zu dem sie sich in einer Art Haßliebe zusammenfinden. Unterdessen trinkt Corporance ein Glas nach dem andern, bis er weinerlich wird.

»Sie behaupten also, daß die Gespenster nicht zu Ihnen kommen, weil Sie Soldat sind, Harel?« bohrt er grüblerisch weiter. »Erscheint er nachts nicht bei Ihnen, der aus den Festungswällen?«

»Ein Ende jetzt«, ruft Harel; seine Hände zittern. »Machen wir Schluß ...«

»Ich weiß noch mehr, Kommandant«, fährt Corporance mit der lauernden Beharrlichkeit des Betrunkenen fort. Das heißt, er will seinen Satz, diesen letzten Degenstich eines Matadors eben fortsetzen: »Wie spät ...«, als ich nicht mehr an mich zu halten vermag, aufstehe und auf den Kommandanten zutrete. »Da ich soeben Ihren Namen erfuhr – wie spät ist es, Monsieur Harel?«

— Es ist das Stichwort einer makaberen Farce, die sich immer wieder abspielt, wie mir der Amtsbruder verriet.

Ein überraschter Blick streift meine Soutane; auch Corporance glotzt mich an. Dann aber gleitet ein eitles Lächeln über Harels Gesicht, und er zieht – zieht Enghiens diamantenbesetzte Uhr mit der Berlocke aus der Tasche, die der Herzog immer wie einen Talisman bei sich trug. »Ein Viertel nach sechs«, antwortet er mit genüßlichem Stolz.

Verläßlicheren Leuten als einem Priester pflegt er zu erklären, er habe sie von einem Gendarmen gekauft, aber ich zweifle nicht, daß er sie Enghien vom blutenden Leibe nahm.

Das sind sie also, die Schurken, denen man meinen Herzog überantwortet hat. Mir wird elend zumute; ich wende mich ab und schreite in den strömenden Regen hinaus. Morgen werde ich heimkehren nach Ettenheim in die große Stille. Da sitzt einer in Paris, der sich jetzt krönen läßt und vergiftet die Welt mit seinen Träumen von Macht bis in die dunkelsten Instinkte hinein! Die Macht, das ist das Böse an sich.

Vor mir aber steigt das Bild des Andern auf, der sein Opfer war, und hinter dem für mich nun alle Geopferten dieser Erde zusammentreten, ein endloser Schattenzug auf der dämmerdunklen Straße der Menschheit. Er führt sie an mit der erloschenen Miene der Resignation, und ich sehe das und meine Lippen sind trotz des strömenden Regens trocken ...

Denke ich an ihn zurück, kann ich mich bei aller Trauer nicht meines Stolzes erwehren. Selbst in jenen Märztagen, als eine Vorahnung seiner Gefährdung in ihm zu wachsen schien, strahlte er dennoch etwas Weltvertrauendes und

Zuversichtliches aus, als ich ihn mit federndem, fast tanzendem Schritt von der Morgenpirsch heimkehren sah, den hechelnden Mohiloff neben sich. Du besitzt den Glauben an das Leben noch, dachte ich gerührt, du hast mit deinen zweiunddreißig Jahren trotz allem die Hoffnung noch in dir, die unserm Häuflein Versprengter den Mut gibt, bei unserer Sache auszuharren! Doch irrte ich mich da ein wenig. Eine neue Entschlossenheit beflügelte ihn.

Aber was das Tanzen anlangt, hatte es seine Richtigkeit; darin sprach sich sein Daseinsgefühl am deutlichsten aus. Niemand versteht das in dieser grämlichen Zeit noch, und ist doch erst kurz vorbei, welche Rasse das war! Vom Parkett aufs Pferd sozusagen, und nach bestandenem Scharmützel in die Quadrille zurück, als sei nichts geschehen. Enghien hatte dies vielleicht von den Orléans, aber ihre Arroganz besaß er nicht, sondern war ein Condé, wie er im Buche steht und darin sogar dem alten Prinzen voraus. Was der Großvater auch dunkel fühlte und in seiner schulmeisterlichen Art sogar in einen Vorwurf ummünzte. »Setze Er sich nicht so aus!«, hieß es schon, als Enghien noch ein Freiwilliger war.

Aber daß sein Wesen, das ihn als Duc va de bon cœur erscheinen ließ, wo anders wurzelte, in einer ›res severa verum gaudium‹, der Freude des Hochgemuten begriff er nie. Die Adlernase, das graubraune, manchmal träumerische Auge, das unvermittelt so zufassend wirken konnte und die Gespräche im Umkreis verstummen ließ ... selten sagte sein Mund ein Wort zuviel! Freilich, das war damals, als die wilden Jahre hinter ihm lagen; von Natur besaß er manche verfängliche Neigung – die Weibergeschichten, nennen wir es bei Namen! Was soll es? Im Mann muß ein Widerspruch sein, das Bequeme taugt nichts. Unter Charlottes Einfluß ist er damit fertiggeworden. Nur eines hatte er sich seit Kindertagen bewahrt, die Bedenkenlosigkeit, mit der er seine eigene Person aussetzte.

Daß ich ihn darauf ansprach? Die geheime Sorge, ihm könne hier, so nahe der Grenze, etwas zustoßen, bedrückte jedermann. »Monseigneur, muß es denn bei der Jagd immer so weit hinausgehen? Sie sind ein Bourbone, ein geborener Widersacher der Revolution.«

Er war bereits an mir vorübergeschritten. »Besitzt es denn noch Bedeutung?« wandte er sich jäh zu mir um. »Der letzte Nachfahr des heiligen Ludwig aus dem Hause Condé hat als Landfahrer Karriere gemacht, und was den Namen betrifft? Der Großvater treibt in London eigensinnige Hauspolitik, Vater Bourbon will nur in Ruhe gelassen werden, Mutter Bathilde in Barcelona gibt sich als glühende Bonapartistin. Das nimmt in Paris selbst der letzte Hasenfuß nicht mehr ernst und Bonaparte vollends nicht. Jede Stunde wäre ich bereit, mich gegen ihn zu schlagen. Aber in einem offenen Kampf von Antlitz zu Antlitz, wenn schon nichts als der Krieg übrigbleibt. Ich konspiriere nicht. Was hätte er also von mir zu fürchten?«

»Ihr Name bedeutet eine Mission.«

Er blickte mich forschend an. »Ich glaube Sie zu verstehen und will mein Argument dagegen setzen. Drüben ein brodelndes Frankreich mit Royalistenaufständen in der Vendée und der Bretagne. Schon hat man Attentate auf den Ersten Konsul versucht, aber die Bomben sind jedesmal rückwärts losgegangen, und er versteht seinen Vorteil daraus zu ziehen, denn er zwingt dem Konvent soviel Zugeständnisse ab, daß ich mich frage, ob er nicht selbst dahintersteckt? Das Konsulat auf Lebenszeit, das Angebot an den König, ihm die Krone zu verkaufen ... nichts kann ihm vor der französischen Öffentlichkeit lieber sein, als ein Feind jenseits der Grenzen, der seine eigene Unentbehrlichkeit noch mehr herausstreicht.« – Wir waren darüber ins Haus getreten.

»Schätzen Sie Bonaparte nicht zu sehr als kühlen Taktiker ein«, begann ich noch einmal, »er ist unberechenbar.«

»Der Sieger von Lodi, Marengo, Arcole ist kein Schuft, sondern Soldat wie ich«, warf er kurz hin.

»›Mit dem Degen an meiner Seite werde ich weit kommen!‹, das ist sein eigenes Wort.«

»Aber mit dem Degen«, beharrte er eigensinnig.

— Ich habe bekümmert den Kopf geschüttelt, weil Enghiens Fehleinschätzung, die so sehr seinem eigenen Wesen entsprach, dazu sein sonderbarer Fatalismus, wie ich voraussah, die Ursache seiner Tragödie werden sollte. Eben aber trat Prinzessin Charlotte Rohan ins Zimmer, anmutig wie immer. Sie lächelte.

»Schwere Mienen? Störe ich gar?«

Der Herzog stand in der Mitte des Salons und warf einen ungeduldigen Blick auf mich, als mißbillige er meinen Widerspruch. Die Gesinnung des Korsen stand für ihn außer Frage. »Ich bin nur dabei, einem starrköpfigen Abbé klar zu machen, daß ein Feind kein Schurke sein muß.«

»Hoheit, ich beschwöre Sie«, rief ich in meiner Angst, daß das Gespräch hier enden und sich nie wiederholen würde, »mir sind Nachrichten zugekommen, daß sich gegen Sie etwas anspinnt ... Halten Sie das andere Rheinufer im Auge!«

— Sein fernes Lächeln, mit dem er darauf antwortete, verstimmte mich, wenn ich ehrlich bin, denn es wirkte hochmütig. »Was liegt noch daran – und wäre es das Schlimmste, nach Frankreich zurückzukehren?« fuhr er fast abwesend fort. »Vielleicht bedarf es nur eines solchen Anstoßes, um ins Gespräch zu kommen. Wie immer es ausgeht, man wird mich nicht zittern sehen; wenn es zum Äußersten käme ... was habe ich zu verlieren als ein bißchen unnützes Dasein? Im Feld ist der Korse doch nicht zu schlagen.«

Er sah kurz ins Ferne, nickte flüchtig und ging, um sich umzukleiden. Ich wandte den Kopf, damit man mein Erschrecken nicht merkte. Das waren allzu bestürzende Gedanken!

»Gab es Meinungsverschiedenheiten, Abbé?« fragte die Prinzessin beunruhigt.

»Ich mußte ihn warnen«, entschuldigte ich mich.

»Es ist wahr, die Agenten mehren sich in der Stadt«, gab sie zu, »aber sein Leben lang war er von Gefahr und Spionen umgeben. Damit mahnt man ihn nur an Alltäglichkeiten.« Doch dann fiel sie in den gewohnten heiteren Ton zurück. »Übrigens Monsieur l'Abbé, es ist Assemblée heute abend. Wir sehen uns später.«

Sie schritt hinter dem Prinzen die Treppe hinan. Selbst den alten Zölibatär, der sein Leben als Generalvikar im Kirchendienst hingebracht hatte und nun auf eigenen Wunsch als Dorfpfarrer resignierte – selbst mich also, der sie schon als kleine Demoiselle kannte, wenn sie beim Kardinal zu Gast war, überflog ein Gefühl der Wärme, als sie die Stufen emporstieg und mir die Zauberaugen noch einmal zuwandte.

»Auch der Marquis de Thuméry wird erscheinen. Also abgemacht, Oncle Jean?«

Oncle Jean! Sie nahm sich gelegentlich diese Freiheit, die mich entzückte. Dennoch ›auch der Marquis de Thuméry wird erscheinen!‹ Es verstimmte mich, der Name lockte mich nicht besonders, dies lediglich, weil er uns Ärger zu machen begann und Ettenheim besser verlassen hätte. Er schien auf republikanische Parteigänger provozierend zu wirken, ohne daß wir ahnten, warum. Zugegeben, mir waren verdrießliche Begebenheiten zu Ohren gekommen. Seit neuem zeigten sich im ›Schwarzen Adler‹, von dessen Fenster man Ettenheims Hauptstraße im Auge behält, eigentümliche Gestalten. Der Adlerwirt, der im Posaunenchor den Takt schlägt, sah die Gäste mit Unbehagen. Einmal vergaß sich einer und der Herbergsvater hob argwöhnisch seinen Kopf: »Ist das nicht das Revolutionslied, das ›Ça ira‹, das der Kerl mit den Fingern trommelt?« Forschend steckte er seine Nase ins Meldebuch, aber da stand nichts von Agent provocateur oder Spion. Vielmehr wiesen sich die Fremden als Fechtmeister und Gesangslehrer aus und konnten doch nicht einmal Dur und Moll unterscheiden. Einer trat gar als balkanesischer Graf mit nagelneuen Papieren auf. Es schien dem Wirt, als hätte das kauderwelschende Gesindel bei der badischen Polizei eine Art Freipaß, einschließlich ihrer Demoiselles aus den Gassen von Straßburg, die sich für emigrierte Pariserinnen erklärten und doch nur Spülicht waren vom Abwasch des Jahrhunderts.

War das auch hergelaufenes Pack, bald gab es in der ›Sonne‹ einen ernsteren Zwischenfall. Ein Fremder – wie sich später erwies ein Straßburger Polizeispitzel namens

286

Lamothe – verlangte einen gewissen Stohl zu sprechen, einen Veteranen, dessen politische Einstellung niemand kannte. Da er außer Hauses war, benutzte der Besucher die Wartezeit, um den redseligen Wirt nach den Emigranten auszufragen, wobei er die Namen Thuméry und Schmidt, den zweiten der neuen Adjutanten Enghiens, in seinem Notizbuch vermerkte. Leider verstand er sie falsch und verzeichnete sie als Dumouriez und Smith. Dem Sonnenwirt kamen bald Bedenken über das Verhalten des Besuchers; er eilte zum Ichtratzheimschen Haus. Als er indessen mit dem Chevalier Jacques zurückkehrte, war der Fremde auf und davon. Enghien erfuhr erst abends von der Geschichte und lachte den Sekretär aus: »Verschwunden? Glauben Sie denn, daß es ein Hexenmeister war?«

»Nein«, antwortete Jacques, »aber hüten wir uns, daß er nicht als Gespenst wiederkehrt.« Er hatte mit seiner Befürchtung nur allzu recht. Lamothes Meldung löste in Paris Alarm aus. Stand Enghien mit Dumouriez, dem Revolutionsgeneral der ersten Stunde und Sieger von Valmy, den man später als Verräter von Neerwinden geächtet hatte, in Verbindung, gehörte er dann nicht selbst zu jenem Verschwörerkreis, nach dem die Polizei der Hauptstadt gegenwärtig fieberhaft fahndete ... Doch gleich davon, denn der Verdacht verstärkte sich noch.

Der Herzog schlug dergleichen Warnzeichen, deren Tragweite er allerdings nicht ahnen konnte, in den Wind. Er gab auch auf andere nicht acht. Als er eines Abends gegen Mitternacht seinem Freund, dem Bürgermeister von Roesch aus Rhinau vor seiner Haustür begegnete, bekam er, wenn auch mit allem Respekt, deutliche Vorwürfe zu hören: »Ist es nicht gewagt, Monseigneur, so spät allein durch die Straßen zu streifen? Was, wenn der Erste Konsul sich Ihrer entledigen wollte und Sie ermorden ließe? Denken Sie stets daran ...«

»Das ist verrückt, lieber Roesch; es würde mich zum Gefangenen meiner Dienerschaft machen.«

Dennoch schien etwas hängengeblieben. Als er Roesch am nächsten Tag erneut begegnete, dieser seine brennende Besorgnis wiederholte und Enghien beschwor, sich von der Grenze fernzuhalten – der Herzog pflegte oft in den Rheinwiesen zu jagen – bekam er von Enghien die selbstgewisse Antwort: »Wenn es Krieg mit England gäbe, würde Bonaparte vielleicht versuchen, mich aufzuheben«, doch fuhr er nach kurzer Bedenkpause fort, »bitten Sie immerhin Ihren Bruder – den auf der Insel Rhinau – er möge mir Nachricht geben, sobald er am anderen Ufer eine Ansammlung von Booten bemerkt.« Dies alles, halb Verwechslungskomödie, halb blutiger Ernst, ereignete sich Anfang März 1804 ...

2.

Hier allerdings ist es nötig, Weinborns Bericht zu ergänzen. Er konnte die Hintergründe nicht absehn. Lamothe, einmal fündig geworden, hatte im zelotischen Eifer des Subalternen inzwischen seine Erkundung in Richtung Offenburg fortgesetzt und herausgefunden, daß es dort eine alte Dame gab, die Baronin Reich, die einst mit dem suspekten General Pichegru in Verbindung stand. Um sie scharte sich neuerdings ein konspirativer Kreis, ehemalige Angehörige der Armee Condé, allesamt überaltert, die ihre Opposition gegen Bonaparte als eine Art Gesellschaftsspiel betrieben. Immerhin schien es in Paris klar, daß es im benachbarten Baden ein Verschwörernest gab,

288

gesponnen und unterhalten von englischen Agenten, wie man Berichten des Doppelspions Mehée de la Touche entnahm. In seinem Mittelpunkt stand danach Enghien.

Leider trug der Herzog nichts dazu bei, diese Fama zu zerstören, er ahnte nicht einmal davon. Er trat auch anderen Gerüchten, die von gelegentlichen Besuchen in Straßburg wissen wollten, nur in einem Brief an Großvater Condé mit der Begründung entgegen, er denke nicht daran, sein Gesicht vor den Grenzbeamten oder Agenten Bonapartes verbergen zu müssen. Was aufrichtig gemeint war. Ihn ekelte das Gerede, das über ihn umlief. Unzweifelhaft aber spielte auch eine tiefe Gleichgültigkeit gegenüber jeder Gefahr eine Rolle, bei der letztlich die Maximen des Chevalier d'Arc zum Vorschein kamen, die er seit Jugendzeiten in sich trug. Darin die ›tête legère‹, den Leichtsinn zu sehen, den Condé dem Enkel vorwarf, lag nahe, bleibt aber unberechtigt. Selbst wenn ihn der Gedanke stacheln mochte, den Gegner herauszufordern, war auch keine Attitüde im Spiel. Er hatte die Erfahrung gemacht, daß man der royalistischen Sache nicht mit verborgenen Nadelstichen aufhelfen konnte, sondern nur durch ein klares Bekenntnis zu ihr; er lehnte daher Halbheiten ab. Das war ein stolzes Verhalten, sehr ähnlich dem des Großen Condé im Kampf gegen Mazarin. London entsetzte sich tief über die Offenheit seiner Briefe. Wußte er nicht, daß Bonapartes Spitzel allenthalben, sogar auf deutschem Boden, die Post verdächtiger Personen öffneten? Schon im Sommer 1803 schrieb er, gequält von der ihm auferlegten Ohnmacht und Tatenlosigkeit, an den Großvater: »Ich brenne vor Ungeduld und ich verstehe nicht mehr anders über meine Pläne zu sprechen, als hätte ich nie existiert. Diese Nichtigkeit ist unerträglich.« Er verlieh dieser Empfindung am 22. September des Jahres noch deutlicher Ausdruck und diesmal verband sich eine Hoffnung damit, die in der Tat nicht unbegründet schien: »Man kann also nur seufzen und in der Stille aus seiner Haut fahren. Es gibt indessen einen Fall, in dem es von höchster Wichtigkeit bleibt, mir darüber klar zu sein, was getan werden muß, und mich der Unterstützung sicher zu wissen: es ist der Umstand, welches Ereignis, welcher Zwischenfall ihn auch verursachen mag, der Erste Konsul käme ums Leben. In diesem Augenblick könnte ein kühner Handstreich die größten Folgen haben. Ich trage da einige Hoffnung ... Es ist meine Lieblingsidee, der ich nachhänge ...«

Gefährliche, sogar mißverständliche Sätze! Zwar hatte der Herzog offen erklärt, sich niemals an einem Komplott gegen Bonaparte zu beteiligen, sondern seinen graden Weg zu gehen, aber sie mußten Enghien um so mehr kompromittieren, als man seine Einstellung zur Monarchie aus einer Ergebenheitsadresse an Ludwig XVIII. in Paris genauso kannte wie seine eingeschworene Feindschaft gegenüber der Republik. Seit am 18. Mai 1803 die Blockade der französischen Küste durch die Royal Navy begonnen hatte, Bonaparte in den Sommermonaten eine Reise nach Boulogne, Calais und Dünkirchen unternahm und endlich den Plan einer Invasion in England entwarf, bot er durch Vermittlung eines Agenten, Mister Stuart, seine Dienste sogar der britischen Krone an, die er verachtete. Er hatte durchaus richtig erkannt, daß Pitts antirevolutionäre Politik eine antifranzösische war und auf eine Vormachtstellung Britanniens hinauslief.

290

Er sah in seinem Dilemma keinen anderen Ausweg und war bereit, sei es als Freiwilliger, sei es als Führer eines Hilfscorps, sein Leben erneut in die Schanze zu schlagen. Freilich am Oberrhein, den er als Schauplatz künftiger Entscheidungen ansah. Eine Antwort auf diesen Brief bekam er nie, dafür eine andere, die ihn aller weiteren Pläne überhob. Denn seit der Alltag der Bonapartes in den Tuilerien nach der Etikette einer königlichen Hofhaltung ablief, Saint-Cloud gar als neue Residenz hergerichtet wurde, war es in Paris jedermann klar, wohin der Weg des Ersten Konsuls führte.

Dennoch und trotz einer sich steigernden Prachtentfaltung oder der Volksabstimmung vom 2. August 1802, die Bonaparte als Staatsoberhaupt auf Lebenszeit legitimierte, sollte der Korse keine einhellige Zustimmung finden. War das Ergebnis einer blutigen Revolution, des Märtyrertodes Ludwigs XVI. oder der Ausrufung der Republik eine neue Alleinherrschaft?

Gewiß versuchte der Erste Konsul die versteckten Widerstände durch geschicktes Manipulieren zu überwinden – die des ›Tribunates‹, aus dem ihm der lauteste Widerspruch entgegenschlug, durch Auswechseln der Mitglieder; die der Armee, von der die größte Gefahr drohte, indem er sie zu gelegener Stunde von allen Rivalen säuberte.

Längst war der konspirative Pichegru nach Cayenne in die Verbannung geschickt. Um Moreau und Bernadotte aber scharte sich ein Kreis von Waffengefährten, die den ›Sultan Bonaparte‹ nicht länger hinnehmen wollten, darunter die verläßlichsten Generäle von gestern. Sie planten eine Aufteilung Frankreichs in Militärbezirke, von denen dem Ersten Konsul nur die Hauptstadt zufallen sollte, was einer Entmachtung gleichkam. Bonaparte tat das verfängliche Projekt im Staatsrat mit dem Satz ab: »Le militaire ne connais pas d'autre loi que la force – der Soldat kennt kein anderes Gesetz als die Macht.« Aber entlarvte das Wort nicht zuallererst ihn selber? Was war schließlich damit erreicht, daß er sie zeitweilig kaltstellte? Indem er den aufbegehrenden Paladinen genau so die legalen Wege des Einspruchs verschloß wie der Bevölkerung, weckte er den Terror.

Erneut füllten sich die Zellen der Conciergerie mit Verschwörern, die ein anwachsender Polizeiapparat unermüdlich aufspürte; es gab sie in allen Schattierungen, seit am Weihnachtsabend 1800, als der Erste Konsul eben zur Pariser Premiere von Haydns ›Schöpfung‹ fuhr, in der Rue Saint-Nicaise vor ihm ein Pulverwagen in die Luft geflogen war und acht Tote und Verletzte verstümmelt am Boden lagen. Die Spürnase des findigen Fouché führte bald zu dem Ergebnis, daß die Urheber nicht Jakobiner gewesen waren, wie ursprünglich angenommen, sondern royalistische Chouans, Anhänger der aufständischen Freischärlerbewegung in der Vendée. Zwei, Carbon und Saint-Réjean, konnten ergriffen werden und starben im roten Hemd der Vatermörder bald auf der Guillotine des Grève-Platzes, drei andere entkamen.

Oh dieser blutige Hader einer im Sog der Machtleidenschaft hintaumelnden Zeit! Daß es allenthalben gärte, vollends in den Provinzen, hörte und sah jeder Franzose. Von Mund zu Mund weitergegebene Hetzparolen, Maueranschläge, auf denen zu lesen stand, Moreau sei der wahre Vater des Volkes, Bonaparte als Fremder und Korse ein

Usurpator und Tyrann oder gar ›töten heißt nicht mor-
den‹, füllten die Rapporte der Polizei. Seit Oktober des
Jahres 1803 wußte sie zudem, daß zwei Monate zuvor an
den Klippen von Biville bei Dieppe von England überset-
zende Anhänger der Chouans, an ihrer Spitze der berüchtigte Cadoudal, der eine geheime Popularität genoß und
allenthalben nur bei seinem Vornamen Georges genannt
wurde, gelandet waren und sich seither in der Hauptstadt
verbargen.

Etliche dieser Verschwörer konnten gefaßt werden und
einer von ihnen, Bouvet de Lozière, bestätigte, noch benommen von einem Versuch, sich in der Zelle zu erhängen,
daß der über London heimgekehrte Pichegru in der
Hauptstadt Moreau und Cadoudal, Bonapartes Erzfein-
den, begegnet und also auch Absprachen getroffen waren.
Für eine der nächsten Landungen kündigte er sogar die
Ankunft eines königlichen Prinzen an. Das bedeutete
höchsten Alarm. Die Neuigkeit bestürzte den Leiter der
Polizei, den Präfekten Réal, so sehr, daß er unverzüglich
zum Ersten Konsul in die Tuilerien eilte, der sich eben
rasieren ließ, sofort den Kammerdiener fortschickte und,
bleich geworden, ans Fenster trat. Die bisher nicht beobachtete Einmischung der Bourbonen in die Komplotte
beschwor nicht nur die Gefahr des Bürgerkrieges, sondern
auch ein erneutes Eingreifen ausländischer Mächte, diesmal mit dem erklärten Ziel, ihn, Bonaparte zu beseitigen.

»Es war doch weiß Got nicht ich, der sie entthront hat«,
murmelte er düster. Er fühlte sich schuldlos ›an dieser
Katastrophe‹, womit er die Hinrichtung Ludwigs XVI. vor
elf Jahren meinte. Woher nahmen die Bourbonen das
Recht, gegen ihn, das legitim gewählte Staatsoberhaupt,

zu konspirieren? Und mit der Uneinsichtigkeit der Selbstbehauptung verdrängte er den Gedanken, daß er noch vor kurzem versucht hatte, Louis XVIII. durch das Angebot einer Jahresrente von fünf Millionen und einer Herrschaft in Oberitalien zu einem Verzicht auf alle Thronrechte zu bewegen. Die stolze, im Wortlaut ergreifende Ablehnung dieses Ansinnens hatte dem ungekrönten König viele Sympathien eingebracht. Stand er, Bonaparte, im Augenblick nicht im Begriff, die Macht wie ein Taschendieb an sich zu bringen? Es war wohl ein Hauptgrund dafür, daß er sich bald nicht zum König, sondern zum Kaiser ausrufen ließ.

Doch zurück! Moreau wurde unverzüglich verhaftet und in den Temple gebracht. Allein, der Sieger von Hohenlinden war der falsche Mann; er wollte, getrieben von seiner ehrgeizigen Frau, selbst an Bonapartes Stelle treten und hatte mit den Bourbonen wenig im Sinn. Ihn dem Henker zu überliefern, wagte Bonaparte angesichts seiner Beliebtheit dennoch nicht; so kam er mit kurzer Haft und anschließender Verbannung davon. Bald konnte die Polizei auch des bei aller Käuflichkeit erzroyalistischen Pichegru wieder habhaft werden, der sich wie ein Rasender wehrte, als man ihn nachts im Bett überrumpelte; am Morgen der Prozeßeröffnung entdeckte man ihn erdrosselt in seiner Zelle und war genötigt, die fadenscheinige Legende zu erfinden, er habe sich mittels seiner Krawatte und eines Knebels selbst umgebracht. Paris glich inzwischen einer belagerten Festung; die Zeit einer neuen ›Terreur‹ schien angebrochen. Alle Tore in den Barrières blieben gesperrt, Schildwachen standen auf den Wällen, durch die Straßen zogen unaufhörlich Patrouillen. Bis der

Polizei nach fieberhaften Recherchen endlich der große Schlag gelang und am 9. März nach wilder Verfolgungsjagd der gefährlichste aller Verschwörer, Cadoudal, gestellt werden konnte.

Trotz gedrungener Gestalt und starker Beleibtheit steckte er voll unbändiger Kraft und konnte ein junges Pferd bei den Beinen wegreißen. Einen der Polizeiagenten, die ihn festnehmen wollten, tötete er noch mit einem Pistolenschuß in die Stirn und verwundete einen anderen schwer, um dann doch einer Übermacht von Passanten zu erliegen, die sich auf ihn stürzten. Er gab sofort ohne Umschweife alles zu. Er hatte ursprünglich nach einem bereits in London mit Pichegru und vermutlich auch Artois ausgeheckten Plan dem Ersten Konsul bei einer Fahrt nach Malmaison auflauern und ihn nach Jersey entführen wollen, von dem ihn englische Schiffe nach Sankt Helena bringen sollten. Offenbar war Cadoudal davon abgekommen und hatte auf eine Gelegenheit in Paris gehofft. Die wichtigste Auskunft blieb freilich, daß er die Ankunft eines Prinzen von Geblüt abwarten sollte, ehe er losschlug, der bis zum Eintreffen Ludwigs XVIII. die Regierungsgewalt übernahm. – Am 25. Juni ist Cadoudal, diese stolzeste Seele des Widerstandes, auf dem Schafott so heroisch gestorben, wie er sein ganzes Leben gewesen war.

Wer freilich war dieser Prinz, der sich Bonaparte wie ein drohender Racheengel der Vergangenheit in den Weg stellte, just als er die ersten Stufen zum Thron hinanstieg? Trotz des hartnäckigen Schweigens der Verschwörer fiel die Antwort nicht schwer. Ludwig XVIII. lebte zur Zeit, wie der Geheimdienst wußte, in Mitau, Angoulême bei ihm. Condé, den ein Verschwörer erst vor kurzem vergeblich zur Teilnahme an einem Komplott aufgefordert hatte, kam, wie sein Sohn Bourbon, nicht in Betracht und Artois ebensowenig wie sein Sohn Berry, da sich alle, wie man zuverlässig wußte, in London aufhielten. Nur ein einziger lebte nahe der Grenze, Enghien.

Auskünfte, die Réal bereits beim Präfekten in Straßburg eingeholt hatte, besagten allerdings, daß er außer dem Briefwechsel mit Vater und Großvater kaum Beziehungen zur Außenwelt unterhielt, seine Tage zurückgezogen im Bannkreis Charlotte Rohans verbrachte und ihretwillen trotz einer britischen Pension nicht nach England gegangen war. Die des französischen Gesandten in Karlsruhe, Massias, lautete noch günstiger. Bei wiederholter Nachforschung kam jedoch etwas anderes an den Tag. Die Meldung Lamothes mit der verhängnisvollen Namensverwechslung von Dumouriez und Thuméry, Smith und Schmidt, ließ Enghien schlagartig als Hochverräter erscheinen. Wie eine Erleuchtung überkam es Bonaparte, der von Cadoudal erwartete Prinz könne niemand anderes als der Exilierte von Ettenheim sein, der die Nähe der Grenze benutzte, um mit dem verräterischen Dumouriez Pläne über den Einfall in Frankreich zu schmieden. Wußte man nicht vom Geheimdienst, daß sich der Sieger von Valmy eben auf einer Reise von London nach Berlin befand, und was lag näher als ein Umweg über Ettenheim? Daß sich Enghien außerdem öfter ins Elsaß begab, stand für ihn ebenso fest. Hatte der Herzog nicht brieflich von französischen Soldaten berichtet, die keine Lust hätten, sich für den ›verdammten Usurpator‹ Bonaparte zu schlagen? Sollte Enghien nicht insgeheim sogar in Paris gewesen sein? Obendrein mochte es den Ausschlag geben, daß er als ausgezeichneter Truppenführer galt und zu allem Überfluß von etlichen royalistischen Parteigängern als geeignetster Thronanwärter angesehen wurde. Weder Angoulême noch Berry genossen in Frankreich Sympathie.

Daß er sich auch der Beihilfe von Spencer Smith, des Kommissars der englischen Regierung in Deutschland, bediente, schien Bonaparte eine pikante Dreingabe – und alles war doch nichts als Hirngespinst und Legende! Bonaparte fühlte sich seiner Sache so sicher, daß er schon für den Folgetag, den 10. März, eine Sitzung in die Tuilerien berief, an der die beiden Mitkonsuln, Cambacérès und Lebrun, der Polizeipräfekt Réal, der Stadtkommandant Murat sowie Fouché und Talleyrand teilnahmen, die beiden letzten ohnehin erbitterte Feinde der Bourbonen. Sie hatten von einer Restauration am meisten zu fürchten, und Monsieur Talleyrand insistierte seit langem, sich eines Angehörigen der Königsfamilie als Geisel für die Sicherheit des Ersten Konsul zu bemächtigen. Enghiens Fall war eine Staatsaffäre.

Die Sitzung versprach stürmisch zu werden. Schon am Vortage hatte Bonaparte, außer sich vor Zorn, wie man ihn nie gesehen, Réal angefaucht wie ein Tiger: »Und Sie sagen mir nicht einmal, daß der Herzog von Enghien nur vier Meilen jenseits der französischen Grenze militärische Verschwörungen anzettelt? Glauben die Bourbonen, daß man mein Blut wie das wilder Tiere vergießen kann? Es wiegt genau so viel wie das ihre ... Ich lasse unerbittlich den ersten dieser Prinzen erschießen, der mir in die Hände fällt.« Wiewohl das hinter geschlossener Tür herausgeschrien war, wußte bald der ganze Hof, was Bonaparte plante.

Es gab manche, die ihn milder zu stimmen suchten, vor allem Joséphine de Beauharnais, seine Frau, die sich ihm zu Füßen warf: »Wenn du ihn umbringst, wirst du auch mich töten, so wie man meinen ersten Mann guillotiniert hat; es wird auch dich selber das Leben kosten!« Vergeblich. Genauso umsonst Bonapartes ältester Bruder Joseph, seine Schwestern und Madame de Rémusat, diese während eines Schachspiels, bei dem Bonaparte die Figuren zornig durcheinander warf, endlich gar Madame Letizia, seine Mutter, mit der Mahnung, sich nicht auf die gleiche Weise zu rächen wie es in Korsika üblich war: »Si j'étais toi, Napolione, je regardarais oune, doux et trois fois.« – »Mutter«, hat er angeblich kurz geantwortet, »ein Staatschef bestraft, aber er rächt sich nicht.« Allein, etwas hatte es mit der korsischen Vendetta denn doch auf sich.

    —— »In der Politik ist ein Tod, der Ruhe bringt, kein Verbrechen«, soll Bonaparte zudem Madame de Rémusat gesagt haben. Aber wer will wissen, wieviel daran nicht schon jetzt Legende war? Jedenfalls ist Enghiens Tod schon in der Sitzung vom 10. März, die unter so stürmischen Vorzeichen begann und allem voranging, beschlossen worden. Denn kaum hatte Cambacérès als einziger zur Nachsicht aufgefordert, als Bonaparte, empört über diesen Einspruch, erneut in Rage geriet: »Begreifen Sie endlich, daß ich niemand schonen werde, der mir Mörder auf den Hals schickt.« Und er fügte tückisch ein Wort hinzu, das den Zweiten Konsul ins Herz treffen sollte, weil er einst für den Tod Ludwigs XVI. gestimmt hatte: »Sie sind mit Bourbonenblut geizig geworden, Monsieur!«

Cambacérès ließ sich indessen nicht einschüchtern und brachte die Meinung der Weltöffentlichkeit ins Spiel, aber

Bonaparte schnitt ihm abermals das Wort ab: »Der Tod des Herzogs von Enghien wird in den Augen der Welt eine gerechte Vergeltung für das sein, was man mir anzutun versucht hat.« Als sie um sechs Uhr nachmittags auseinandergingen, war der Tod des Herzogs beschlossene Sache, und es ist anzumerken, daß kein einziger Beweis, kein Rechtsgrund vorgebracht wurde. Bonaparte hatte die düsterste Seite seines Lebensbuches aufgeschlagen.

Noch am selben Abend befahl er Berthier zu sich. Der Minister fand ihn mit Zirkel und Kompaß über den Arbeitstisch gebeugt, vor sich eine Karte des badischen Rheinufers. Er maß die Entfernungen, rechnete nach und gab ihm dann Weisung: »Sie werden Befehl erteilen, daß General Ordener noch in der Nacht mit der Post nach Straßburg fährt. Ziel der Operation ist es, nach Ettenheim überzusetzen, die Stadt zu umzingeln und den Herzog von Enghien zu entführen.« Der General hatte sich dazu der Mithilfe der Straßburger Gendarmerie von zweihundert Dragonern mit Verpflegung für vier Tage und mehrerer Artilleriebatterien zu versichern, die linksrheinisch, Ettenheim gegenüber, Stellung beziehen sollten, um notfalls einzugreifen.

Der Marquis Caulaincourt, Napoleons Adjutant, Sohn einer Hofdame der Gräfin Artois, bekam den Befehl, mit zweihundert Leuten bei Kehl über den Rhein zu gehen und die französischen Emigranten sowie britischen Agenten in Offenburg auszuheben und, nach anderen Berichten, gleichzeitig Verbindung mit dem badischen Hof aufzunehmen; Markgraf Karl Friedrich würde aus der Verletzung der Landesgrenzen keine Affäre machen. Er hatte bei Bonaparte um die Legitimierung seiner Söhne aus

zweiter, morganatischer Ehe mit der Gräfin Hochberg
nachgesucht.

Dem aufrichtigen Coulaincourt, der den Herzog bewunderte, standen zwar Tränen in den Augen, doch er
gehorchte. Allein, hier gebührt wieder dem Abbé Weinborn das Wort.

3.

… An handgreiflichen Warnungen für den Herzog in Ettenheim, wie gefährlich die Lage war, hat es nicht gefehlt.
Die letzte davon erlebte ich selber mit. Wir schrieben den
14. März, ein Datum, das ich nicht vergesse, denn mit ihm
riß auch meine Zeitrechnung ab. Eine Reihe leuchtender
Föhntage über dem Rheintal ging eben zu Ende. Da ich
ohnehin miserabel schlafe, wenn der Wind aus den fernen
Bergen kommt, hatte ich mich frühzeitig auf den Morgen-
spaziergang gemacht und kam auf dem Rückweg vom
Heuberg am Ichtratzheimschen Haus vorbei. Ich fand es
voll Aufregung. Canone stand ausspähend in der offenen
Tür, von oben hörte ich die Stimme des Herzogs rufen:
»Ist was, Joseph?«

»Ja, ist was!«, murmelte Canone, und ob etwas war! Der
Herzog liebte keinen Eklat. »Nichts«, rief er also trocken
zurück, »gar nichts, nur daß drüben zwei Kerle stehen,
die das Haus ausspionieren.«

»Ich komme«, sagte Enghien; eben schlug die Glocke
vom Kirchturm halb acht. Vor dem Herzog schoß Mohiloff die Treppe hinunter. Auch ich sah sie jetzt, zwei Leute,
unten am Ende der Gasse. Ihre Worte konnte man natürlich nicht verstehen, aber daß einer dem andern die Haustür und den Nebeneingang zum Hof wies, war an dem
ausgestreckten Arm und dem Zeigefinger gut zu erkennen.

300

Als sie merkten, daß sie beobachtet wurden, wandten sie sich langsam ab und verschwanden in Richtung des Rohanschen Schlosses. »Brennen Sie den Halunken eine Ladung Schrot auf den Hintern, Monseigneur«, rief Canone aufgebracht. »Nichts da«, antwortete der Herzog, »wir leben hier als Gäste und haben uns friedlich zu verhalten. Aber Monsieur Jacques soll hinterherreiten.« Der Chevalier hatte es wohl vorausgesehen und kam bereits mit gesatteltem Pferd aus dem Hof, saß auf und klapperte das Pflaster hinab.

Diesmal machte Enghien ein ernstes Gesicht. »Was bedeutet das?«

»Ich glaube«, warf Canone ein, »ich kenne die beiden. Sie kommen aus Straßburg.«

Der Herzog nahm mich jetzt erst wahr und sofort erhellte sich sein Gesicht. »So früh auf den Beinen, Abbé? Kommen Sie auf einen Kaffee ins Haus? Joseph und ich wollen gleich auf die Jagd.«

»Heute?« fragte Canone erschrocken.

»Ich lasse mir meinen Tagesplan nicht durcheinanderbringen«, antwortete Enghien. »Steck meinetwegen eine Pistole hinter den Gürtel.« Dann wandte er sich zu mir: »Sie sehen, Sie sind nicht der einzige, Abbé, der mir vor Tau und Tag einen Besuch abstattet.«

»Ich fürchte, Monseigneur«, habe ich erwidert, als wir ins Haus eintraten, »sie spüren schon eine ganze Weile herum. Seit halb sieben steht die Sonne am Himmel. Aber dieses Gesindel ist wie die Katzen; es kann auch bei Dunkelheit sehen. Halten Sie auch die rückwärtige Tür des Hofes verschlossen?«

»Um fünf war sie zu«, mischte Canone sich ein. »Da

habe ich meine letzte Runde gemacht.« Aber er verschwand plötzlich, als sei ihm ein Gedanke gekommen.

Wir tranken unsern Kaffee im Stehen, als er bereits zurückkam.

»Nun?« fragte Enghien.

»Offen«, sagte er nur und sah den Herzog vorwurfsvoll an. »Hätten Sie mir nicht verboten, eine Kette anzubringen …«

»Soll ich mich einmauern wie in einer Festung?« Enghien schwieg verstimmt. »Mach dich endlich fertig, Canone«, sagte er dann, doch in diesem Augenblick kehrte auch Jacques zurück. Er hatte die beiden im ›Stern‹ getroffen, wo die Magd, die beim Saubermachen war, ihnen unter Gezeter über die frühe Stunde soeben eine Kanne Bier hinschob. »Ein paar Kaufleute, die frühzeitig unterwegs sind, um säumige Schuldner anzutreffen«, gab der Chevalier preis, »sie haben mich gebeten, ihre Anwesenheit nicht zu verraten.«

»Kaufleute mit Gendarmeriestiefeln dazu noch Bauernkleidung?« warf Canone ein, »haben sie sich nicht vorgestellt? Sie heißen Pfersdorf und Stohl. Fragen Sie nicht, woher ich es weiß. Beim Juden erfährt man allerlei. Wie ich sie kenne, haben sie ihr Bier stehenlassen und reiten bereits nach Straßburg zurück, um Meldung zu machen.«

»Welche Meldung, Canone?« fragte der Herzog scharf.

»Daß Monseigneur im Lande sind und auf weitere Besuche warten.«

»Das ist dreist, Canone …« Er nahm seine Flinte im Vestibül vom Haken und hängte sie über die Schulter.

Auf diese Weise begann jener verhängnisvolle Tag, denn Canone hatte mit seinem Argwohn nur allzu recht, auch wenn sie jetzt zur Jagdpartie aufbrachen, als sei nichts gewesen. Sie ließ sich trotz des schönen Wetters schlecht an. Sie waren nach Rheinheim hinausgewandert und Enghien klopfte die Büsche nach Wild ab, und da er die Natur liebte, vergaß er eine Weile den Vorfall des Morgens. Unter den lichten Fichtenstämmen, durch deren Kronen der warme Wind strich, blühten weit waldein die Primeln, und er genoß den Zauber des Frühlings. Es erinnerte ihn fern, fern an Chantilly, das in ihm nur noch wie ein halbvergessener Traum lebte; er dachte sogar an Charlotte, doch darüber kam ihm die Spionenaffäre wieder in den Sinn ... Canone blieb, halb von der Nachtwache ermüdet, halb bedrückt, immer weiter zurück.

»Was sehe ich«, rief Enghien, »die Jagd ist heute nicht nach Ihrem Geschmack, Monsieur?«

»Nein«, gab Canone zu, »»die Luft ist voller Dolche‹, wie laut dem letzten Moniteur Monsieur Fouché in Paris gesagt hat.«

Der Herzog wandte sich unwillig ab, aber plötzlich vernahm er den Zuruf eines Bauern, der über die Felder gelaufen kam und aufgeregt einen Brief schwenkte, ein zuverlässiger Mann vom anderen Ufer drüben. Monsieur de Roesch bat Enghien dringend, Ettenheim sofort zu verlassen. Man hatte Truppenansammlungen bemerkt. Linksrheinisch wurden Boote zusammengezogen ...

Als sie heimkehrten, fanden sie das Ichtratzheimsche Haus in neuer Bestürzung. De Roesch war persönlich dagewesen und hatte Adjutanten, Dienerschaft, Thuméry und sogar Charlotte über die Bewegungen am anderen Ufer informiert; ein ganzes Stimmengewirr beschwor den Herzog, unverzüglich der Warnung zu folgen; es brach ebenso plötzlich ab, als er nach kurzem Bedenken den Kopf schüttelte. »Nein«, sagte er, »morgen in aller Frühe.« Fürchtete er, der Brief sei eine Falle? Daß Roesch ihn gleichzeitig bat, sich bei Dämmerung auf einer kleinen Rheininsel gegenüber Ettenheim einzufinden, um Genaueres zu erfahren, während er doch in der Posthalterei ein schnelles Pferd bereithielt, war in der Tat verwirrend. Oder kam da nur der törichte Stolz der Condés zum Vorschein, vor einem Feind nicht davonzulaufen?

— Ich bin zu keinem Ergebnis gekommen; einerlei, er hatte seine eigenen Vorsichtsmaßregeln getroffen und blieb im Unrecht … Was er plante, sprach er abends aus, als er bei Charlotte im Vennemannschen Haus zum Essen erschien. Wiewohl sie ihre Erregung tapfer unterdrückte, sah er sie nachdenklich an.

Deine Augen glänzen verdächtig, Charlotte. Macht dir die Sorge zu schaffen?«

Sie wandte sich ab, weil sie seinen Gleichmut nur schwer ertrug. »Daß sie dir nachstellen dürfen wie einem gefährlichen Mörder!«, um sich ihm nach einer Pause zuzuwenden: »Laß uns nach Freiburg gehen, Louis.«

»Und das alles hier verlassen, den offenen Himmel vertauschen gegen eine rußige Stadt? Sagt man nicht, seiner Bestimmung entgehe niemand?« fragte er lächelnd.

»Ach, das sind Worte, die uns jetzt nicht mehr helfen. Ist es der Sinn unseres Daseins, von einem Schicksalsschlag auf den andern zu warten?«

Er sah über sie ins Nachtdunkel hinter dem Fenster hinaus. »Unseres Lebens Sinn? Arme Charlotte, verstehst du nicht, daß wir nur noch Herbstlaub in einer Epoche der Stürme sind?« Da war er wieder, dieser seltsame Fatalismus, der sie an diesem Tag empörte. »Aber ich will dich nicht quälen«, fuhr er fort, »es sollte nur nicht vorfrüh hinausposaunt werden, zudem fällt es mir nicht leicht. Mein Lebtag habe ich Sehnsucht nach einem Zuhause gehabt und war hier daheim. Um sieben Uhr in der Frühe erwartet mich der Baron Ichtratzheim mit seiner Chaise an der Fontaine de Biville außerhalb der Häuser, um mich nach Freiburg auf österreichischen Boden zu bringen. Etwas in mir lehnt sich dagegen auf, vor aller Augen Reißaus zu nehmen. Das Gepäck bringt Canone nach ...«

— Als ich von dieser Absprache vernahm, habe ich es anfangs nicht glauben wollen. Aber der ehemalige Leibjäger des Kardinals, Diß, der als einziger ins Vertrauen gezogen war, hat sie mir bestätigt und sogar, daß die verzögerte Abfahrt einen triftigen Grund besaß. Die von Enghien angemietete Wohnung in Freiburg konnte nicht eher hergerichtet sein. —

»Ich denke«, fuhr Enghien fort, »Monsieur Bonaparte wird mir so lange Zeit gewähren. Wir leben auf badischem Boden und von Karlsruhe habe ich noch keinen Wink bekommen, daß man ihm den Einmarsch gestattet. Es ist ohnehin unwahrscheinlich, daß er mit Mann und Roß bei Nacht über den Strom geht und schon gar nicht, daß er eine Stadt, die er doch queren muß, zusammenschießt, nur um des Herzogs von Enghien habhaft zu werden.«

Sie barg den Kopf an seiner Schulter. »Mein Gott, Loulou«, sagte sie, »nur zehn Stunden, dann bist du in Sicherheit.«

»Weinst du darüber? Morgen abend können wir wieder zusammensein.«

»Nein«, lächelte sie, »diese Zeit werde ich noch überstehen.« Aber da klopfte die Mrazek bereits. Canone war da, um, wie verabredet, den Herzog abzuholen.

»Alles ruhig draußen, Joseph?« fragte Enghien.

»Bis zur Stunde«, erwiderte der Diener, »wenn Sie mir trotzdem Erlaubnis geben, nachher noch die Ronde zu machen ...«

»Nichts da, seit drei Nächten bist du auf den Beinen.«

Sie gingen und Charlotte sah ihnen aus dem Fenster nach. ›Morgen früh‹ dachte sie, ›und der Feind schon am anderen Ufer; warum spielt er wieder einmal mit der Gefahr?‹

In der Tat fehlten zwei Stunden an Enghiens Rechnung mit dem Schicksal, denn um fünf Uhr am Morgen kamen sie.

Auf Bitten des Kaplans, der verreisen mußte, hatte ich am Vorabend die Kirchenwache übernommen; neuerdings gab es hier und dort Diebstähle an Opferstöcken oder Altargerät, die Frucht eines vorgeblich liberalen Regimentes, das nur den Gaunern jeder Fasson zugute kam.

Ich wollte die Gelegenheit nutzen und noch einmal wie als junger Priester vor der Primiz eine Nacht an heiliger Stätte verbringen – der schwärmerische Traum eines alten Mannes! Aber meine Gedanken gingen ungewollte Wege, als ich versuchte, zu meditieren. Mit Job fing ich an und hörte mit Jeremias auf; statt der Anmahnung an die Passion hatte ich Bestärkung gesucht. Einmal muß ich jedoch in meinem Chorstuhl eingeschlafen sein, denn plötzlich schreckte ich aus den Tiefen eines verworrenen Traumes hoch, in dem es Geschrei und Getümmel gab. Kein Wunder bei den vielen Sorgegedanken!

Hellwach, vernahm ich das wieder und jetzt obendrein hastiges Kommandieren. Ich brauchte nicht lange zu rätseln, woher das kam.

Wie ich so schnell ins Freie und in den Rebgarten nahe der Kirche gelangt bin, weiß ich nicht mehr. Jedenfalls drückte ich meinen Rücken gegen den alten Birnbaum auf halber Höhe und glaubte mich vor Beobachtung sicher. Unter und vor mir das Ichtratzheimsche Haus, rings von Truppen umstellt. Trotz der Dunkelheit ließ sich der Umriß von Schultern, Dragonermützen und Bajonetten erkennen, weil die herzogliche Wohnung in voller Beleuchtung lag. Im Erdgeschoß, draußen, überall Fackeln, die ihren Schein auf die hin- und hereilende Soldateska warfen. Um die Szene ein Kordon französischer Gendarmerie. Jetzt ist es um den Herzog geschehen, griff es mir eisig ans Herz.

Aber das war auch das Letzte, das ich wahrnehmen konnte, denn eben legte sich eine Hand auf meine Schulter und ein Gendarmengesicht blickte mich spöttisch an. Oh, sie waren sehr gründlich und kämmten auch die Umgebung durch! Wohl oder übel mußte ich dem martialischen Schnauzbart zur Ziegelmühle vor dem Stadttor folgen. Was unterdessen im Ichtratzheimschen Haus geschah, hat mir Canone später berichtet ...

Kaum war Enghien an jenem Abend von Charlotte nach Hause gekommen, hatte er die Adjutanten gebeten, ihr Lager in seinem Vorzimmer aufzuschlagen. Ihre besorgte Bitte, sich unverzüglich davonzumachen, beschied er mit dem Hinweis auf den Fluchtweg durch den Keller. Auf sein Geheiß legte Canone noch die Waffen bereit und ließ seine Zimmertür offen. Wenn Joseph in dieser Nacht

schlief, so nur in Zwischenräumen, weil auch ihn Angst-
träume plagten. Gegen fünf Uhr wachte er endgültig auf,
denn der Herzog schüttelte ihn bei der Schulter: »Schnell,
nimm deine Flinte. Sie sind an der Tür.«

Enghien stand bereits, das Gewehr in der Hand, am
Fenster und riß es auf, als Joseph ihm zu Hilfe eilte.

»Wer kommandiert da unten?« rief der Herzog hinab.

»Wir haben Ihnen keine Rechenschaft abzulegen« antwortete eine barsche Stimme.

— ›Monseigneur nahm den Sprecher aufs Korn‹, fuhr
Canone an dieser Stelle zu erzählen fort, ›als eine Hand ihn
am Arm zurückhielt. Es war Grünstein, der den Herzog
angesichts der Masse der Gegner eindringlich bat, nicht
zu schießen, weil es nutzlos sei.‹ Die Soldaten überstiegen
bereits die Umfassungsmauern und besetzten den Hof.
Aber der Herzog dachte nicht an Ergebung. Auf Canones
Vorschlag eilten die beiden zum Seitenfenster, das auf ein
kleines Nebengäßchen hinausführt; dort unten hätte sich
Enghien vielleicht verbergen oder ins Freie flüchten können. Als er freilich in der dunklen Tiefe Bewegung erkannte, schüttelte er den Kopf; er wäre dem Feind in den
Arm gesprungen.

»Dann verteidigen wir uns bis zum Äußersten«, meinte
Canone hitzig.

»Was sonst? Es wäre nicht das erste Mal«, beschwichtigte ihn der Herzog und wollte am Vorderfenster wieder
in Anschlag gehen, als sich Grünstein abermals in den Weg
stellte. Er hatte wahrscheinlich recht damit, wie sehr man
es ihm später auch zum Vorwurf gemacht hat. Er besaß
kaum weniger Entschlossenheit als der Herzog, aber ein
kühler Kopf bedeutete in diesem Augenblick mehr. Kurz

also, sie saßen regelrecht in der Falle. Der Fluchtweg durch den Keller war längst verlegt, und just in dieser Sekunde splitterte die Haustür unter Balkenstößen und Kolbenschlägen; aufgeregte Dragoner und Gendarmen drangen unten ins Vestibül, die einen das Bajonett voran, die anderen mit Säbel und Pistole, während Adjutanten und Diener oben auf dem Treppenpodest den Herzog mit ihren Körpern deckten. Beide Parteien starrten einander beim Schein zweier Stallaternen drohend an, bis sich der Kommandant der Gendarmerie, Charlot, ein ehemaliger Perückenmacher aus Straßburg, nebst einem der Spione vom Morgen, Pfersdorf, durch seine Leute drängte und gebieterisch »Wer ist der Herzog?« fragte.

»Wenn Sie ihn verhaften wollen«, antwortete Enghien mit der gewohnten Ironie jeder Anmaßung gegenüber, »kennen Sie ihn vermutlich.«

Charlot zögerte eine Sekunde. Aber warum sollte er länger verhandeln? Seine Übermacht war zu erdrückend und machte auch oben Eindruck. »Führt sie alle aus der Stadt und wartet auf mich an der Ziegelmühle«, rief er seinen Soldaten zu – Canone behauptet freilich, er habe ›die Messieurs‹ statt ›sie‹ gesagt, aber der ehemalige Haarkünstler hatte die höflichen Figaromanieren längst abgelegt.

— Niedergedrückt zogen sie durch ein Spalier von Infanterie hinaus. An den Fenstern der Häuser erschienen die Gesichter verängstigter Menschen; manche weinten. Eine Episode vergaß Canone allerdings zu erzählen. Als sie am Vennemannschen Haus vorüberkamen, sahen sie im Obergeschoß eine Frauengestalt, die verzweifelt aus dem Fenster schaute. Ein Offizier rief herauf, ob Madame unter den Gefangenen nicht den Herzog erkenne, worauf Charlotte Rohan, denn um die Prinzessin handelte es sich, mit einem Klagelaut ins Zimmer zurückwich. Bald befand sich der kleine Zug außerhalb des Unteren Tores. In der Mitte marschierte der Herzog, neben dem plötzlich, wer weiß seit wann, Mohiloff aufgetaucht war, und dieses erstaunlichen Tieres, das ihm so unverbrüchlich die Treue hielt, muß ich denn doch genauer gedenken.

Als ich den Hund nach Enghiens Rückreise durch Tirol zum ersten Mal in Augenschein nahm, saßen der Herzog und ich im Gespräch beieinander; Mohiloff neben dem Herrn, regungslos auf sein Hinterteilchen gehockt, starrte mich unverwandt an, als müsse er aufachten, daß Enghien nichts geschehe. Als das Gespräch eine heitere Wendung nahm, juckte es mich, ob das braune Wesen durch nichts zu erschüttern sei. Langsam, ganz langsam streckte ich den Zeigefinger gegen ihn vor. Der Erfolg war verblüffend. Er ließ keinerlei Laut vernehmen, keine Regung erkennen, nur seine Lefzen zogen sich in die Höhe, je näher der Finger ihm kam, bis seine gefletschten Zähne mich anbleckten wie die eines Wolfes, während die Augen mich starr fixierten. Zog ich den Finger zurück, sanken die Lippen gleich einem Vorhang nieder, streckte ich ihn erneut vor, wiederholte sich die Pantomime und so fort, bis wir in Lachen ausbrachen. Man sagte mir, daß alle Hunde so reagieren, aber mir schien es das Signal einer Ergebenheit ohnegleichen. »Kommt ihm nicht zu nahe!«, hieß es. Er drückte seine Mißbilligung des Geschehens auch jetzt auf dem Marsch aus, indem er nach den Hinterfesseln der Pferde schnappte, sobald ein Reiter vorübertrabte, was ihm manchen Fußtritt der Begleitung einbrachte.

Als der Zug an der Ziegelmühle nahe der Straße nach Kappel erschien, die Charlot als Sammelpunkt bestimmt hatte, stand ich bereits eine Stunde wartend im Hof. Einzeln überschritten die Unglücksgefährten die Planken über den Bach, der Herzog, der Marquis de Thuméry, de Grünstein, trotz seines deutschen Namens ein waschechter Franzose aus dem Poitou, der Elsässer Schmidt, mein Sekretär Abbé Michel, schließlich die Diener. Canone, dessen Augen fieberhaft nach einer Fluchtmöglichkeit suchten, stellte sich neben Enghien und begann unhörbar zu flüstern. Der Binnenhof wurde wenig bewacht; kurz hinter dem Haus begann dichtes Gesträuch und ging in endlose Weingärten über. Enghien war ein guter Läufer, den niemand leicht einholte. Er hätte allenfalls ein paar Kugeln pfeifen hören. Zu spät! Denn nunmehr kam auch Charlot, den Bürgermeister von Ettenheim neben sich; den wackeren Mann schüttelte haltloses Schluchzen, und er schwieg doch beharrlich auf die Frage, wer Enghien sei. Als der Herzog indessen sah, daß man sich anschickte, ihn mit Gewehrkolben zu traktieren, trat er vor und sagte: »Ich bin es, den Sie suchen!« Aber ach, warum spielte ihm das Schicksal abermals übel mit, als man ihn darauf in einen Schuppen sperrte? Canone, der bei ihm blieb, entdeckte auf der Rückseite eine Tür ins Freie, die für gewöhnlich offenstand. Spielende Kinder hatten sie am Vortag verschlossen. Wieder erlosch eine Hoffnung.

Da Charlot offenbar Weisung besaß, den Herzog gut zu behandeln, erlaubte er ihm, sich durch Féron von daheim Wäsche und Kleidung holen zu lassen. Es dauerte endlos, bis wir, auf Bauernkarren verladen, in Richtung Kappel davonrollten. Canone hockte neben seinem Herrn und hielt nach neuer Fluchtgelegenheit Ausschau, womit sich auch Enghien jetzt ernsthaft beschäftigte. Seine mißliche Lage machte ihm allmählich zu schaffen, und er faßte beim Näherkommen an den Strom einen tollkühnen Plan. Traute sich Canone, fragte er gedämpfter Stimme, ihn bei einem Sprung aus dem Nachen während des Übersetzens bis ans Ufer über Wasser zu halten? Er konnte nicht schwimmen. Joseph nickte bestätigend. Indessen hatte auch Charlot Ähnliches vorausgesehen; er plazierte den Herzog im Boot zwischen seine Soldaten und ganz nahe den Generälen Ordener und Fririon, die an der Landebrücke auf den Ausgang des Unternehmens gewartet hatten. An eine Flucht war nicht mehr zu denken.

Daß es zu einem Gespräch, halb Höflichkeit, halb Verhör, zwischen dem Gefangenen und seinen obersten Häschern kam, blieb unvermeidlich. Während sich Fririon für die mißliche Lage des Herzogs entschuldigte, doch Befehl sei Befehl, stutzte Ordener bei der Frage nach Dumouriez, dem der Anschlag eigentlich galt, ersichtlich. Er befand sich nicht unter den Arretierten und war auch niemals in Ettenheim gewesen? Nein, Enghien kannte ihn weder persönlich noch brieflich. Es sei obendrein nicht sein Geschmack, sich mit einem Verräter einzulassen, fügte der Herzog beiläufig an. Ordener hatte seine Laufbahn vor einundzwanzig Jahren noch unter dem Ancien Régime in der Légion de Condé begonnen. Er hörte dem Erben des Namens immer aufmerksamer zu, als Enghien jegliche Teilnahme am Komplott Cadoudals bestritt, mit der Bonaparte wie Talleyrand den Übergriff doch begründeten. Er kannte Cadoudals Namen nur aus dem Moniteur, der ihm von Straßburg gelegentlich zukam. Ordener befielen Zweifel. Handelte es sich bei diesem Kommandounternehmen vielleicht um einen Irrtum? Aber was half es? Auch für ihn blieb der Befehl ein Befehl.

Darüber befanden wir uns bereits mitten auf dem Strom, um drüben abermals auf Bauernkarren und, nach einem Frühstück in Pfosheim, fünf Uhr nachmittags die Straßburger Zitadelle zu erreichen. Auch Mohiloff, der den Rhein nicht anders als schwimmend passiert haben konnte. Enghien schlief in dieser Nacht auf primitiver Matratze im Salon des Kommandanten Machin noch schlechter als in der vorigen. Unruhe quälte ihn wegen Charlotte Rohan. Früh aufgestanden begann er einen Brief, allerdings in der Zurückhaltung eines Gefangenen, dessen Post zensiert wird. Daß man seine Korrespondenz mitgenommen hatte, die Briefe von Condé, Bourbon und dem König oder die Kopien seiner Antworten, beschwerte ihn wenig, weil nichts Kompromittierendes darin stand. Paris dürfte den Irrtum bald einsehen. Er ahnte nicht, daß sein Schreiben niemals in Ettenheim eintraf, sondern auf dem Schreibtisch des Ersten Konsuls landete. Woher hätte solches Mißtrauen auch kommen sollen? Der Kommandant, Major Machin, behandelte ihn mit Achtung, wies ihm eine bessere Bleibe an und stellte ihm sogar die Gelegenheit zum Promenieren im Zitadellenhof und die Teilnahme an der Messe in Aussicht. Langsam erholte er sich vom Schock der Gefangennahme. Wir alle schöpften Hoffnung.

Wenn ihn an diesem Morgen Charlot und ein Kommissar Popp besuchten, um ihn über die von Ettenheim mitgenommenen Papiere zu unterrichten und abends zur Unterzeichnung des Protokolls noch einmal erschienen, gehörte dies zum Förmlichen, weil sie als ›Dossier Enghien‹ nach Paris abgingen. Er benützte die Gelegenheit sogar, seiner Unterschrift die Bemerkung anzufügen, niemals habe er eine andere Absicht gehegt, als sich im Militärdienst zu bewähren. Es sollte unterstreichen, wie fern ihm alles Konspirieren lag. Welche Kindereien obendrein, als ihn der Kommissar befragte, warum er 1792 nicht einer Aufforderung Mutter Bathildes, nach Frankreich heimzukehren, gefolgt sei? Er sah die Fallstricke nicht, die man ihm aus seinen Einlassungen drehen konnte. Schuldete er damals nicht einzig dem König Gehorsam, der derzeit noch lebte? Das stimmte nicht ganz, denn eben dieser Louis XVI. hatte die Rückkehr unter dem Druck der Nationalversammlung befohlen. Was schließlich dessen Hinrichtung, sowie die Marie-Antoinettes und Madame Elisabeths betraf, auf die Popp anspielte, begehrte er da nicht zu Recht auf, wenn er die Morde offen als im Namen der Freiheit begangene Verbrechen kennzeichnete? Selbst der Korse hatte es, allerdings privat, so oder ähnlich genannt. Enghiens Lage schien nicht bedroht, schlimmstenfalls hielt man ihn bis zu einem Friedensschluß mit England als Geisel fest, aber gewiß kamen die Gefährten früher frei. An diesem Abend des 17. März legte er sich mit leichterem Herzen schlafen.

Um Mitternacht war es allerdings mit seiner wiedergewonnenen Zuversicht vorbei. An der Tür klopfte es, und als der Leutnant Schmidt öffnete, standen draußen, Laternen in den Händen, Charlot, Machin, dazu zwei Offiziere der Wache in Mänteln und Stiefeln.

»Monsieur le Duc«, forderte Charlot ihn auf, »Sie werden nach Paris überstellt.«

»Allein? Kann ich keinen meiner Offiziere oder Diener mitnehmen?« Ein Schrecken durchfuhr ihn, doch er bezwang sich sofort wieder.

»Die Order gilt nur für Sie«, entgegnete Charlot trokken. Dennoch, es war nach der Gefangennahme der zweite Schock. Enghien kleidete sich schweigend an, steckte die Uhr sowie etwas Geld zu sich und klemmte ein wenig Wäsche unter den Arm. Aus den anderen Zimmern eilten verstört die Gefährten herbei: Thuméry, Jacques und auch ich. Es war der Abschied, der Abschied für immer, wenn wir auch noch nicht ahnten, was bevorstand; im Augenblick, wo man Enghien von uns, seiner Gefolgschaft trennte, stand er allein, ausgeliefert einer gegen ihn verschworenen Welt. Gleichwohl fand er die Kraft, uns aufzumuntern. »Freunde, ich bedaure, nichts mehr für Sie tun zu können. Bleiben Sie ruhig, wir werden uns wiederfinden.« – Er sagte nicht ›wiedersehen‹, und ich war geneigt, sein Wort als das eines gläubigen Menschen auf die Goldwaage zu legen.

Wiewohl der Befehl zur Überstellung schon am Nachmittag mit dem Signaltelegraphen gekommen sein mußte, hatten sie die Mitternachtsstunde abgewartet, um jeden Auflauf zu vermeiden, was offenbar Befehl war, und warteten nun ungeduldig auf den Aufbruch. Canone, der es für selbstverständlich hielt, daß er seinen Herrn begleitete, wurde rücksichtslos zurückgestoßen.

»Kehr um, Joseph, bleib zurück!« begütigte ihn Enghien schon im Fortgehen und winkte noch einmal lächelnd: »Ich war dir genau so zugetan wie du mir!« Die Schritte verhallten. Ich sank auf einen Stuhl und bedeckte das Gesicht mit den Händen.

Begleitet von seinen Wachoffizieren wanderte der Gefangene zur Zitadelle hinaus, marschierte in der Stille der Nacht durch dunkle Straßen und kam mit seinen Begleitern endlich vor der Kathedrale an, wo eine sechsspännige Postkutsche bereitstand. Als er auf eine gebieterische Handbewegung hin einstieg, fühlte er eine Berührung an seinen Beinen; Mohiloff hatte es wieder einmal geschafft, bei seinem Herrn zu bleiben, setzte sich nun zwischen seine Füße und sah ihn mit ruhigen, großen Augen an.

Übrigens machte eine unwichtig scheinende Kleinigkeit deutlich, daß man Enghien bereits jetzt in die Anonymität eines beliebigen Citoyen zurückstieß, was ihn ein wenig beunruhigte. Offiziell trug er von nun an den Namen Plessis ...

Wie Charlotte Rohan den Tag der Entführung überstand? Ihre Kammerfrau Mrazek hat es mir jüngst berichtet, eine an den Zeitumständen gescheiterte Theaterhoffnung, ehe sie in den Dienst der Prinzessin trat; sie kümmert sich jetzt um den Verkauf des restlichen Hausrates Seiner Eminenz. Es steht noch so viel herum, doch Charlotte hielt es in Ettenheim, wo sie alles an ihr Unglück erinnerte, nicht mehr aus und ist auf ihr ungarisches Gut gereist.

Als das Erschrecken beim Anblick des Gefangenenzuges verwunden war, hatte sie sich mit der Mamsell unverzüglich auf den Weg zum Ichtratzheimschen Haus gemacht. Sie trafen auf den Baron, der eben mit ungeschickten Händen die Haustür vernagelte. Was sie in Enghiens Wohnung erblickten, war schlimm. Die Sesselbezüge mit dem Bajonett zerschlitzt, Koffer und Kisten erbrochen, schließlich die Papiere ... im zerwühlten Salon Dokumente und

Briefe, die man nicht hatte brauchen können, auf einen Haufen geworfen, übergossen mit Tinte aus der Kruke zum Nachfüllen der Schreibgarnitur.

Daß rohe Verwüstung so wehtun konnte! Zwei Dinge trafen die Prinzessin besonders: in der Ecke eine zerbrochene Bustelli-Figur, ein schlafender Endymion aus der Nymphenburger Porzellanmanufaktur, die sie auf dem Weg nach Rußland für Enghien erstanden, in einer anderen die seidenen Tanzschuhe des Herzogs, Sohle und Oberteil mit einem Messer durchstochen.

»Du wirst nicht mehr tanzen können, armer Freund!« murmelte Charlotte wie abwesend – so die Mrazek – und merkte nicht einmal, daß sie laut vor sich hinsprach.

— »Ich kann es nicht vergessen, Monsieur l'Abbé«, unterbrach sich die Mamsell an dieser Stelle, »weil es mich erschütterte; es klang genauso ergreifend wie einer ihrer Lieblingsverse aus der ›Andromeda‹ des Corneille, den sie so manches Mal im Munde führte:

Et le coup, qui surprend un espoir légitime,
Porte plus d'une mort au cœur de la victime …

Und der Schlag, der eine gerechte Hoffnung bedroht,
Wiegt im Herzen des Opfers mehr als der Tod!

»Das mußte ja wohl so kommen, hat Altesse vor sich hingesagt«, berichtete die Mrazek weiter. Sie hatte sich Charlottes Worte aufgeschrieben und las sie mir wie einen Monolog auf der Bühne vor: »Seine Ritterlichkeit, seine Güte, seine heitere Todesverachtung, umsonst wie jene der Väter, die einander noch vom Schafott lächelnd zuwinkten! Und doch hat dieser elende Krieg unsern ganzen

Anteil an Dasein und Hoffnung bedeutet. Bis er mir eines Tages dieses eine, dieses größte Wort zwischen Mann und Frau sagte; wenn es auch nur vor Gott und der Ewigkeit, aber nicht den Menschen bekannt sein durfte. Dort liegen die Zeugnisse jener Tage im Schmutz, meine alten Billet-doux. – Vorbei! Bonaparte will ihm ans Leben.«

An dieser Stelle unterbrach sich die Mrazek erneut, sie glaube, beim Namen des Korsen sei der Prinzessin ein ferner Hoffnungsschimmer gekommen, denn plötzlich habe sie die alte Entschlossenheit gezeigt, und mit erhobener Stimme las sie Charlottes Worte weiter: »Warum nicht nach Straßburg, nach Paris fahren und mich dem Ersten Konsul zu Füßen werfen? Es heißt, daß er seine Joséphine auf Händen trägt; so haben gewiß auch andere Regungen in ihm Platz. Warum nicht nach Karlsruhe zum Markgrafen und ihn anflehen: Hier soll ein Verbrechen geschehen. Die Entführung fand doch in seinem Lande statt. Es ist an mir!«

Zugegeben, die Mamsell trug dies nicht ohne Theatralik vor, und doch ließ sich darin der entschiedene Geist der Prinzessin erkennen. Tatsächlich hatte sich diese tapfere Kämpferin für ihr bescheidenes Glück in die Höhle des Löwen gewagt, war noch am gleichen Tage in Straßburg angelangt und nur mit genauer Not dem Gefängnis entgangen, in das man sie als Proskribierte werfen wollte, als sie um ein laissez-passer für Paris bat. Am nächsten Tag reiste sie nach Karlsruhe weiter. Doch sie klopfte vergebens an alle Türen.

Denke ich daran zurück, möchte ich an den Menschen verzweifeln. Mitte des Monats habe ich in den Pariser Modegeschäften die ersten Entwürfe von Isabey für die

Krönungsroben des neuen Hofstaates gesehen. Bonaparte sieht darauf aus wie ein orientalischer Popanz, strotzend von Gold und Hermelin. Eine Flut von Nobilitierungen ehemaliger Wäscherinnen und Kellner dürfte folgen. In den Manufakturen sausen die Spindeln, um die endlosen Meter Brokat zur Dekoration von Notre-Dame rechtzeitig zu liefern, und die Pariser Paramentenmacher haben vom vielen Sticheln an den Broderien der Galafräcke wunde Finger. An die Kehrseite, die Opfer des Sacre, die Bonaparte brauchte, um die Unvermeidbarkeit seiner Dynastie zu begründen, erinnerte allenfalls noch ein Blatt von der Hinrichtung Cadoudals, an Enghien aber nichts. Das völlige Schweigen ist der sicherste Grabstein ...

4.

Abermals sei der Bericht des Abbés hier unterbrochen. Enghien befand sich zur Stunde, als die zurückgebliebenen Gefährten vergeblich wieder einzuschlafen versuchten, unter strenger Bewachung auf dem Weg nach Paris. Neben ihm saß der Gendarmerieleutnant Petermann, ein umgänglicher Mensch, für dessen Begleitung Caulaincourt gesorgt hatte, gegenüber der Wachtmeister Blittersdorf. Vorn und hinten auf dem Bock spähten zwei aufmerksame Polizisten in die Nacht; am Stadtrand von Straßburg stieß endlich eine ganze Schwadron Gendarmen zu der in gespenstischer Eile dahinjagenden Eskorte. Die Vorsichtsmaßnahme war nicht unbegründet. Wie Monsieur de Roesch später erzählte, hatte sich eine Gruppe ergebener Elsässer verschworen, den Herzog unterwegs mit Gewalt herauszuholen. Die Gelegenheit dazu bot sich in den Bergen von Saveruc vor Saverne, wo die Straße steil emporführt und die Passagiere der gewöhnlichen Post aussteigen müssen. Weinborns Sekretär, der Abbé Michel, den man, wer weiß warum, getrennt nach Paris brachte, sollte hier einige Tage darauf entkommen, indem er ein Ablenkungsmanöver benutzte, um seitab im dichten Buschwerk einer abschüssigen Schlucht zu verschwinden. Den Herzog verfolgte auch diesmal das Unglück. Die mitternächtliche Abfahrt hatte verhindert, daß seine Befreier zur Stelle sein konnten.

Übrigens ging es nur hier in langsamem Tempo. Sobald es die Straße zuließ, galoppierten die Pferde wieder, daß Funken von ihren Eisen stoben; an jeder Relaisstation standen frische Zugpferde schon im Geschirr und brauchten nur angesträngt zu werden, so daß es trotz der benutzten Nebenstrecke kaum Aufenthalte gab. War man dennoch zu kurzer Pause gezwungen, durfte der Passagier nicht aussteigen, sondern bekam allenfalls einen hastigen Trunk, einen knappen Bissen in den Wagen gereicht. Nur wenige Male konnte sich Enghien in menschenleerer Einöde einige Minuten die Beine vertreten, Mohiloff bewegungshungrig umherjagen. Bereits am Montagabend querte der Zug Châlons-sur-Marne; die Hauptstrecke lag hinter ihnen.

Anfangs saß der Gefangene bedrückt und schweigsam in seiner Ecke. Trotz des Rumpelns und Stoßens kreisten seine Gedanken um Charlotte und allmählich auch um das eigene Schicksal; erst ein freundliches Wort Petermanns am Vormittag löste die Spannung. Ohnehin litt der Herzog nie an Selbstmitleid. Beim Hinaussehen vergaß er für einige Augenblicke sogar seine Lage. Es war Frankreich, das Ziel seiner Sehnsucht, in das er so abenteuerlich hineinpolterte, und in etwas befremdlicher, durch Ermüdung gesteigerter Stimmung kam er sich dabei fast so vor wie ein verlorener Sohn, den der gestrenge Vater heimholen läßt, worauf sich seine Gedanken Bonaparte zuwandten. Gewiß hatte er sich seiner durch einen bestürzenden Übergriff bemächtigt, aber Enghien war sicher, dies alles könne nur auf Verwechslung oder Irrtum beruhen. Der Plan, den er schon in Straßburg gefaßt hatte, nistete sich bei ihm tiefer und tiefer ein; er würde den Ersten Konsul um ein Gespräch bitten, und es bestand für ihn keinerlei Zweifel, daß eine Viertelstunde genügte, um jegliches Mißverständnis auszuräumen.

Unterdessen fuhren sie schon durch La-Ferté-sous-Jouarre, wo sich die Erschöpfung seiner endgültig bemächtigte; seit der Weg ebener, die Fahrt ruhiger verlief, sank er immer wieder in Schlaf. Das ging durch das ganze Marne-Tal so. Wenn er gelegentlich hinausblinzelte, sah er die Flußwiesen unter Wasser, in dem die Stämme von Obstbäumen oder Pappeln mit den kugelförmigen Misteln wie Pfähle staken, und einmal kamen sie an einem Gebirge von Stein vorbei, der Kathedrale von Meaux. Frankreich, Frankreich!, er hätte sich darüber gefreut, wäre im Hals nicht jener würgende Druck gewesen, der sich jetzt trotz der bleiernen Müdigkeit verstärkte, je näher sie der Hauptstadt kamen.

Dreieinhalb Uhr nachmittags am Dienstag – die Eskorte war längst abgeschwenkt – erreichten sie die Barrière von La Villette am Außenrand von Paris, und nun erfaßte ihn denn doch eine tiefe Erregung, wie entschlossen er sie auch bekämpfte. Wohin brachte man ihn? In den Temple? Der Wagen rollte durch die Stadt bis zu den Champs-Elysées, querte den Pont Neuf. Er sah die altbekannten Türme von Notre-Dame und der Sainte-Chapelle. Sonst freilich schien manches verändert, trister. Fünfzehn Jahre! Er spürte die Distanz der Zeit, war daheim und doch nicht mehr. Durch die Rue de Sèvres erreichten sie die Rue du Bac, bogen endlich in den Hof eines Hôtels mit schweren, griechischen Säulen und hielten abseits der Freitreppe.

Waren sie da? Er gedachte schon auszusteigen, aber Petermann legte ihm die Hand auf den Arm, ging allein davon, kehrte erst nach einer Stunde zurück. Ein eleganter Herr humpelte unterdessen vom Vestibül hinab und rollte in nobler Karosse davon. ›Talleyrand‹ durchzuckte es ihn; sie befanden sich im Cour des Außenministeriums. Nichts mehr vom verlorenen Sohn; ja, sein Fall war eine Staatsaffäre.

Die Erkenntnis legte sich schwer auf seine Schultern. Abermals rollten sie durch die kalte, graue Stadt, dünner Regen machte das Pflaster glänzend; den weiten Bastille-Platz kannte er nach dem Abbruch des alten Bollwerkes nicht einmal wieder. Endlich begann hinter langer Ulmen-allee jenes Waldgebiet, das ihn wie ein Stück Heimat an-mutete. Drei mächtige Türme hoben sich über die Bäume, jedoch die Zinnen und Pechnasen der Zwischenmauern schienen arg mitgenommen: Vincennes, wo er als Kind dutzende Male gewesen war. Durch das Gewölbe der Tour du Village bogen sie in die Binnenhöfe, aber hier schien abermals vieles verändert. In den eingebauten Baracken mochten Arbeiter hausen. Vor einem Seitenflügel stand ein Gendarm auf Posten, hinter den Gitterfenstern des Gegenübers lungerten liederliche Weiber …

Sie fuhren bis in den ehemaligen Hof des Königs und hielten endlich am Gegentor, der Porte du Bois. Doch zu Weinborns Bericht zurück!

Bonaparte weilte schon seit dem 12. März in Malmaison. Er besaß nicht mehr das Aussehen des Heros der italienischen Siege. Der kühne Blick war abschätzend, seine Gestalt rundlicher geworden, sein Wesen blieb undurchsichtiger denn je. Offenbar brach derzeit jene Veranlagung voll in ihm durch, die schon die Lehrer von Brienne vorahnend als ›monströsen Egoismus‹ bezeichnet hatten, als er noch ein halbes Kind war. Sie schien mit der Größe seiner Aufgaben noch gewachsen.

Gegenüber den Bourbonen erfüllte ihn der alte Zwiespalt. Er wußte um seine Überlegenheit und verlor doch nie die Empfindung, ein Parvenu zu bleiben. Mit welchem Pomp er auch seine Krönung vorbereitete, er konnte sich nicht auf göttliche Einsetzung berufen oder als irdischen Vertreter einer himmlischen Hierarchie betrachten. Nicht zuletzt stand ihm die eigene Mentalität im Weg, die als Triebfeder menschlichen Tuns und Denkens einzig das ›interêt‹, den persönlichen Nutzen ansah. Ich täusche mich darin nicht. Hatte er nicht versucht, Louis XVIII die Krone abzukaufen, als sei dies ein Handelsgeschäft? Allmählich schlug seine Haltung gegen das alte Königshaus in Haß um. Das galt auch für Enghien, dem er persönlich zwar nie begegnet war, dessen Wirkung auf Frauen ihm jedoch aus schwärmendem Mund, Joséphine und seine Schwestern eingeschlossen, oft genug entgegenscholl. Er war zu sehr Mann und Korse, um nicht darüber verstimmt zu sein. Habe ich mit dem düsteren Verdacht, es sei eine Form von Vendetta im Spiel gewesen, vielleicht recht?

Gewiß dürfte nur Gott Bonapartes geheimste Regungen kennen, allein es gibt Menschen, die seine Wesensart spüren und sogar zu nutzen verstehen, wie der schillernde

323

Talleyrand, der mit den Bourbonen eine alte Rechnung zu begleichen hat. Er empfand als Aristokrat sehr genau, daß Bonaparte trotz oft bekundeter Verachtung des Königtums vom Adel des Blutes fasziniert war und auch vom Prestige des Namens Condé. Er hatte dem Ersten Konsul schon vor langem suggeriert, die beste Garantie gegen alle royalistischen Umtriebe sei die Geiselnahme eines Prinzen.

Kein Wunder, wenn der Konsul Nachrichten über den Ausgang des Ettenheimer Unternehmens entgegenfieberte. Er war so überzeugt, auch Dumouriez werde ins Netz gehen – womit sich eine Konspiration Enghiens erwies –, daß er bereits Murat kommen ließ, seit einigen Wochen Stadtkommandant von Paris, um mit ihm die Form der Aburteilung zu besprechen. Er bestand kategorisch auf einem gesonderten Schnellverfahren gegen die Neuankömmlinge, deutlich abgegrenzt von dem Prozeß gegen Pichegru und Cadoudal, denn er fürchtete die lange Dauer einer ordentlichen Gerichtsverhandlung mit ihren endlosen Plädoyers ebenso wie die peinliche Frage der Grenzverletzung. Was dabei herauskam, blieb ein Standgericht, bestehend aus einer Offizierskommission unter einem Präsidenten, Murat, dessen exemplarisches Urteil jeden Feind von einem neuen Anschlag abschrecken sollte.

Von ordentlicher Rechtsprechung konnte natürlich keine Rede sein, und der sonst nicht zimperliche Murat nahm die Mitteilung wortlos zur Kenntnis, entschlossen, sich nicht in ein Drama hineinziehen zu lassen. Er schützte eine Erkrankung vor und gab den Auftrag zur Bildung des Tribunales an Savary, Oberst der Elitegendarmerie und Leiter des Geheimdienstes, weiter. Inzwischen langte freilich die erste Nachricht aus Straßburg an, der Bericht

Charlots über die Festnahme des Herzogs. Er lautete für Bonaparte niederschmetternd: Dumouriez niemals in Ettenheim gewesen, die Ermittlungen Lamothes eine groteske Namensverwechslung, von einer Konspiration des Herzogs mithin keine Rede …

Und dennoch ließ er Enghien … Wagte er vor den Augen der Welt keinen Irrtum einzugestehen? Jedenfalls trat er die Flucht nach vorn an und reimte eine Anklage gegen Enghien zusammen, begründet auf mißverstandene Einlassungen des Herzogs beim ersten Verhör, die auf recht schwachen Beinen stand. Denn was besagten die Äußerungen schon, er halte den Ersten Konsul zwar für einen großen Soldaten, bleibe aber als Bourbone sein unversöhnlicher Gegner wie der aller Franzosen und werde bei jeder Gelegenheit gegen sie zu den Waffen greifen? Es war von Charlot nicht einmal genau zitiert, denn Enghiens Wort von der »implacable haine«, dem unauslöschlichen Haß, richtete sich ausdrücklich gegen das revolutionäre Frankreich oder das, was daraus geworden war.

Mit den von einem zweiten Kurier überbrachten, in Ettenheim gefundenen Briefen ging es nicht anders. Die auf Hörensagen beruhenden Vorwürfe Großvater Condés gegen den Enkel, er habe heimlich die Grenze überschritten – von Enghien empört dementiert – boten Bonaparte einen Anlaß mehr, ihm eine konspirative Absicht zu unterstellen. Als er endlich die Kopie des Briefes an Sir Charles Stuart las, in dem Enghien England seine Dienste angeboten hatte und von französischen Deserteuren sprach, die sich nicht länger für den ›f… usurpateur‹ schlagen wollten, verdichtete sich der Verdacht im Kopf Bonapartes zu einer Chimäre. Mit oder ohne Dumouriez, Enghien stand für ihn an der Spitze eines Verschwörernetzes und wartete nur auf die Gelegenheit, mit britischer Hilfe in Frankreich einzufallen. Stand er nicht obendrein in englischem Sold?

Da war allerdings jedes Wort nach Roßtäuscherart verdreht, wenn nicht gar gefälscht, und doch mußte es in geschickter Regie an Hand vorformulierter Fragen, auf die sich nur mit Ja oder Nein antworten ließ, und vor einem Richtergremium, in dem kein Mitglied die geringste Rechtskenntnis hatte, seine Wirkung tun. Einen Verteidiger sah das Verfahren nicht vor, dafür aber besaß es in Savary, der dem Teufel schon etliche Zähne gezogen hatte, einen Aufpasser ohnegleichen.

Wieviel wird eine spätere Geschichtsschreibung in dieser Affäre noch an den Tag bringen, wieviel Legenden sind nicht schon jetzt entstanden, wieviele Rechtfertigungen dürfte es erst in einer Zeit geben, in der dieses Regime sich überlebt hat! Savary muß doch auch jenen fürchterlichen Brief gekannt haben, den Bonaparte an Murat schrieb, von dem man allenthalben munkelt. Darin hat es angeblich geheißen, das Tribunal solle sein Urteil noch in der Nacht des Zusammentritts fällen und, da es nach Bonapartes Meinung nur auf Tod lauten könne, auf der Stelle vollstrecken lassen.

Schwere Stunden, in denen der Geist der Gewalt Entsetzen säte! Denn trotz aller Geheimhaltung sickerte manches durch, und wenn es einen zufälligen Spaziergänger auch nicht wundern mochte, daß in den Festungsgräben vor dem Pavillon ein Erdarbeiter schon nachmittags ein Loch in Menschengröße schaufelte, angeblich zur Aufnahme von Unrat, in den Abendstunden mußte sich jeder fragen, warum zwischen acht und elf Uhr ein Teil der Pariser

Garnison um das alte Königsschloß zu einem dichten Kordon aufmarschierte.

Wer genauer Bescheid wußte oder gar mit an den Fäden zog, half sich auf seine Weise über die Zeit. Der Staatsrat Réal legte sich frühzeitig schlafen, erhielt daher den eiligen Brief aus Malmaison nicht rechtzeitig, der ihn sofort nach Vincennes befahl, um dem Angeklagten weitere Fragen vorzulegen. War das ein abgekartetes Spiel, um Bonaparte vom Vorwurf eines übereilten Verfahrens reinzuwaschen? Talleyrand hingegen begab sich nach langem Gespräch mit dem angeblich fieberkranken Murat auf eine Gesellschaft im Hôtel de Luynes und antwortete auf die neugierige Frage, was mit dem Ankömmling in Vincennes geschehen sollte, mit einem mokanten: »Man wird ihn erschießen.« Bonaparte endlich zeigte sich an diesem Abend in Malmaison sehr aufgeräumt und widmete sich mit deutlicherer Zärtlichkeit, als die Zurückhaltung erlaubte, vor aller Augen seiner Frau. Nur einer blieb völlig im Ungewissen, Enghien ...

Woher ich das weiß und sogar erfuhr, was den Herzog in seinen letzten Stunden bewegte? Am Tage, als man mich aus dem Pariser Gefängnis entließ, erwartete mich ein Militär in Zivil vor dem Tor, der vorgab, bis zu meiner Heimreise für meine Unterbringung zu sorgen, ein Leutnant Noirot der Elitegendarmerie. Als persönlicher Bewacher Enghiens hatte er ihn sowohl vor das Tribunal wie zur Exekution begleitet. Daß er sich als Angehöriger des Geheimdienstes auch in den Vorgängen von Malmaison auskannte, erstaunte mich nicht. Wohl aber das ehrliche Gesicht des Graukopfes, der sich als überzeugter Republikaner, nicht aber Bonapartist, bekannte. Die Vorbereitung zur Krönung hatte ihn zum Renegaten gemacht und die wenigen Stunden der Begegnung mit Enghien ihn von der Unschuld des Herzogs überzeugt. Er riskierte viel mit seinem Eingeständnis, das er mir in den sicheren vier Wänden meines Quartiers machte, in dem die Sûreté nationale seit dem Konkordat mit der Kirche ›durchpassierende Kleriker‹ unterbringt. Angeblich, um sie vor Zwischenfällen zu schützen, in Wahrheit der besseren Kontrolle halber.

Da hatte man mit Noriot den Bock zum Gärtner gemacht. Er berichtete mir jede Einzelheit des Dramas vom 21. März so ausführlich, daß ich einen Augenblick an seinem Verstand zweifelte, aber bald merkte, welch eine tiefe Erschütterung ihn trieb. Zwei geschlagene Stunden saßen wir so beisammen. »Was liegt noch an mir«, beteuerte er, als alles gesagt war, »mit diesem Mord hat die Revolution für mich ihren Sinn verloren.«

Ich habe ihn nie wiedergesehn, aber daß sich mir jede Silbe der unseligen Vorgänge so einbrannte, als hätte ich sie selber erlebt, wen kann es wundern? Obendrein schrieb ich das Wichtigste noch in der Nacht in Stichworten auf.

5.

Wieviel Düsternis liegt über meiner Geschichte mit ihren nach allen Seiten verriegelten Türen, und doch, wieviel Leuchten dringt für mich durch die schmalen Ritzen!

Es war nach der ergreifenden Erzählung Noirots gegen ein Uhr in der Nacht, als sie den Herzog vor das improvisierte Tribunal in der Porte du Bois holten. Der Kommandant von Vincennes, Harel, hatte Enghien im einzigen bewohnbaren Raum der heruntergekommenen Festung, im Pavillon du Roi, untergebracht, einem langgestreckten Bau an einer der Seiten des Ehrenhofes. Das Zimmer kahl, die zerbrochenen Fensterscheiben mit Papier verstopft, das Mobiliar bestand aus Feldbett, Tisch und zwei Stühlen. Vor der Tür mit dem kreischenden Schloß wanderte der Gendarm Blancpain über die krachenden Dielen des Flures hin und wieder. Draußen fiel noch immer der Nieselregen in eine kohlschwarze Dunkelheit.

Enghien saß auf seinem unbequemen Stuhl, neben sich auf dem Boden Mohiloff, und starrte in die kleine Kerzenflamme. Die erste Einvernahme durch den Rapporteur Dutancourt, halb Untersuchungsrichter, halb Profoß, mit ihren Angaben zur Person und den obligaten Zwischenfragen war absolviert: Kannte er Pichegru und Dumouriez, unterhielt er wirklich nur mit Condé und Bourbon in London Korrespondenz, wie stand es mit seinem englischen Sold? Wenigstens hatte er bei der Unterzeichnung des Protokolls seine eindringliche Bitte um ein Gespräch mit dem Ersten Konsul anfügen dürfen und wartete jetzt, wie es das unabdingbare Lebensgesetz aller Gefangenen will. Alle Stunden, dachte er, gehen vorbei, so auch diese.

Ein Tag mit beklemmenden Erfahrungen lag hinter ihm. Die Ankunft gegen fünf Uhr nachmittags, die Aufforderung Harels, sich am Feuer in seinem eigenen Wohnzimmer der Porte du Bois aufzuwärmen, bis seine jetzige Bleibe gerichtet war. Im Hintergrund des Harelschen Domizils ein Alkoven mit zugezogenem Vorhang, hinter dem die Frau des Hauses krank lag; einmal drang daraus ein geheimnisvoller Aufschrei, dann unterdrücktes Schluchzen hervor. Madame hatte ihn – so Noirot – durch einen Spalt im Rideau erspäht und an Stimme wie Physiognomie sofort wiedererkannt. Eine seltsame Laune des Schicksals wollte es, daß sie aus Chantilly stammte und niemand anders als seine Milchschwester Debby war, die sich mit Schrecken bewußt wurde, bei dem geheimnisvollen Aristokraten und Verschwörer, von dem man seit zwei Tagen in Paris sprach, handelte es sich um ihren Spielgefährten aus Kindertagen, Enghien. Gottlob merkte der Herzog in seiner Ermüdung nichts von dem Seelendrama, sondern siedelte kurz darauf in den Pavillon du Roi über, wenigstens keine Zelle, wo man ihm sogar ein karges Abendbrot servierte; er teilte es mit dem treuen Mohiloff. Seine Versuche, mit Harel in ein Gespräch über sein künftiges Schicksal zu kommen, gab er auf, als er merkte, daß der alte Jakobiner mit dem Ledergesicht unter Schweigepflicht stand, man ihn also isolieren wollte. Doch dafür nach den erschöpfenden Tagen endlich Schlaf, ein Versinken in Abgründen von Vergessen und Traum! Er weilte, wie in seinen Träumen so oft, wieder zuhause, in Chantilly und irgendwann tauchte darin auch jene Melkerin auf, die seine Gedanken noch immer mit trunkenem Purpur füllte, bis aus dem zigeunerischen Phantom Charlotte wurde. Ach Charlotte, wo find ich dich wieder.

Ja, so muß es zugegangen sein, denn der Herzog hat dem Leutnant Noirot von diesem Traum erzählt, der ihm trotz seiner Sorge um Charlotte seinen Halt wiedergab, als sie ihn kurz vor Mitternacht geweckt hatten, um ihn zur Einvernahme zu holen. Gewiß, er fühlte sich durch die kurze Ruhe gestärkt, aber er stellte sich beim Anblick der inzwischen im Hof aufmarschierten Truppen doch die argwöhnische Frage, was soviel Gendarmerie zu dieser Stunde sollte. Galt das ihm?

Doch als er vom Verhör in der Porte du Bois zu seinem Quartier zurückkehrte und nichts geschehen war, sondern er wieder ›friedlich vor seiner Kerze hockte‹, wie er sich Noirot gegenüber mokierte, beruhigte er sich. Es gab jetzt über Wichtigeres nachzudenken. Sie würden bald wiederkommen und ihn in die Zange nehmen. Hatten sie nicht schon versucht, ihn durch Ermüdung und Alleinsein zu zermürben? Er gab sich keinen Illusionen darüber hin, daß ihm ein harter Kampf bevorstand, denn wer sich eines offenkundigen Verbrechens bedient hatte, um seiner habhaft zu werden, ließ es bei keiner Einschüchterung bewenden. Er aber war entschlossen, nichts einzugestehen, was es nicht gab, sondern wollte frank und frei bekennen, wie die Dinge für einen Bourbonen lagen und womöglich zum Angriff übergehen. Das blieb er sich schuldig. Er fühlte sehr genau, daß Bonaparte gegen einen übermächtigen Schatten kämpfte, den der Vergangenheit, die er in Enghiens Person zu treffen hoffte. Bei aller Anerkennung des Siegers von Marengo, dies war nicht mehr der redliche Soldat, für den er ihn gehalten; Bonaparte hätte sich selbst dem Satan als Blutsbruder verpflichtet, um an sein Ziel zu gelangen. Der Geist von Berstheim überkam den Herzog wieder, wo er nicht lange nach dem Ausgang gefragt, sondern einem Impuls seiner Natur gefolgt war, der ihn über jede körperliche Ermattung hinwegtrug.

Dergleichen bewegte ihn just in dem Augenblick, als sich der Rapporteur Dutancourt mit den allmählich eingetroffenen Mitgliedern des Tribunales in der Porte du Bois über Enghiens Appell an Bonaparte beriet und ihnen zwei von Harel besorgte Flaschen Branntwein nicht nur über die Kälte, sondern auch ihre zwielichtige Aufgabe hinweghalfen. Es plagten sie Zweifel. Da der rechtskundige Staatsrat Réal nicht erschienen war, schlug der Oberst Barrois vor, die Sitzung aufzuschieben und in Malmaison bei Bonaparte nachzufragen. Eine Verzögerung hätte, wie die Dinge lagen, Enghiens Rettung sein können. Doch im gleichen Augenblick gebot eine kategorische Stimme Einhalt. Savary erklärte, eine solche Anrufung müsse dem Ersten Konsul mißfallen. So begann ein Prozeß, der eher einer Parodie denn einem ordentlichen Gerichtsverfahren glich ...

Ein Uhr nachts taten sich die Flügeltüren von Harels Salon weit auf. An der Tafel hatten die Mitglieder der Kommission Platz genommen, die Obersten Guitton, Bazancourt, Barrois, Ravier und Rabbe, Soldaten von Fortune, dazu als Vorsitzender der General Hulin und der Rapporteur, allesamt Anhänger Bonapartes. Hinter ihnen am wärmenden Feuer wachte der glattgesichtige Savary, sozusagen als Mephisto vom Dienst.

Sie blickten dem Angeklagten mit Spannung entgegen. Sein Aussehen beruhigte sie über ihre geheime Sorge, er könne sich gehenlassen, wenn er sein Schicksal erfuhr. Wohl lag noch die unausgestandene Müdigkeit auf Enghiens Zügen und ließ die Nase geprägter als sonst hervortreten, aber die Augen blickten klar und entschieden. Was sie allerdings mißbilligten, war die Sicherheit seines Auftretens. Sie hatten eine gewisse Schickung ins Unvermeidliche, zumindest eine Respektierung ihres Amtes erwartet und wußten nicht, welch eine Stunde der Einsicht hinter dem Herzog lag. Ihre Loyalität reichte nicht so weit, ihm eine ›noble assurance‹ zuzugestehen; sie sahen Arroganz darin. Ein Bourbone, was stand da zu erwarten!

Enghien hörte sich gelassen die Anklage an und vernahm, zum wievielten Male, den Vorwurf, gegen die Republik gekämpft zu haben; er blieb ruhig und wahrte die schweigsame Haltung auch bei dem zweiten, in englischem Sold gestanden zu haben. Was gab es darauf zu antworten? Hatte sich die Revolution nicht auch gegen ihn gerichtet, ihm zwangsläufig die Waffen in die Hand gedrückt und ihn des Lebensunterhaltes beraubt? Beim dritten Anklagepunkt aber begehrte er auf. Man beschuldigte ihn, an einem verzweigten Komplott gegen die französische Republik beteiligt gewesen zu sein.

— Manche sagen, er habe sich in seiner Ehre angegriffen gefühlt, aber der Kontext zeigte erst die ganze Verfänglichkeit der Frage. Es war die längst widerlegte Unterstellung, derentwillen Bonaparte ihn hatte entführen lassen, und bedeutete Gefahr. Er protestierte in einem Ton, in dem mehr als Entrüstung mitschwang. Niemals hatte er direkt oder indirekt mit Cadoudal zu tun gehabt; jede Vorstellung von Mord erregte tiefen Abscheu in ihm! Das war aufrichtig, zudem unwiderlegbar und machte Eindruck; der Vorwurf der Verschwörung tauchte seither nicht mehr auf.

Zum Verhängnis wurde ihm ausgerechnet, was er für bare Deklamation gehalten und mit einer Handbewegung abgetan hatte, als man zum Ausgangspunkt des Prozesses zurückkehrte. Diesmal antwortete er mit Schärfe und fügte obendrein an, seiner Herkunft nach ein geschworener Feind Bonapartes zu sein. Das Bekenntnis mußte in diesem Kreis als Sakrileg wirken, und er setzte sogar noch einen Trumpf drauf: für einen neuen Kriegsfall habe er um Verwendung in englischem Dienst nachgesucht. Plötzlich spitzte der Prozeß sich zu. »Ich habe das Recht meiner Familie verteidigt. Ein Condé kann nicht anders, als mit den Waffen in der Hand nach Frankreich zurückkehren.« Und als man ihm vorhielt, sich damit auch gegen seine Landsleute zu wenden, fügte er, diesmal vielleicht doch zu souverän, etwas hinzu, das jeder Republikaner als Herausforderung empfinden mußte: »Ich bin ein Bourbon; Sie waren es, die Ihre Waffen gegen mich gezogen haben.« Unmutiges Murmeln war die Antwort.

Wollte er den Prozeß umkehren? Es stimmt in einem historischen Sinne zwar, aber vor ihm saßen Männer der Schlachtfelder Italiens, Ägyptens oder der Rheinlande, und ihr Heros blieb der von ganz Europa bewunderte und gefürchtete Sieger von Rivoli und Marengo. Was bekümmerte es sie, daß sich für diesen emigrierten Prinzen das Vaterland in der Person des Königs verkörperte? Was Bonaparte unter gleichsam weltanschaulichem Aspekt für Enghien bedeuten mochte – ›l'intérêt, l'intérêt, l'argent, toujours l'argent‹, hatte der Herzog einmal hellsichtig über das heraufdämmernde Zeitalter geschrieben – stand nicht zur Debatte. Er redete sich um Kopf und Kragen, aber ich bin mir nicht sicher, ob er es nicht in Kauf nahm, weil er sich aufgerufen fühlte. Im Grund kam darin die Tragödie Frankreichs zum Vorschein, die jetzt in die seine umschlug; zwischen dem Selbstverständnis der Bourbonen und den Erben der Revolution klaffte ein Abgrund, der sich nicht überbrücken ließ. Nie war der unselige Zwiespalt, der für mich den zweier Jahrhunderte ausmacht, unerbittlicher zutage getreten.

Gewiß hatten ihn, wie Hulin und sogar Savary nachträglich berichteten, seine Richter auf die Gefahr, die er lief, aufmerksam gemacht und ihm erklärt, er könne sich nicht einfach hinter dem Glanz seiner Vorfahren verschanzen, was nicht stimmte, und daran, was sich inzwischen ereignet hatte, womit sie etwas Richtiges trafen, vorübersehen. Wie der Prozeß auch weiterlief, Enghien wich nicht von seinem Standpunkt ...

Sie haben ihn dann in den Pavillon du Roi zurückbringen lassen. Es gab nichts mehr zu sagen. Die Frage der Entführung blieb ebenso unberührt wie die nach der Zuständigkeit eines Tribunales, dessen Richter nicht einmal wußten, nach welchem Gesetz sie urteilen sollten. Zwar plädierten Barrois und Bazancourt für lebenslängliches Gefängnis, aber sie schlossen sich endlich der Mehrheit an, die auf Tod wegen Hochverrates erkannte.

Als die Niederschrift zwei Uhr morgens vollendet war, nahm Hulin noch einmal die Feder zur Hand. Er wollte das übliche Gnadengesuch an Bonaparte richten, als ihm Savary das Schreibzeug entriß und gereizt fragte: »Was machen Sie da?«

»Ich schreibe an den Ersten Konsul«, antwortete der General.

»Ihre Arbeit ist getan, das Übrige bleibt meine Sache.«

Hulin trat die Aufgabe etwas verärgert, aber nicht ungern, ab, immerhin der Meinung, der Gendarmeriekommandant nehme sich ihrer an. Savary dachte jedoch nur daran, vollendete Tatsachen zu schaffen und beeilte sich, sechzehn zuverlässige Leute unter seinen Gendarmen auszuwählen.

6.

Nun sitze ich schon die ganze Nacht über meinen Papieren. Die Kerzen, gleichsam Sinnbilder seines Lebens, sind heruntergebrannt, aber noch einmal, ehe sie verlöschen, flammen sie heller auf als zuvor, und noch einmal nehme ich alle Kraft zusammen, um meine Gewissenspflicht zu erfüllen.

Sie war angebrochen, die letzte Stunde des Delinquenten, der auf sein Urteil wartete. Noch hoffte er; er zweifelte nicht, daß der Richterspruch, wie er auch ausfiel, einer letzten Entscheidung Bonapartes unterliegen würde und blieb überzeugt, sein Name, sein militärisches Renommee, vor allen Dingen aber die Unschuld an jeder Konspiration, werde zu seinen Gunsten sprechen. Welchen vernichtenden Eindruck seine freimütige Erklärung vor dem Tribunal hinterlassen hatte, ahnte er nicht.

Bei ihm befand sich der Leutnant Noirot, den man ihm nach alter Gepflogenheit beigesellt hatte, einen Verurteilten nicht alleinzulassen. Es hätte ihn stutzig machen sollen, aber die späte Stunde vor dem Gericht hatte Enghiens geistige Kraft aufgezehrt, wenn sich auch die geheime Genugtuung einmischte, nicht zurückgewichen zu sein. Die Erregung schwang noch zu sehr in ihm nach, so daß sich bald ein Gespräch zwischen ihm und seinem Bewacher entspann. Der Leutnant war auf der militärischen Stufenleiter nicht hoch gestiegen, wenn er seine Laufbahn beim königlichen Regiment von Navarra auch schon vor langen Jahren begonnen hatte. Er war Enghien, derzeit noch ein halber Knabe, bei seinem Obersten, dem Grafen Crussot, begegnet. Ah, Crussot mit dem kleinen Embonpoint und den Ohrringen der Basken? Noch einmal bekam der Geist des Ancien Régime Flügel, denn der Herzog fühlte sich in andere Zeiten versetzt und plauderte mit einer so unwiderstehlichen Liebenswürdigkeit, als stehe kein drohendes

Schicksal vor ihm. Noirot hörte trotz anfänglichen Befrem-
dens immer aufmerksamer zu. Welche Feldzüge hatte er
mitgemacht, kannte er diesen und jenen? Die Augen des
Herzogs leuchteten auf, wenn sich eine leichte Hektik auch
nicht überhören ließ.

Noirot widerfuhr eine Bezauberung, die er selbst nicht
begriff. Er konnte sich dessen nicht erwehren und mußte
sich eingestehen, daß ihn dieser Mensch zuinnerst bewegte. Allzu flüchtige Sekunde! Plötzlich entsann sich
Enghien, daß es noch etwas zu tun gab, und dies läßt
vermuten, daß er sich der Gefahr seiner Lage bewußt war.
Ernst geworden bat er Noirot um Schreibzeug, das er
sofort erhielt, ›de consoler le malheureux prince‹, wie Noirot nachher eingestand, und der Herzog setzte sich an
seinen Tisch, um einige Zeilen an Charlotte Rohan aufs
Papier zu werfen. Eine innere Stimme mahnte ihn zur
Eile. Er hatte sein Schreiben kaum beendet und zu sich
gesteckt, als das Türschloß abermals kreischte.

Der Kommandant Harel erschien mit dem Unteroffizier
Aufort und forderte Enghien auf, ihm zu folgen. Er warf
einen hastigen Seitenblick auf Harel, zog seine olivgrüne
Redingote an, und zu viert schritten sie auf den Gang
hinaus. Diesmal war auch Mohiloff von der Partie.

Es war drei Uhr nachts, als sie ihren Weg begannen.
Abermals querten sie den Hof, diesmal in Richtung der
Sainte-Chapelle. Auf dem schlammigen Pfad glitten die
Füße mehrmals aus; vor ihnen ragte im Dunkel der Nacht
der Teufelsturm auf, in dem sich nun eine niedere Pforte
in ein Untergelaß öffnete. An der Gegenseite führte eine
Wendeltreppe zu den Festungsgräben hinab. Feuchter
Hauch schlug ihnen entgegen.

»Wohin bringen Sie mich?« fragte Enghien beunruhigt, und als Harel schwieg, »Wollen Sie mich lebendig in einem Verlies begraben?«

Diesmal antwortete ihm der Kommandant, dazu mit heiserer Stimme:

»Unglücklicherweise nicht. Nehmen Sie allen Mut zusammen.«

Er hatte endlich verstanden, und im selben Augenblick, so erzählte mir Noirot, da er Gewißheit besaß, was ihn erwartete, kam die kühle Entschiedenheit des Großen Condé über ihn, der seinem Schicksal stets festen Fußes entgegengegangen war. Er stieg mit sicherem Schritt die vierzig, vom flackernden Licht der Laternen notdürftig beleuchteten Stufen hinab, neben sich Mohiloff, der immer wieder abrutschte. Sie überschritten eine kleine Estrade mit schützendem Eisengeländer und gelangten am Ende auf etlichen Stufen zur Grabensohle.

Ihre Füße streiften durch nasses Krautwerk und Gras. Kein Laut zu hören, kein Wort fiel. Vorbei an der Tour des Salves stapften sie bis zur Tour de la Reine, wo der Graben rechtwinklig umbiegt. Hinter dem Mauervorsprung der Ecke standen im Schatten der Nacht die Gendarmen des Pelotons bereit. Von der Brücke der Porte du Bois und den Mauern der Wälle starrten Offiziere schweigend ins Tiefe. Draußen, hoch jenseits des Außenwalles, wo die Straße vorüberführt, rollten die ersten Gemüsebauern mit ihrer Fracht den Hallen von Paris entgegen. Wie es heißt, sangen einige vor sich hin.

Der Herzog, beim Arm etwas seitab geführt, ließ sich willfährig postieren. Er konnte das dunkle Loch nicht sehen, das nur ein paar Schritte entfernt lag, und auch das

Peloton nicht. Das Licht etlicher Laternen blendete ihn. Gewiß, das Bewußtsein dieses willkürlichen, nutzlosen Todes, der ihm bevorstand, schnürte ihm einen Augenblick die Kehle zu, aber er hatte sich bald wieder in der Gewalt. Eine übernatürliche Ruhe schien ihn zu erfüllen. Ihm gegenüber trat der Adjutant Pelé, Kommandant der Exekution, vor und begann, eine Laterne in der Hand, mit lauter Stimme ein Dokument zu verlesen, das Urteil. Die Worte fielen schwer in die Stille, so stockend sie ob des flackernden Lichtes vorgetragen wurden. Der Herzog verharrte regungslos; er verstand sie im einzelnen nicht, er hörte nur dies: das Ende! Darauf wiederholte er die Bitte um ein Gespräch mit dem Ersten Konsul, die Pelé abschlug.

Was gab es weiter zu sagen? Dennoch, Enghiens Stimme erscholl noch einmal klar und deutlich: »Will mir jemand einen letzten Dienst erweisen?«

Noirot trat vor; sie wechselten einige Sätze. Enghien bat um eine kleine Schere, schnitt eine Haarsträhne ab, zog einen Ring vom Finger und legte beides in den eben geschriebenen Brief. Dann bat er Noirot, ihn Charlotte de Rohan überbringen zu lassen. Sie sollte ihn nie erhalten.

Er beabsichtigte durchaus keine Verzögerung, doch war er mit der Urteilsverkündung überrumpelt worden, daher forderte er wenigstens jetzt den Beistand eines Priesters. Aber im Schloß befand sich kein Geistlicher. Es heißt, von der Zugbrücke habe eine Stimme gerufen: »Veut-il mourir en capucin – will er wie ein Kapuziner sterben?«, und man behauptet, es sei Savary gewesen.

Als sich Enghien nach einem kurzen Gebet wieder aufrichtete, fiel sein letztes, fast hingemurmeltes Wort, das einzige, das über seinen inneren Zustand Auskunft gab: »So muß ich also durch die Hand von Franzosen sterben!«

Er lehnte die dargebotene Augenbinde ab und machte mit seiner Linken jenes kleine, kaum merkliche Handzeichen, mit dem er einst seine Avantgarde antraben ließ, als von oben die nämliche Stimme schrie:

»Adjutant, kommandieren Sie endlich Feuer!« Noirot wandte sich ab.

Pelé griff an den Zweispitz und nahm ihn vom Kopf; es war das vereinbarte Signal. Ein donnernder Schlag, so ungeheuerlich, daß darin die ganze Welt zerstob, traf Enghiens Brust und Gesicht. Es schmerzte nicht einmal; er spürte sogar nicht, daß er zusammensank, denn schon muß ihm jene den Lebenden kaum erfahrbare Gnade zuteil geworden sein, an die ich fest glaube. Mancher Sterbende, der von der Schwelle des Jenseits zurückkehrte, hat mir von ihr berichtet, der übermächtigen Helligkeit, in der sich die Seele vom Körper löst. Keine Angst, keine Empfindung quälten die Nerven mehr. Er schwebte in einer unmeßbar winzigen und doch unendlichen Sekunde hinan, und so aberkurz dieser Augenblick währte, öffneten sich darin doch die verborgensten Kammern seines Innern, und alles, was sie beherbergt hatten, zog in einem Wiedererkennen ohne Grenzen an ihm vorbei. So von sich selber geleitet, trat er ein in das Lichttor, hinter dem alle Verzweiflung zu Ende ist.

Die Gendarmen leisteten das Letzte. Sie rollten den Leichnam zur Seite, zogen ihm die Redingote vom Körper und die Uhr aus der Tasche, die Harel nun trägt. Seinen Schmuck abzuziehen, wagten sie offenbar nicht. Einige Schritte weiter rollten sie seinen Körper mit dem zerschmetterten Gesicht nach unten in das Loch, so daß der Kopf tiefer als der Körper zu liegen kam. Ein paar hastige Schaufeln Erde, und der Leichnam verschwand. Wo sich das Haupt befinden mußte, wälzten sie einen Stein auf die Ruhestätte. Darauf zerstreute sich alles in dem beklommenen Schweigen vollbrachter Missetat.

Nur einer blieb, wie es heißt, Mohiloff, von dem recht widersprechende Berichte umlaufen. Nach den einen war er in Panik davongestoben, nach anderen saß er aufheulend vor dem Grab, nach dritten scharrte er in der frischaufgeworfenen Erde. Sicher ist nur, daß Madame Harel sich seiner annahm, und er später beim Marquis de Béthisy sein Zuhause fand ...

Morgen werden wir in Sankt Bartholomäus das ›Dies irae, dies illa‹ singen. Morgen findet endlich das Requiem statt. Allzulang hat sich alles hinausgezögert. Vielleicht bringt es auch meine quälenden Gedanken zur Ruhe.

Der Tag ist heraufgedämmert, und noch immer kann ich mich von den Blättern nicht trennen. Vergeltung! Etwas schreit auch in mir danach. Könnte das ›Dies irae‹ nur weit genug hinausdringen über den Strom nach Frankreich! – Was überkommt mich? Man verfolgt einander nicht mehr, wo sich Enghien jetzt befindet, ein Mensch in dem endlosen Zug der Geopferten, der nur noch eine Stimme ist, die ich Tag und Nach vernehme, und ich habe dies niedergeschrieben, damit sie auch in den anderen nicht schweigt.

Dame in Schwarz

Ein schlanker Aristokrat, dem eine Locke des dunklen Haarschopfes in die Stirn fiel, ging an dem zarten Vorfrühlingsmorgen des 21. März 1804 – das launische Wetter war umgeschlagen – durch die Rue de Rivoli. Es war der Vicomte François-René de Chateaubriand, Weltreisender, Dichter und Diplomat, der nach notvoller, umgetriebener Emigrantenzeit seinen Frieden mit Bonaparte gemacht hatte und heimgekehrt war. Noch befand er sich mit seinen fünfunddreißig Jahren in dem Alter, sich des Zaubers freuen zu können, den Paris an solchen Tagen ausstrahlt. An einigen Auslagen standen bereits die Kübel mit ihren bunten Sträußen in Violett, Weiß und Gelb. Er fühlte sich trotz der zurückliegenden Zeit, der seine gesamte Familie zum Opfer gefallen war, hochgestimmt. Zuhause wartete eine junge Frau, seine vor kurzem erschienene ›Athala‹, sein ›Génie du Christianisme‹ hatten ihn von einem Tag auf den andern berühmt gemacht; wiewohl ein Außenseiter, galt er auch bei der Regierung, die eben die Aussöhnung mit der Kirche betrieb, als Mann der Stunde. In der Tasche trug er die Ernennung zum Gesandten in der von Bonaparte jüngst gegründeten Republik Wallis in der Schweiz.

In Höhe des Pavillons de Marsan, wo sich die flanierenden Menschen um einen der öffentlichen Ausrufer stauten – Vorläufer der späteren Boulevardpresse – traf es ihn wie ein Schlag. Was die heisere Stimme dort schrie, schien so ungeheuerlich, daß er es nicht zu fassen vermochte: »Beschluß der in Vincennes zusammengetretenen Militärkommission, den sogenannten Louis-Antoine-Henri de Bourbon, geboren am 2. August 1772 in Chantilly, zum Tode zu verurteilen.« Es handelte sich um Enghien.

Nur wenigen Menschen sagte der Name des Herzogs nach fünfzehn Jahren seines Exils noch besonders viel, dennoch schien es, als senke sich eine düstere Wolke auf die heitere Menge. Als Chateaubriand noch erfuhr, daß die Hinrichtung bereits erfolgt war, drehte er sich, bleich geworden, um und ging mit verstörten Augen nach Hause. Er fühlte nicht einmal mehr seine Schritte. Dort setzte er sich nach kurzer Beratung mit seiner Frau an den Sekretär und schrieb voll namenloser Empörung ein Rücktrittsgesuch an den Außenminister, das er mit der schwankenden Gesundheit seiner Frau begründete. Gott sei davor, die Dinge bei Namen zu nennen! Talleyrand nahm dieses Schreiben wortlos zur Kenntnis, die erste der erwarteten Reaktionen auf das makabere Ereignis der Nacht in den Festungsgräben! »Es war mehr als ein Verbrechen, es war ein Fehler«, sollte er, von dem Bonaparte behauptete, er habe ihn zur Festnahme des Herzogs veranlaßt, bald in seiner sentenziösen Geistreichelei zum Ersten Konsul sagen.

Durch die Hofhaltung von Malmaison spukten die Schatten der Todesnachricht bereits seit dem frühen Morgen und ließen jenes geistige Zwielicht von Rechtfertigung und Heuchelei aufkommen, das seither mit dem Drama von Vincennes verbunden blieb. Eigentlich hatte dies sogar schon früher begonnen, als Savary, an der Spitze seines Regimentes berittener Gendarmerie vom Ort der Untat nach Paris heimkehrte, am Schlagbaum der Vorstadt Saint-Antoine einem in vollem Galopp einherjagenden Wagen mit dem Staatsrat Réal begegnet war und ihn anhielt: »Wohin wollen Sie?«

»Nach Vincennes, um den Herzog von Enghien zu vernehmen«, kam Réals Antwort. Angeblich oder tatsächlich hatte er Bonapartes Brief erst beim Erwachen auf dem Tisch seines Zimmers gefunden und sich hastig aufgemacht.

»Es ist alles vorbei«, erwiderte Savary.

Der Mann, der hinter dem farblosen Titel eines Staatsrates die wahre Polizeigewalt innehatte, wechselte, wie es heißt, die Farbe: »Unmöglich, ich hatte dem Prinzen so viele Fragen zu stellen. Der Erste Konsul wird toben!«

Aber Bonaparte schien keineswegs aufgebracht, als beide sich in Abständen in Malmaison einstellten. Savary, um die Durchführung seines Auftrages zu melden, nach den Aussagen von Madame de Rémusat sehr blaß und mit der fast schrillen Bemerkung, Enghien sei überaus tapfer gestorben. Réal, um seine Verzögerung zu entschuldigen. Allzu durchsichtiges Spiel! Bonaparte hätte niemals an Milde oder Begnadigung gedacht. »C'est bien«, sagte er denn auch nur und sein Polizeigewaltiger konnte sich die Hände in Unschuld waschen ...

Das taten übrigens später viele, wenigstens in ihren Memoiren, als das Kaiserreich untergegangen war, so daß die ›Oriflamme‹, das Blatt der Ultra-Royalisten in der

Restauration, ironisch schrieb, man müsse annehmen, Enghien habe sich selber umgebracht. Einer gehörte wenigstens nicht zu jenen, die Ausflüchte suchten, Bonaparte. Er gestand ein, was nicht zu leugnen war, wenn auch mit wechselnder Begründung. Behauptete er anfangs, er sei sich über Enghiens Schicksal noch unklar gewesen, als er ihn entführen ließ, erzählte er am Abend des Mordtages beim Diner in Malmaison: »Zumindest wird man sehen, wozu wir fähig sind, und uns künftig in Ruhe lassen.« Nach der Mahlzeit fuhr er fort: »Diese Leute da«, womit er die Bourbonen meinte, »wollten Unordnung in Frankreich verbreiten und in meiner Person die Revolution umbringen ... Der Herzog von Enghien konspirierte wie ein anderer, ich mußte ihn, wie jeden anderen, behandeln. Ich habe Blut vergossen, aber ohne Zorn. Ich bin die französische Revolution und ich werde ihre Stütze bleiben.« Worte eines Diktators, die ebenso auf unwahren Behauptungen beruhten, wie sie überheblich, wenn nicht verlogen anmuten. Denn gegenüber Talleyrand äußerte er zu gegebener Stunde: »Begreifen Sie, daß ich mich vor keiner Niedertracht scheue, wenn sie mir nützt ... Ich gebe Ihnen mein Wort, daß ich keine Bedenken trage, auszuführen, was man in der Welt eine ehrlose Tat nennt ...« Es sprach für sich, auch wenn er sich in seinen auf Sankt Helena diktierten Memoiren zu der Formulierung bekannte, die Exekution sei aus Gründen der Staatsräson erfolgt, was alles und nichts hieß.

Wieviel Tinte ist über dieses Thema, das auch Murats und natürlich Talleyrands Doppelspiel einbezog, schon geflossen! Die noch bedrückendere Frage, ob Enghiens Tod dem Korsen wirklich genützt hat, läßt sich kaum

345

ausloten. Jedenfalls wanderte Bonaparte nach dem Tode des Herzogs ungerührt am Blutgerüst Cadoudals vorüber, der mit seinen Gefährten erst im Juni starb, und zog endlich am 2. Dezember des Jahres mit edelsteinbesetzten Sandalen in die goldrot ausgeschlagene Kathedrale Notre-Dame ein. Dort erhob er sich nach der Salbung durch den Papst als Napoleon I. von den Knien und setzte sich selber die Kaiserkrone auf. Eine Herrlichkeit begann, während der er, von galoppierenden Husarenrudeln umgeben, in seiner Karosse über den Quai der Tuilerien jagte, Schlachten, die in die Geschichte eingingen, gewann und Europa niederwarf. An Rußland scheiterte er, bis nach gut zehn Jahren und Hekatomben von Toten alles zusammenbrach und Ludwig XVIII., endlich für sein dauerhaftes Warten belohnt, die alte Bourbonenkrone übernahm.

Es war keineswegs die erwartete Auferstehung der Monarchie, sondern ein Amt, an dem allzu schwer die Bleigewichte von Kompromissen und Bewältigung der jüngsten Vergangenheit hingen. Der Duc va de bon cœur hätte sich kaum mehr zurechtgefunden oder aufbegehrt. Der Gedanke eines von Gott eingesetzten Königtumes, das dem Leben der Völker eine höhere Gemeinsamkeit und Weihe verlieh, war schon mit Ludwig XVI. gestorben und mit Enghien, einer seiner letzten Verfechter. Der Weg zu den gewaltsamen Umstürzen der Neuzeit, berechtigt oder auch nicht, war vorgezeichnet ...

Doch was bedeuteten die makaberen Rechtfertigungen der Bonapartisten oder auch diese Entwicklung gegenüber dem Schock, der die Condés getroffen hatte? Noch sechs Tage nach Enghiens Tod schrieb der alte Prinz einen Brief an den Enkel, er möge sich von der Grenze ins Innere Deutschlands zurückziehen. Am 10. April gelangte die Schreckensnachricht an seine Ohren. Artois überbrachte sie und leitete sie mit den Worten ein: »Sie wissen, mein Prinz, ich habe meinen Bruder, einen Neffen, eine Schwester, eine Schwägerin beweinen müssen ...« Condé ahnte, was kam und lehnte sich aufstöhnend gegen die Schulter seines Adjutanten Contye.

Er hatte den Enkel, trotz aller Härte, die er vermutlich längst bereute, aufrichtig geliebt. Endlich raffte er sich zu einer pathetischen Protestnote an die Mächte Europas auf: »Ich appelliere an die Geschichte, ich rufe das Universum um Rache an.« Das war lächerlich, aber es entsprach genau seiner Mentalität! Der Tod des Herzogs weckte leider noch andere Ressentiments in ihm – gegen Charlotte de Rohan. Sie allein trug für ihn Schuld daran, daß sich der Herzog an der gefährlichen Grenze aufhielt; sie hatte ihn an einer Ehe gehindert und blieb mithin die Ursache, daß die Condés keine Nachkommen mehr besaßen. Daß er selber der Grund seines Unglücks war, als er sich einer Heirat der beiden widersetzte, kam ihm nicht in den Sinn.

Bourbon reagierte mit Tränen; Tante Louise sollte die Hiobsbotschaft in ihrem Warschauer Kloster durch den Abbé Edgeworth erfahren, den ihr der König von Mitau aus schickte. Aber dem Seelenhirten, der Ludwig XVI. zum Schafott geleitet hatte, versagte diesmal die Kraft, und so bat er Louises Mitschwester Sainte-Rose, den bitteren Auftrag zu übernehmen. Sie tat es, indem sie ein Kruzifix ergriff und beim Eintritt in die Zelle Louise Condés den Namen Enghien murmelte. Die Prinzessin stieß einen Schrei aus und brach zusammen. Als sie wieder zu Kräften

kam, verkündete diese Heilige freilich einen fast übermenschlichen Entschluß, sie gelobte, jeden Tag für Enghiens Henker zu beten. Sehr befremdlich verhielt sich
Bathilde d'Orléans, Enghiens Mutter, die in einem Brief
aus Barcelona an Bourbon verkündete, sie erblicke im Tod
des Sohnes eine Sühne für sein Verhalten gegen Napoleon,
den sie noch immer glühend verehrte, obgleich er ihr die
Rückkehr nach Frankreich verboten hatte.

Ein wenig verloren auch die Angehörigen des Ettenheimer Kreises den Boden unter den Füßen. Der aufrechte
Leutnant Schmidt, der aus Worms stammte, verschwand
nach seiner Rückkehr aus französischer Haft unklaren
Zieles. Der Major de Grünstein vom Erbgut Chaille bei
Melle trat in die russische Armee ein, müde des Vorwurfs,
Enghien nicht besser verteidigt zu haben. Der schon alte
Marquis de Thuméry, einst Oberst der Bercheny-Husaren
bei den Condés, welkte langsam dahin, und der Chevalier
de Saint-Jacques schloß sich Bourbon in London an. Mit
der Dienerschaft verhielt es sich ähnlich. Doch genügt es,
den seltsam sich wandelnden Wegen Canones zu folgen,
dem es in der Gefangenschaft am schlimmsten ergangen
war. Er, der sich während der Straßburger Haft standhaft
geweigert hatte, einzugestehen, Enghien sei mehrmals
über die Grenze nach Frankreich gegangen – es hätte,
wenn auch nachträglich, die konspirative Rolle des Herzogs bewiesen – fand, nach Ettenheim zurückgekehrt, eine
Einladung von Louis XVIII nach Mitau vor, wo er dem
Marquis de Bonnay seine Darstellung des Dramas vom
15. März 1804 diktierte. Dann war es ihm der heroischen
Attitüden genug. Als Bathilde d'Orléans ihren Elysée-Pa-
last in Paris wieder beziehen konnte, nistete er sich bei ihr

348

ein. Ein Nachkomme des Ettenheimer Leibjägers Diß, der ihn dort zweimal besucht hat, berichtete, er sei ein dicker und schwerfälliger Gourmet geworden, der seine Tage im Lehnsessel verbrachte und von üppigen Mahlzeiten träumte. Schon in Ettenheim hatte er gern in guten Wirts- und Bürgerhäusern schmarotzt. Jetzt antwortete er dem Besucher auf die Frage, was ihn am meisten an jene Zeiten erinnere, mit freundlichem Lächeln im runzeligen Antlitz: »Ah, Ettenheim, du civet de lièvre, vendredi poisson – Hasenklein, freitags Fisch!« Aus dem todesmutigen Hitzkopf war Sancho Pansa geworden.

Und jene, die Enghien am nächsten stand? Charlotte Rohan hatte die Tage nach den vergeblichen Bittreisen in der Erstarrung der Ungewißheit verbracht und bei der Karfreitagslesung im Gestühl des Onkels mit blutleeren Lippen tonlos das ›Vater, wenn Du willst, laß diesen Kelch an mir vorübergehn‹ im Angesicht des im Ettenheimer Chor aufgebauten Heiligen Grabes mitgemurmelt. Erst am 3. Mai, dem Dienstag nach Ostern, traf sie der Wetterstrahl.

Sie seien verschwiegen, die ersten Augenblicke des Erschreckens mit ihrem Ertauben aller Vernunft, in denen ein Meer von Schmerz über ihr zusammenschlug. Als sie in einem tiefen Instinkt versuchte, in Worte zu fassen, was ihr widerfahren, und sich auf diese Weise wiederfand, schrieb sie an ihre Freundin, die Gräfin d'Ecquevilly: »Wenn ich noch lebe, so gewiß, weil der Schmerz nicht tötet ... Welche Barbarei, großer Gott! Verlassen von der ganzen Natur ist er gestorben, ohne Freundeshand, welche die Tränen getrocknet oder ihm die Augen geschlossen hätte ... Was wiegt es, wo ich die Tage verbringe, die mir noch bleiben, ohne Interessen, ohne Ziel, denn Sie wissen wohl, mein Glück, meine Hoffnung, alles hing mit ihm zusammen.«

In der Tat schien ihr Leben mit dem seinen zusammengebrochen. Eine Zeitlang blieb sie von dem Gedanken besessen, alles über seine letzten Minuten wissen zu wollen, jedes von ihm hinterlassene Relikt an sich zu bringen. Sie wandte sich an den wohlmeinenden König von Schweden und dieser bemühte sogar seinen Geschäftsträger. Aber man dachte in Paris nicht daran, den Nachlaß herauszugeben; selbst dem armen Mohiloff wurde die Rückkehr zu seiner Herrin verweigert. Talleyrand erwiderte dem Diplomaten trocken, wie er sich nicht in schwedische Angelegenheiten mische, möge man es auch umgekehrt halten. Aber es traf sie noch mehr. Selbst von seiten Condés, an den sie voll Ehrerbietung geschrieben hatte, da sie immerhin einiges verband, erhielt sie nach langer Zeit eine zwar mitfühlende, doch nichtssagende Antwort, bei der er sie, was eine bewußte Kränkung darstellte, mit Mademoiselle anredete. Von Anerkennung ihrer Verbindung mit Enghien keine Zeile.

Solche Demütigungen verbitterten ihr die Ettenheimer Tage. Nach kurzem Verweilen in Linz und Wien, wo sie ihre wichtigsten Dokumente deponierte – sie sollten bei der Beschießung der österreichischen Hauptstadt 1808 verbrennen – zog es sie in die ungarische Einsamkeit, wo sie das Alleinsein mit ihren Gedanken suchte! Niemand sollte von den schlaflosen Nächten erfahren, in denen sie daran dachte, daß die große Erfüllung ihres Daseins nur um zwei Stunden an ihr vorübergegangen war; damals, an jenem Tag, als Enghien um sieben Uhr in der Frühe nach Freiburg hatte abreisen wollen.

Darüber verging die Zeit. Selbst als Napoleon bei Waterloo der letzte Stoß traf und Ludwig xviii. im Juli 1815 endgültig in Paris einzog, wurde der Kummer für Charlotte kaum erträglicher. Gewiß kehrte auch sie zurück und machte aus ihrer Genugtuung über den Sturz des Korsen keinen Hehl. Anders als Louise Condé dachte sie zeitlebens mit abgründigem Haß an ihn. Allein, sie fand damit nicht einmal besondere Gegenliebe. Zu sehr war Napoleon französisches Schicksal geworden. Sie hatte zudem manche Enttäuschung in der eigenen Familie hinnehmen müssen. 1811 war der Vater, treuer Gefährte ihrer Tage in Ettenheim und Dubno, gestorben, während die eigene Mutter Verse zu Ehren des Korsen schrieb und ihr Onkel Ferdinand, ehemaliger Bischof von Cambrai, alles daransetzte, Großalmosenier der Kaiserin Joséphine zu werden. Oder ihr Bruder Charles, der ihr und ihrer Schwester Clémentine das zustehende Erbe streitig machte. Mehr hingegen empörte sie, daß Ludwig xviii. nach dem Sturz des Korsen einen Teil der bonapartistischen Verwaltung übernahm, an der Spitze Talleyrand, dem sie bei Hof gelegentlich begegnete. Ihre Besuche in der Gesellschaft wurden spärlich.

Es ging ihr nicht alleine so. Eines Tages glaubte Condé, der Chantilly ausgeplündert, halb abgetragen, den parzellierten Park abgeholzt wiedergefunden hatte, halbblind, wie er war, in den Tuilerien seinem alten Freund, dem Erzbischof von Reims wiederzubegegnen. Er flüsterte ihm zu, er möge seiner Majestät suggerieren, Talleyrand zu verjagen. Leider war es der Außenminister persönlich, den er da ansprach. Solche Begegnungen verleideten vielen, die den Bourbonen die Stange gehalten, den Aufenthalt in der Hauptstadt. Unter ihnen auch der alternden Madame Royale, Marie-Thérèse de France, der einzigen Überlebenden des Königsdramas im Temple, die inzwischen unglücklich mit dem Herzog von Angoulême verheiratet war. Wurzelte darin der Grund der seltsamen Freundschaft zwischen den beiden so außerordentlich verschiedenen Frauen. Gewiß trug Charlottes Herzlichkeit dazu bei, wie sie alle alten Freunde nicht vergaß und gelegentlich in etlichen Salons wie dem ihrer Cousine Vandémont oder der Marquise de Bonnay erschien, die ihr übrigens Canones Memoiren überreichte.

Allein, auch Paris selbst, vollgestopft mit den Idolen der Gloire von gestern, stieß sie ab. Es war eine Stadt der Fremden geworden, in der sie der Straßenlärm, der Verkehr mit den neumodischen Pferdeomnibussen irritierten. Dennoch hielt sie der Pilgerfahrten nach Vincennes wegen aus, die sie oft wiederholte, um einen forschenden Blick in die Gräben zu werfen, wo Enghien ruhen mochte. Sie erschien auch am 19. März 1816 und besuchte unter Begleitung des Curé von Vincennes in Männerkleidung die Frauen neuerdings unzugänglichen Räume und Stätten, an denen der Herzog in letzter Stunde geweilt. Doch als am Folgetag das nach Vernehmung der Augenzeugen wiederentdeckte Grab geöffnet wurde, um die wenigen Überreste Enghiens in die Sainte-Chapelle zu überführen, war sie nicht dabei. Sie nahm später nur etliche Schmuckstücke an sich, seine Halskette vor allem. Wichtiger blieb, sie wußte jetzt, wo er war.

Darüber gewann sie Abstand. Es zeigte sich schon, als

ihr Ludwig XVIII. den Titel einer Herzogin von Enghien antrug, den er ihr einst, genauso wie Condé, verweigert hatte. Sie durften beruhigt sein. Charlotte antwortete stolz, habe sich Majestät dem bei Lebzeiten Enghiens widersetzt, als sie gern seinen Namen getragen hätte, wolle sie es jetzt nicht mehr. Wenig später unterzeichnete sie einen Kontrakt; sie erwarb von einem Finanzmann der vergangenen Ära ein neues Zuhause, das Schlößchen Val-sous-Meudon und richtete es nach ihrem Geschmack mit einer ganzen Reihe von Gästezimmern ein. Darin wollte sie ihre Besucherinnen unterbringen, darunter die ihr besonders nahestehende Louise Condé, wenn sie auch nur selten erschienen sein dürfte. Enghiens Tante war mit ihrer Ordensschwester Sainte-Rose von Warschau nach Paris zurückgekehrt und stand seither im Temple einem Konvent der Ewigen Anbetung vor. Eine andere, neue Freundin erschien dafür um so häufiger, Bathilde d'Orléans, die ihren sektiererischen Neigungen abgeschworen hatte und in einem ihrer Hôtels in der Rue de Varennes ein kleines Spital für Alte und Kranke unterhielt. Sie nannte Charlotte Rohan ›ma fille‹, ein Ton, der ihr gefiel.

Allmählich wurde es dennoch um sie leer. 1818 ging Condé, ob seiner Würden als Präsident der Königlichen Familie und Generaloberst der Infanterie öffentlich vielbetrauert; es war eine Erlösung für den senil gewordenen, fast erblindeten Greis. Bald darauf folgte ihre Mutter, dann Bathilde d'Orléans, wenig später Louise Condé, im gleichen Jahr auch Ludwig XVIII., dessen Nachfolge der nun schon angejahrte Artois antrat. Schließlich 1830 auch Bourbon, wenngleich nicht unter würdigen Umständen; sie mochte davon nichts hören.

Charlotte war eine seelische Kraft verblieben, die sie über jede Vergänglichkeit hinwegtrug; sie konnte sogar noch die echte Freude eines jungen Herzens empfinden. So, wenn sie mit der treuen Mrazek zum Wirtschaftshof promenierte und den Dunst warmen Brotes am Backhaus roch, während die fünf Pferde auf der Koppel zutraulich herantrabten. Die Zeiten von Ettenheim fielen ihr ein, wo sie in der Chaise des Onkels umherkutschiert war, Enghien mit seinen Hunden von der Jagd heimkehrte und sie gemeinsam Sträuße für die Zimmer des Ichtratzheimschen Hauses schnitten. Es war ihr dann jedesmal, als müsse sie ihre Empfindung mit jemand teilen, der unsichtbar an ihrer Seite schritt. Wirklich sprach sie gelegentlich vor sich hin, was sie manchem, der ihr begegnete, wunderlich erscheinen ließ. Drohte sie Resignation zu übermannen, machte sie sich eifrig über ihre Wirtschaftsbücher her oder schrieb mit gestochener, zierlicher Schrift sachkundige Briefe an den Notar, Maître Gand zu Obernai, den Treuhänder ihrer Liegenschaften im Elsaß. Freilich, für wen und für was ...?

Dennoch sollte alles in Ordnung sein; ihr Testament war schon vor Jahren abgefaßt, der treuen Mrazek eine auskömmliche Jahresrente vermacht. Beigesetzt werden wollte sie auf dem kleinen Friedhof der Märtyrer an der Rue de Picbus in Paris neben ihrem hingerichteten Bruder Guéthénoc; ohne jede Namensnennung. Ihre Zeit sollte mit ihr zu Ende sein. Sie wies den Notar Foucher sogar an, den Briefwechsel mit Enghien nach ihrem Tod zu verbrennen. Das war etwas, das ihm und ihr allein gehörte.

Wie seltsam, dachte sie manchmal, als alles bestellt war und sie zu kränkeln begann, da sind wir vor aller Augen

354

durch eine Hölle gegangen und doch bestehe ich eifersüchtig darauf, daß es unser eigen bleibt. Wieviel werde ich Loulou eines Tages erzählen müssen! Sie nannte ihn bei sich stets mit dem Kosenamen.

Bis dieser Tag am 1. Mai 1841 kam, als nur ihr Großneffe Albéric de Bernis bei ihr Wache hielt. Es war elf Uhr abends, das Fenster stand noch offen; nur sie vernahm diese Stimme, die sie einst zur Quadrille aufgefordert hatte, und antwortete mit einer so entschlossenen Kraft, daß der Großneffe erstaunt aufblickte. Aber da war sie ihr bereits über die große Schwelle gefolgt und hatte nur noch gesagt: »Ich komme.«

Der Autor dankt allen Personen und Institutionen, die ihm bei seiner Arbeit geholfen haben, insbesondere den Stadtarchiven in Worms und Ettenheim, namentlich Herrn Heribert Moser. Dazu Dr. med. Jäger, sowie seiner liebenswürdigen Frau, den gegenwärtigen Besitzern des Ichtratzheimschen Hauses, alle in Ettenheim. Ferner Frau Senta Spriestersbach in Rottach-Egern für die Fahrhilfe, Baronin Marina von Baratta-Dragono, Tegernsee, für manche Materialien bezüglich der Condés, SD Prinz Ulrich zu Wied, Rottach-Egern, für die Überlassung des Stiches ›le Duc d'Enghien‹ nach Eugène Lamy.